U0923976

"十二五"国家重点图书出版规划项目
交通运输建设科技丛书·绿色交通
长江黄金水道建设关键技术丛书

内河船舶污染综合防治技术

杨献朝 等 编著

人民交通出版社股份有限公司
China Communications Press Co.,Ltd.

内 容 提 要

本书为《长江黄金水道建设关键技术丛书》之一，总结了我国内河船舶污染防治关键问题研究成果。本书主要内容包括：在系统梳理我国现行内河船舶污染监管相关法律法规的基础上，提出了内河船舶污染长效监管机制和内河船舶防污设备配备要求；对内河船舶水污染源在线监控技术及其应用实现、内河浮式防污应急设备库建设与运行关键技术进行了系统阐述；分析了国际和国内船舶污染赔偿现状；结合内河运输特点，提出了内河船舶强制保险制度。

本书可作为从事水路交通环保工作人员的参考书，也可供相关专业大专院校的师生参考。

Abstract

As one of the *Key Techniques for Construction of the Yangtze Golden Waterway Book Series*, this book summarizes research results of key problems of Chinese inland shipping pollution prevention and control. The main contents are as follows: Firstly, based on systematic account of current Chinese inland shipping pollution supervision laws and regulations, it puts forward long acting supervision mechanism and anti-pollution device requirements of inland shipping pollution. Secondly, it systematically expounds online supervision technique and its application in inland shipping water pollution sources, as well as key techniques for inland floating anti-pollution emergency device library construction and operation.Furthermore, it analyzes current situation of ship pollution compensation at home and abroad. Finally, combining with characteristics of inland water transportation, it proposes compulsory insurance system of inland ships.

This book can serve as reference for those engaged in environmental protection in water transportation, as well as teachers and students in colleges and universities.

图书在版编目 (CIP) 数据

内河船舶污染综合防治技术 / 杨献朝等编著. —北京：人民交通出版社股份有限公司，2015.12
(长江黄金水道建设关键技术丛书)
ISBN 978-7-114-12608-6

Ⅰ. ①内… Ⅱ. ①杨… Ⅲ. ①内河船—船舶污染—污染防治—研究 Ⅳ. ①U698.7

中国版本图书馆 CIP 数据核字 (2015) 第 268486 号

长江黄金水道建设关键技术丛书

书　　名：内河船舶污染综合防治技术
著 作 者：杨献朝　等
责任编辑：司昌静　周　凯
出版发行：人民交通出版社股份有限公司
地　　址：（100011）北京市朝阳区安定门外外馆斜街 3 号
网　　址：http://www.ccpress.com.cn
销售电话：（010）59757973
总 经 销：人民交通出版社股份有限公司发行部
经　　销：各地新华书店
印　　刷：北京盛通印刷股份有限公司
开　　本：787 × 1092　1/16
印　　张：12
字　　数：196 千
版　　次：2015 年 12 月　第 1 版
印　　次：2015 年 12 月　第 1 次印刷
书　　号：ISBN 978-7-114-12608-6
定　　价：40.00 元

《交通运输建设科技丛书》
编审委员会

《长江黄金水道建设关键技术丛书》
审定委员会

《长江黄金水道建设关键技术丛书》主要编写单位

交通运输部长江航务管理局

交通运输部水运科学研究院

南京水利科学研究院

交通运输部长江口航道管理局

交通运输部天津水运工程科学研究院

中交第二航务工程勘察设计院有限公司

武汉理工大学

重庆交通大学

长江航道局

长江三峡通航管理局

长江航运信息中心

上海河口海岸科学研究中心

《长江黄金水道建设关键技术丛书》编写协调组

组　长　杨大鸣（交通运输部长江航务管理局）

成　员　高惠君（交通运输部水运科学研究院）

裴建军（交通运输部长江航务管理局）

丁润铎（人民交通出版社股份有限公司）

总　序

近年来，交通运输行业认真贯彻落实党中央、国务院“稳增长、促改革、调结构、惠民生”的决策部署，重点改革力度加大，结构调整积极推进，交通运输科技攻关不断取得突破，促进了交通运输持续快速健康发展。目前，我国公路总里程、港口吞吐能力、全社会完成的公路客货运量、水路货运量和周转量等多项指标均居世界第一。交通运输事业的快速发展不仅在应对国际金融危机、保持经济平稳较快发展等方面发挥了重要作用，而且为改善民生、促进社会和谐做出了积极贡献。

长期以来，部党组始终把科技创新作为推进交通运输发展的重要动力，坚持科技工作面向需求，面向世界，面向未来，加大科技投入，强化科技管理，推进产学研相结合，开展重大科技研发和创新能力建设，取得了显著成效。通过广大科技工作者的不懈努力，在多年冻土、沙漠等特殊地质地区公路建设技术，特大跨径桥梁建设技术，特长隧道建设技术，深水航道整治技术和离岸深水筑港技术等方面取得重大突破和创新，获得了一系列具有国际领先水平的重大科技成果，显著提升了行业自主创新能力，有力支撑了重大工程建设，培养和造就了一批高素质的科技人才，为交通运输科学发展奠定了坚实基础。同时，部积极探索科技成果推广的新途径，通过实施科技示范工程，开展材料节约与循环利用专项行动计划，发布科技成果推广目录等多种方式，推动了科技成果更多更快地向现实生产力转化，营造了交通运输发展主动依靠科技创新，科技创新服务交通发展的良好氛围。

组织出版《交通运输建设科技丛书》，是深入实施创新驱动战略和科技强交战略，推进科技成果公开，加强科技成果推广应用的又一重要举措。该丛书分为公路基础设施建设与养护、水运基础设施建设与养护、安全与应急保障、运输服务和绿色交通等领域，将汇集交通运输建设科技项目研究形成的具有较高学术和应用价值的优秀专著。丛书的逐年出版和不断丰富，有助于集中展示和推广交通运输建设重大科技成果，传承科技创新文化，并促进高层次的技术交流、学术传播和专业人才培养。

今后一段时期是加快推进“四个交通”发展的关键时期，深入实施科技强交战略和创新驱动战略，是一项关系全局的基础性、引领性工程。希望广大交通运输科技工作者进一步解放思想、开拓创新，求真务实、奋发进取，以科技创新的新成效推动交通运输科学发展，为加快实现交通运输现代化而努力奋斗！

王君顺

2014年7月28日

序

（为《长江黄金水道建设关键技术丛书》而作）

河流，是人类文明之源；交通，推动了人类不同文明的碰撞与交融，是经济社会发展的重要基础。交通与河流密切联系、相伴而生。在古老广袤的中华大地上，长江作为我国第一大河流，与黄河共同孕育了灿烂的华夏文明。自古以来，长江就是我国主要的运输大动脉，素有“黄金水道”之称。水路运输在五大运输方式中，因成本低、能耗少、污染小而具有明显的优势。发展长江航运及内河运输符合我国建设资源节约型、环境友好型社会以及可持续发展战略的要求。目前，长江干线货运量约20亿t，位居世界内河第一，分别为美国密西西比河和欧洲莱茵河的4倍和10倍。在全面深化改革的关键期，作为国家重大战略，我国提出“依托长江黄金水道，建设长江经济带”，长江黄金水道又将被赋予新的更高使命。长江经济带覆盖11个省（市），面积205.1万km^2，约占国土面积的21.4%。相信长江经济带的建设将为“黄金水道”带来新的发展机遇，进一步推动我国水运事业的快速发展，也将为中国经济的可持续发展提供重要的支撑。

经过60余年的努力奋斗，我国的内河航运不断发展，内河航道通航总里程达到12.63万km，航道治理和基础设施建设不断加强，航道等级不断提高，在我国的经济社会发展中发挥了不可估量的作用。长江口深水航道工程的建成和应用，标志着我国水运科学技术水平跻身国际先进行列。目前正在开展的长江南京以下12.5m深水航道工程的建设，积累了更多的先进技术和经验。因此，建设长江黄金水道具有先进的技术积累和充足的实践经验。

《长江黄金水道建设关键技术丛书》围绕“增强长江运能”这一主题，从前期规划、通航标准、基础研究、航道治理、枢纽通航，到码头建设、船型标准、安全保障与应急监管、信息服务、生态航道等方面，对各项技术进行了系统的总结与著述，既有扎实的理论基础，又有具体工程应用案例，内容十分丰富。这套丛书是行业内集体智慧之力作，直接参与编写的研究人员近200位，所依托课题中的科研人员超过1 000位，参与人员之多，创我国水运行业图书之最。长江黄金水道的建设是世界级工程，丛书涉及的多项技术属世界首创，技术成果总体处于国际先进水平，其中部分成果处于国际领先水平。原创性、知识性和可读性强为本套丛书的突出特点。

该套丛书系统总结了长江黄金水道建设的关键技术和重要经验，相信该丛书的出版，必将促进水运科学领域的学术交流和技术传播，保障我国水路运输事业的快速发展，也可为世界水运工程提供可资借鉴的重要经验。因此，《长江黄金水道建设关键技术丛书》所总结的是我国现代水运工程关键技术中的重大成就，所体现的是世界当代水运工程建设的先进文明。

是为序。

南京水利科学研究院院长
中 国 工 程 院 院 士
英国皇家工程院外籍院士
张建云

2015 年 11 月 15 日

前　言

我国内河航运资源丰富，拥有大小天然河流5 800多条，河流总长43万km，其中流域面积在1 000km^2以上的有80多条，还有天然湖泊900多个。目前，全国形成了以长江、珠江、京杭运河、淮河、黑龙江和松辽水系为主体的内河航运布局。内河航运在国民经济发展中发挥了重要的作用。

随着经济规模的进一步扩大，经济发展与资源、能源、环境的矛盾也将日益突出。发展内河航运，能够最大限度地节约土地资源、减少能源消耗、降低环境污染，有效缓解资源、环境的压力，是实现我国交通可持续发展的必然要求。"十二五"之初，我国将大力发展内河航运纳入国家发展战略，国务院、交通运输部及各级地方政府相继出台多项政策，大力促进我国内河航运能力的提升，促进内河航运的现代化发展。根据交通运输部统计数据[1]，截至2014年年底，全国内河航道通航里程122.63万km，比上年末增加427km；等级航道6.54万km，占总里程的51.8%，同比提高0.2个百分点。内河船舶保有量为15.83万艘，净载重量11 274.74万t，载客量80.77万客位，集装箱箱位25.78万TEU，船舶功率3 150.45万kW。2014年全国内河运输完成货运量33.43亿t、货物周转量12 784.90亿t·km，完成旅客吞吐量1.02亿人次，完成外贸货物吞吐量3.23亿t，集装箱吞吐量2 066万TEU。

在内河航运取得显著经济效益的同时，我国内河船舶污染的形势十分严峻。与世界船舶相比，我国船舶结构组成存在比较明显的缺陷：散货船比例偏高、集装箱船比例偏低，船舶平均吨位小，平均船龄较老，船舶的大型化、集装箱化与国际水平还存在较大差距。内河船舶每年产生大量的船舶含油污水、船舶生活污水及船舶垃圾，船舶排放的废气在沿岸城市的大气污染物产生总量中所占的比例也日益增大。根据相关研究成果，船舶机舱油污水的年发生量平均约为该船总吨位的10%，船员生活污水产生量约为70L/(人·d)，综合单位货物周转量的船舶大气污染物排放系数CO为0.049g/(t·km)、HC为0.018g/(t·km)、NO_x为0.245g/(t·km)、PM为0.009 g/(t·km)。根据内河船舶数量统计数据估算，2014年我国内河船舶机舱油污水的总产生量可达1 100万t，含油量按7 000mg/L计算，则每年产生油污77万t；船员生活污水产生量约为4 000万t，其中BOD_5污染量约为16万t；全国

[1] 2014年交通运输行业发展统计公报，交通运输部综合规划司，2015年4月30日发布。

内河船舶排放的大气污染物为41万t，其中NO_x排放量高达31万t。

为保证内河航运持续健康发展，我们必须高度重视和大力推进船舶污染防治。但由于多方面原因，我国内河船舶污染防治在污染监管机制、污染治理设施、应急力量建设及污染损害赔偿机制等方面，还有较大进步空间。本书结合我国内河船舶污染防治中亟待解决的关键问题，面向内河重点水域、高风险及敏感水域，重点研究内河船舶污染监管模式、船舶污染源监控技术、内河浮式防污设备库建设与运行关键技术、内河船舶污染损害赔偿机制，以促进内河水路运输快速发展、协调发展、安全发展、绿色发展。

船舶污染监管环节涉及众多部门，为建立有效的内河船舶污染监管机制，需系统梳理现行监管环节、监管制度的漏洞，并提出针对性的解决方案。本书第1章、第2章在系统梳理我国现行内河船舶污染监管相关法律法规的基础上，提出了内河船舶污染长效监管机制和内河船舶防污设备配备要求。

内河船舶具有流动性，一般而言都是跨省、市作业，因此，对船舶污染物违规排放的监管难度巨大。基于现有船舶通信系统的船舶污染物排放在线监控系统可有效解决船舶污染物的排放监管难题。本书第3章至第5章针对内河船舶主要污染物——船舶污水的排放在线监控技术的整体实现过程进行论述。

与船舶日常污染排放相比，内河船舶污染事故危害大，严重威胁内河航运水域环境安全，为此，内河船舶污染事故应急处理是内河船舶污染领域的研究重点之一。本书第6章针对内河船舶污染事故应急能力建设的实际需要，对内河浮式防污应急设备库建设与运行关键技术进行系统阐述。

内河污染损害赔偿涉及众多利益方和管理机构，目前尚未形成较好的赔偿程序。与海洋污染事故相比，内河污染事故对人民群众的影响更为直接，造成的危害也更大。因此，制定适用的内河船舶污染保险与赔偿制度，规范内河船舶保险与损害赔偿工作是十分必要的。本书第7章、第8章在分析国内外船舶污染赔偿现状的基础上，结合内河运输特点，提出了内河船舶强制保险制度。

本书是《长江黄金水道建设关键技术丛书》之一，在总结“黄金水道通过能力提升技术”子课题“内河船舶污染综合防治技术研究”科研成果的基础上编写而成，编写单位包括交通运输部水运科学研究院、武汉理工大学、长江海事局。第1章、第2章由杨献朝、刘春玲编写，第3章、第4章、第5章由邓健编写，第6章由邹云飞编写，第7章、第8章由李涛编写，全书由杨献朝、罗胜祥统稿。

作　者

2015年10月

目 录

1 内河船舶污染物监管

船舶污染监管，旨在通过监督、管理的方式，预防、减缓船舶污染物造成的环境污染。建立长效的船舶污染监管机制是内河船舶污染防治中需解决的首要问题，这是由船舶污染的特征决定的。首先，船舶污染监管涉及众多环节和监管部门，各环节之间的衔接及相关部门的配合需要完善的监管机制进行规范。其次，由于船舶的流动性，船舶污染多具有人为性，通过有效的监管手段可降低和避免船舶污染的发生。

本章从船舶污染物出发，针对不同类型船舶污染物的产生、处置、排放环节，对现行船舶污染防治相关的监管体制开展研究，剖析现状并制定完善措施；对现行船舶污染监管相关法律法规存在的不足进行分析，并提出完善建议；根据船舶污染物分类提出优化监管方案。

1.1 内河船舶污染物分类监管及存在问题

1.1.1 内河船舶污染物分类

我国内河航运船舶类型包括干散货船、液货船（包括载运油类、化学品、液化气等液体货物的运输船舶）、驳船、集装箱船、客滚船、滚装货船、普通客船、多用途船舶等。

按照污染物物理形态的不同，可将上述类型船舶产生的船舶污染物分为水、气、声、渣四大类，即船舶污水、船舶废气、船舶噪声、船舶固体废物。按照污染物成分不同，船舶污水可分为生活污水、含油污水和有毒液体污水。船舶废气主要为船舶燃油废气；船舶垃圾则包括船舶生活垃圾及危险废物（有害物质的包装物等）。内河船舶污染物分类见表 1-1。

根据作业环节的不同，船舶污染物产生的相关作业包括船舶清舱、洗舱、油料供受、装卸、过驳、修造、打捞、拆解，污染危害性货物装箱、充罐，污染清除作业以及利用船舶进行水上水下施工等作业。船舶污染物产生的相关单位包括港口、码头、装卸站以及从事船舶修造、打捞、拆解等作业活动的单位。

内河船舶污染物分类 表 1–1

<table>
<tr><th>序号</th><th colspan="3">船　舶　污　染　物</th><th>涉及船舶类型</th></tr>
<tr><td rowspan="5">1</td><td rowspan="5">船舶污水</td><td colspan="2">船舶生活污水</td><td>所有船舶</td></tr>
<tr><td rowspan="3">船舶油污水</td><td>舱底油污水</td><td>所有船舶</td></tr>
<tr><td>油船压舱水</td><td>油船</td></tr>
<tr><td>油船洗舱水</td><td>油船</td></tr>
<tr><td colspan="2">有毒液体物质残液、有毒物质船舱洗舱水</td><td>载运有毒液体物质船舶</td></tr>
<tr><td>2</td><td>船舶废气</td><td colspan="2">船舶燃油废气</td><td>所有船舶</td></tr>
<tr><td>3</td><td>船舶噪声</td><td colspan="2">船舶机械噪声、船舶鸣笛噪声</td><td>所有船舶</td></tr>
<tr><td rowspan="2">4</td><td rowspan="2">船舶垃圾</td><td colspan="2">生活垃圾</td><td>所有船舶</td></tr>
<tr><td colspan="2">船舶危险废物</td><td>载运有害物质船舶</td></tr>
<tr><td>5</td><td>其他</td><td colspan="2">有害防污底系统污染</td><td>所有船舶</td></tr>
</table>

在船舶污染物的分类监管范围上，早期的法律法规、部门规章以船舶含油污水、船舶生活污水、船舶垃圾、船舶有毒有害物质、船舶事故残留物质为主，随着环保意识和我国经济发展水平的不断提高，对船舶污染的分类监管向船舶空气污染、船舶噪声扩展。参考中华人民共和国海事局 2011 年新修订的《船舶与海上设施法定检验规则　内河船舶法定检验技术规则》和《经 1978 年议定书修订的〈1973 年国际防止船舶造成污染公约〉》（简称《MARPOL73/78 公约》）附则对船舶污染物的分类，船舶污染物分类方式如下。

①船舶生活污水。

②船舶含油污水。

③船舶垃圾。

④船舶废气。

⑤船舶噪声。

⑥船舶有毒有害物质。

（1）船舶生活污水

船舶生活污水来自于船上人员（船员和旅客）的日常生活排水，按照所排水的水质不同可分为“黑水”和“灰水”两种类型。“黑水”是指污染物含量较高的厕所排水，即粪便污水；“灰水”是指污染较轻的洗浴、厨房、洗衣等废水。按照《船舶污染物排放标准》（GB 3552—83）、《船用生活污水处理系统技术条件》（GB 10833—89）以及《MARPOL73/78 公约》附则Ⅳ对船舶生活污水的定义，目前所限定排放的船舶生活污水仅为“黑水”，只是当其他排水（灰水）混有粪便污水时才要求处理。但从近年来国外对水域环境管理的要求来看，灰水的单独排放也已纳入船舶污水的管理范围，同样要求达标排放。

船舶生活污水中所含污染物质及其危害如下。

①有机物质。

污水中所含的有机物在水体中会分解，使水体中溶解氧大量减少。缺氧会造成鱼类和大多数水生物窒息死亡。

②无机营养盐类。

污水中的无机营养盐类会使水域“富营养化”，尤其是氮、磷过量时更为严重。它会使有毒的或不利于鱼类生长的藻类大量繁殖。

③微生物、细菌。

粪便污水中含有大量微生物、细菌，是潜在的污染病源，尤其对江河下游用水者的健康造成很大的伤害。

（2）船舶含油污水

船舶含油污水污染防治是目前内河船舶污染防治工作突出的问题。船舶所排放的含油污水主要有舱底油污水、油船压舱水以及洗舱油污水，属于船舶的常规污染物。船舶含油污水典型的污染物包括燃料、油类、液压机液体、清洁剂和含水膜、发泡剂（AFFF）、油漆和溶剂等。

①舱底油污水。

舱底油污水是机舱内各种阀门和管路中漏出的水与机器在运转时漏出的润滑油、主辅机燃料油以及加油时的溢出油、机械及机舱洗刷时产生的油污水等混合在一起的含油污水。

舱底油污水主要来自于以下方面。

A. 机舱内冷却管路内水的泄漏。

B. 燃油和润滑油管路的燃料油、润滑油的泄漏。

C. 蒸汽管路凝水泄漏。

D. 水柜、油柜及机械设备中油水的泄漏和泄放。

E. 尾轴填料箱处的漏水和冷却润滑水。

F. 甲板开口处水密性不良引起的泄漏。

G. 水线附近甲板和舱室的疏水泄放至舱底。

H. 扑灭火灾用消防水。

I. 船体破损后的大量进水等。

②油船压舱水。

压舱水是船舶在营运过程中用来改变和调整船舶的吃水，从而使得船体保持纵、横向的平衡，得到安全的稳心高度，减少船体的共振现象，以及避免出现过大的应力，并可改善空船适航性等。

由于油船货油舱内表面结构复杂，不利于清洗和抽吸，货油卸空后，舱底会存留一些货油泵难以抽除的剩油，同时舱壁上黏附着一定的油层。一般不可抽吸的残油占总量的 0.3% ～ 0.5%。在油船空载返航时，为使船舶适航，根据不同的气候和航区，必须有 25% ～ 60% 载重量的压舱水。这些压舱水与舱内残油形成油性混合物，未经处理排放时将对水域造成污染。

③油船洗舱水。

当船舶进厂修理前，冲洗舱内残留的油时，通常会产生大量的含油污水。当油船更换运油品种时，必须清洗货油舱，才能保证运油质量，因此更换运油品种时也会产生含油的洗舱水。油舱洗舱后的含油污水含油率平均为 15 000ppm[1]，是我国规定含油污水排放标准 15ppm 的 1 000 倍。

（3）船舶废气

在船舶营运过程中，排放的大气污染物主要有烟尘、NO_x、SO_x 等。特别是随着造船技术的发展，低质量燃料油在大型船舶柴油机上的应用已不成问题，这使得船公司为了追求经济效益，纷纷采用低质量燃料油甚至渣油，以降低营运成本。这些燃油含硫量高，而且燃烧不充分，会排出大量的 NO_x、SO_x、烟尘，形成对大气环境的污染。

与世界其他国家的船舶相比，我国船舶缺陷明显，如船舶平均吨位小、平均船龄较老，且船舶大型化、集装箱化与国际水平有较大差距，因此，我国内河船舶大气有害物排放量明显高于欧美发达国家。

（4）船舶噪声

我国共有内河港口 1 300 多个，绝大部分沿河城市依港兴建，或将内河建成了城中河，使船舶航行其间。随着航运经济日益繁荣，内河航行船舶数量不断增加，船舶噪声污染所带来的危害也日渐受到人们的重视。

船舶噪声污染源可分为动力装置噪声、辅助机械噪声、螺旋桨噪声、船体振动噪声等。

动力装置噪声主要包括主机、柴油发电机组、齿轮箱及主辅机的排气管产生的噪声，它是船上最强的噪声源。该噪声的强弱决定了柴油机的噪声级。具体由主机进气空气流动产生的噪声、排气噪声、来自增压器气流的噪声、柴油机的燃

[1] 1ppm=1mg/L。

烧噪声、金属撞击和摩擦噪声、液压冲击噪声、结构激振噪声等组成。

辅助机械噪声来自各种舱室机械，如水泵、油泵、风机、锅炉以及甲板机械中的货物装卸设备、绞锚设备等工作机构发出的噪声。

螺旋桨噪声主要来自桨叶和流体相互作用，包括水流冲击尾柱引起的低频噪声与“空泡”引起的叶片振动产生的高频噪声。

船体振动的噪声是由主辅机及螺旋桨的扰动和各种机械及波浪的冲击引起的振动而产生。

另外，船舶在内河水域航行时，不按有关规定，随意鸣放信号，也可视为一种噪声污染，并且可被视为故意排放噪声污染。

（5）船舶垃圾

船舶垃圾是指船舶营运时产生的生活垃圾、运行垃圾和扫舱垃圾，其中最主要的是生活垃圾，主要有厨余垃圾、塑料制品垃圾（聚氯乙烯制品、合成纤维制品、玻璃钢制品）及其他垃圾（纸、木制品、布类制品、玻璃制品、金属制品、陶器制品等）。其中，除了食物残渣以外，其他的生活垃圾基本上很难通过水体自行降解，严重影响水资源的综合利用。

（6）船舶有毒有害物质

船舶有毒有害物质污染包括液体有毒有害物质、包装的有害物质及有害防污底系统污染。载运有毒有害物质的船舶开展修理、拆解、污染清除作业过程中均有有毒有害物质残余物或含有有毒有害物质的污水产生，若处置不当，将对内河水域环境造成严重污染。

在船舶有毒有害物质污染中，载运散装有毒液体物质船舶的有毒液体残留及洗舱水的非法排放，是船舶载运散装有毒液体物质造成水域污染的主要形式，也是海事管理机构日常监管的重点和难点。

①液体有毒有害物质。

《船舶与海上设施法定检验规则　内河船舶法定检验技术规则》及《MARPOL73/78 公约》附则，均将有毒液体物质污染和运输包装的有害物质污染列为船舶污染防范的污染物。

有毒液体物质是指《内河散装运输危险化学品船舶法定检验技术规则》第 17 章、第 18 章的污染类别栏中指明的 X、Y、Z 类及 OS 类的任何物质。对于未在《内河散装运输危险化学品船舶法定检验技术规则》第 17 章、第 18 章的污染类别栏中指明的液体物质，在未按规定进行分类之前，应视为有毒液体物质。

随着经济的快速发展，船舶载运散装有毒液体物质的数量、品种不断增加，由此也产生了大量的压舱水、洗舱水或其他混合物。

②包装的有害物质。

为防范包装的有害物质对内河的污染，我国法规对内河水域包装有害物质制定了若干禁运规定，具体包括以下方面。

A. 禁止利用内河及其他封闭水域等航运渠道运输剧毒化学品。

B. 禁止利用内河水域载运《危险货物分类和品名编号》（GB 6944—2012）中 6.2 项感染性物质。

C. 禁止利用内河水域载运《危险货物分类和品名编号》（GB 6944—2012）中第 7 类放射性材料。

D. 禁止利用内河水域载运《国际海运危险货物规则》3.3 章第 900 条中规定禁运的物质。

E. 禁止利用内河水域载运《国际海运危险货物规则》3.2 章所列以外的爆炸物质。

除上述禁运规定之外的危险货物均可在内河运输。运输过程中船上残存的有害物质或含有有害物质的污液若随意排放，将会对内河环境造成污染。另外，内河载运有害物质船舶一旦发生污染事故造成泄漏，则其污染危害更为严重。

③有害防污底系统对水域的污染。

防污底系统是指用于船舶控制或防止不利生物附着的涂层和油漆、表面处理、表面或装置，也含有对内河水域产生污染的物质。

1.1.2 我国内河船舶污染监管工作存在的问题

近年来，随着国家对环保工作的日益重视，内河船舶污染防治工作取得了显著效果，但仍存在不少问题，主要表现在以下方面。

（1）船舶防污染方面的法律、法规不健全

虽然我国已针对船舶污染物制定了大量法律法规，但仍存在较多缺陷。比如，在船舶空气污染的防治方面，仅在船舶检验规范中对船舶消耗臭氧物质、氮氧化物（NO_x）、硫氧化物（SO_x）的使用和排放作出了规定，船舶空气污染监管止步于静态监管。在船舶噪声方面，除京杭运河外，其他内河水域由于尚未有针对船舶的噪声控制标准，且噪声控制的监管机制尚不明确，因此缺乏有效的监管。

（2）船舶污染管理主体众多，缺乏执行力

这里的管理主体是指在内河船舶污染防治各个环节应履行管理义务的政府主体或受政府委托的管理主体，他们构成了船舶污染防治的管理链，缺少任何一个环节，都有可能使管理链断裂。具体的管理主体见表 1-2。

船舶污染管理主体简表 表 1–2

序号	管理主体	主要职责选录
1	环保部门	环保综合协调，制定环保政策与法规，征收排污费
2	发展和改革部门	制定有利于环境保护的产业政策，限制或淘汰落后的工艺技术、装备和产品的政策
3	国防科工部门	船舶制造行业管理，先进设备的使用
4	规划部门	城市内河航道规划及沿岸区域规划
5	城市建设部门	船舶污染物岸上接收管线、城市污水处理站建设
6	渔业部门	渔船的管理
7	水利部门	采砂船的管理
8	船检部门	船舶设备的检验
9	运管部门	船舶营运管理
10	航道部门	内河航道规划及建设
11	海事部门	船舶污染现场监督

表 1–2 表明，对船舶尤其是对运输船舶而言，各法律法规确定的唯一执法主体——海事部门，仅负责船舶污染的现场监督。要完全控制船舶污染，还需要众多管理部门，尤其是环保部门、发展和改革部门、国防科工部门等具有综合政策制定权的部门，严格把关，从源头上采取措施，杜绝不达标船舶进入营运市场。

因为船舶污染防治在各管理主体的业务范围内仅占一小部分，甚至是可有可无的，所以还没有引起各管理主体的重视，在政策执行中就出现了缺位现象。

对于船舶有毒有害物质，由于船舶相关作业许可证书由港口部门颁发，污染物接收设施的配套落实和其日常运行情况的监管也由港口主管部门负责，因此，船舶污染主管机关——海事部门，无法对其接收处置效果加以有效的监督。

目前，作为对船舶洗舱水接收设施实施主要监管的海事机构，自身监管力量相对不足，并且限于自身的事权也无法对接收设施进行全方位的监管，而海事机构与港口行政部门、环保部门等具有相关陆上执法权的单位还没有形成监管合力，各相关执法部门对接收后的洗舱水未形成有效的管理链，对二次污染的发生缺乏有效控制。

（3）内河船舶标准化工作仍需大力推进

与发达国家相比，我国内河船型偏小，老旧船舶集中，仍需大力开展船舶标准化工作，淘汰高能耗、高污染的小、老、旧船型。

以长江海事局辖区的危险品船为例，2012 年，长江海事局对辖区危险品船进行安全风险等级评定结果中，风险较低的 A 级船舶为 70 艘，安全风险较高的 C 级船舶为 877 艘，为确保辖区危险品运输安全，长江海事局采用危险品船舶分类管理制度，严格监管 877 艘 C 级船舶，其余船舶实行常态管理。C 级船舶大多安全与防污染性能较差，船员操作技能不强，安全管理制度不健全，安全与防污染隐患较为突出，事故和险情较多，是辖区内船舶污染事故的主要风险船舶。

（4）防污设施配备及应用情况较差

港口接收设施不完善，致使污染物无处回收。尽管我国内河船舶防污染检验的相关规范、规则等已较为完善并在船检部门的船舶检验工作中予以实施，但由于配备标准不明确，且港口防污染设施的监管机关为环保及港口主管机关，船舶污染物接收环节存在法律法规和监管措施上的漏洞。目前，大部分港口尚未设有与防治污染工作密切相关的船舶污染物接收与处理设施。

在水域内开展的拆船作业不规范，存在着监控的盲点。码头、港口的防污设备缺乏，大部分油码头仅配了接油盘和棉纱，围油栏、吸油毡、收油机等设备在内河较少应用。

虽然内河营运船舶都配备了油水分离器，但油水分离器往往在防污染方面并未起到应有的作用，油污水直接排放的现象屡禁不止。综上，内河船舶污染物处理设备的使用情况不好。

（5）海事部门的监管手段较为落后

主要体现在：一是缺乏全面而详尽的防污应急计划；二是缺乏先进的监测手段，目前长江沿线开展较多的污染执法监测项目是油污水，对于其他项目开展得较少，污染信息的获得也只能靠巡航发现及群众的举报；三是缺乏专业的应急队伍，由于港多线长，很多港口都没有应急清污队伍；四是海事执法人员的素质参差不齐，对船舶防污染工作重要性的认识程度还不一致。

（6）执法主体单一，执法依据不足

根据现行法律、法规，船舶污染防治的执法主体为海事部门，与其监管涉及的众多管理部门不匹配，且现行法规中给出的执法依据不足，违法成本过低。

例如，船舶噪声被列为污染的一种，在各级法律、法规中都有所体现，并明确提出了内河船舶噪声污染的执法部门是海事部门。但这些法律、法规在具体罚则制定时，绝大部分的内容是针对工业生产、建筑施工、社会生活以及道路交通等方面的噪声污染，而对船舶噪声污染的明确罚则寥寥无几。

（7）船员及船公司环保意识有待提高

虽然大部分船舶按规定配备了防污设施和防污文书，但其使用情况和保养情况不佳。部分船员随意投弃、排放污染物，造成水域污染。大部分的船舶防污设备缺乏正常有效的维护保养，还有少数船舶直接将舱底水排放入水。

1.2 内河船舶污染防治法规体系

1.2.1 船舶防污相关国际公约及国内法规概况

目前，我国的船舶污染防治法规体系基本上包括加入的国际公约、法律、行政法规、部门规章、规范性文件五个层级，立法角度包括环境保护、危险品管理、污染防治、船舶检验等。国内船舶污染防治立法大部分来自于对国际上已经较为完善的法律制度和先进的立法经验的充分借鉴，且针对海洋和内河分别予以规范。

（1）船舶污染防治相关国际公约

为了应对国际海运业快速发展对海洋环境带来的威胁，有关国际组织，特别是国际海事组织（IMO）制定出台了一些加强防治船舶污染海洋环境的国际公约。

①防止船舶造成污染的国际公约。

到目前为止，IMO 通过了 3 个防止船舶造成污染的国际公约：《经 1978 年议定书修订的〈1973 年国际防止船舶造成污染公约〉》（简称《MARPOL73/78 防污公约》）、《2001 年国际控制船舶有害防污底系统公约》和《2004 年国际船舶压载水和沉积物控制和管理公约》。此外，1957 年联合国通过了《关于危险货物运输的建议书》，统一了各种运输方式下运输危险货物的国际性问题的处理方式。

②污染事故应急反应的国际公约。

这方面的公约有《1969 年国际干预公海油污事件公约》《1973 年国际干预公海非油类物质污染议定书》《1990 年国际油污防备、反应和合作公约》以及《2000 年有毒有害物质污染事故防备、反应和合作议定书》。

③污染事故追责索赔的国际公约。

围绕托运人、承运人、相关企业等的权利、义务，国际有关组织制定了《1969 年国际油污损害民事责任公约》及其 1992 年议定书（简称 CLC1992）、《1971 设立国际油污损害赔偿基金公约》及其 1992 年议定书（简称 FUND1992）、《1957 年海船所有人责任限制国际公约》和《1976 海事索赔责任限制公约》及其 1996 年议定书、《1996 年国际海上运输有毒有害物质的损害责任和赔偿公约》及其 2010 年议定书、《2001 年国际燃油污染损害民事责任公约》（简称《BUNKER

公约》)。

④其他涉船污染事件的国际公约。

这些公约包括《1972 年国际集装箱安全公约》、《1972 年防止倾倒废物和其他物质污染海洋公约》及其 1996 年议定书、《2007 年沉船打捞拆移公约》、《2009 年香港国际安全与无害环境拆船公约》。

上述国际公约中，针对船舶污染“预防”阶段的《MARPOL73/78 公约》是目前影响最大、范围最广的船舶防污国际公约，受到国际航运界广泛认可。该公约已于 1983 年 10 月 2 日对我国生效，相关附则对我国生效时间见表 1–3。

《MARPOL73/78 公约》附则及其对我国生效时间　　表 1–3

附则序号	附 则 名 称	附则生效时间	对我国生效时间
附则Ⅰ	防止油污规则	与议定书同时	1983 年 10 月 2 日
附则Ⅱ	控制散装有毒液体物质污染规则	与议定书同时	1987 年 4 月 6 日
附则Ⅲ	防止包装类有害物质污染规则	1994 年 2 月 28 日	1994 年 12 月 13 日
附则Ⅳ	防止船舶生活污水污染规则	2003 年 9 月 27 日	2007 年 2 月 2 日
附则Ⅴ	防止船舶垃圾污染规则	1988 年 12 月 31 日	1989 年 2 月 21 日
附则Ⅵ	防止船舶污染大气规则	2005 年 5 月 19 日	2006 年 8 月 23 日

（2）国内船舶污染相关法律法规

①对我国海洋船舶、内河船舶均适用的船舶污染防治相关法规主要如下。

A.《中华人民共和国环境保护法》(1989 年 12 月 26 日第七届全国人民代表大会常务委员会第十一次会议通过；2014 年 4 月 24 日第十二届全国人民代表大会常务委员会第八次会议修订，自 2015 年 1 月 1 日起施行)。

B.《中华人民共和国水污染防治法》(1984 年 5 月 11 日第六届全国人民代表大会常务委员会第五次会议通过；根据 1996 年 5 月 15 日第八届全国人民代表大会常务委员会第十九次会议《关于修改〈中华人民共和国水污染防治法〉的决定》修正；2008 年 2 月 28 日第十届全国人民代表大会常务委员会第三十二次会议修订，自 2008 年 6 月 1 日起施行)。

C.《中华人民共和国大气污染防治法》(1987 年 9 月 5 日第六届全国人民代表大会常务委员会第二十二次会议通过；根据 1995 年 8 月 29 日第八届全国人民代表大会常务委员会第十五次会议《关于修改〈中华人民共和国大气污染防治法〉的决定》修正；2000 年 4 月 29 日第九届全国人民代表大会常务委员会第十五次会议第一次修订；2015 年 8 月 29 日第十二届全国人民代表大会常务委员会第十六次会议第二次修订，自 2016 年 1 月 1 日起施行)。

D.《中华人民共和国环境噪声污染防治法》(1996 年 10 月 29 日第八届全国

人民代表大会常务委员会第二十二次会议通过，自 1997 年 3 月 1 日起施行）。

E.《中华人民共和国固体废物污染环境防治法》（1995 年 10 月 30 日第八届全国人民代表大会常务委员会第十六次会议通过；2004 年 12 月 29 日第十届全国人民代表大会常务委员会第十三次会议修订；根据 2013 年 6 月 29 日第十二届全国人民代表大会常务委员会第三次会议《关于修改〈中华人民共和国文物保护法〉等十二部法律的决定》第一次修正；2015 年 4 月 24 日第十二届全国人民代表大会常务委员会第十四次会议通过全国人民代表大会常务委员会《关于修改〈中华人民共和国港口法〉等七部法律的决定》第二次修正）。

F.《中华人民共和国船舶安全检查规则》（交通运输部令 2009 年第 15 号发布，自 2010 年 3 月 1 日起施行）。

G.《中华人民共和国船舶安全营运和防止污染管理规则》（试行）（交海发〔2001〕383 号）。

H.《中华人民共和国船舶载运危险货物安全监督管理规定》（2003 年 10 月 30 日以交通部令 2003 年第 10 号发布，根据 2012 年 3 月 14 日中华人民共和国交通运输部令 2012 年第 4 号公布的《关于修改〈船舶载运危险货物安全监督管理规定〉的决定》修正，自 2012 年 3 月 14 日起施行）。

I.《危险化学品安全管理条例》（于 2002 年 1 月 26 日中华人民共和国国务院令第 344 号公布；2011 年 2 月 16 日国务院第 144 次常务会议修订通过，自 2011 年 12 月 1 日起施行；2013 年 12 月 4 日国务院第 32 次常务会议修订通过，自 2013 年 12 月 7 日起施行）。

J.《船舶污染物排放标准》（GB 3552—83）（1983 年 4 月 9 日由城乡环境保护部发布，1983 年 10 月 1 日实施）。

②在上述法规基础上，针对海域船舶污染防治的相关法规主要如下。

A.《中华人民共和国海洋环境保护法》（1982 年 8 月 23 日第五届全国人民代表大会常务委员会第二十四次会议通过；1999 年 12 月 25 日第九届全国人民代表大会常务委员会第十三次会议修订；2013 年 12 月 28 日第十二届全国人民代表大会常务委员会第六次会议修订，自 2014 年 3 月 1 日起施行）。

B.《防治船舶污染海洋环境管理条例》（经 2009 年 9 月 2 日中华人民共和国国务院第 79 次常务会议通过，2009 年 9 月 9 日中华人民共和国国务院令第 561 号公布，自 2010 年 3 月 1 日起施行；根据 2013 年 7 月 18 日《国务院关于废止和修改部分行政法规的决定》第一次修订；根据 2013 年 12 月 7 日《国务院关于修改部分行政法规的决定》第二次修订；根据 2014 年 7 月 9 日国务院第 54 次常务会议《国务院关于修改部分行政法规的决定》第三次修订）。

C.《中华人民共和国船舶污染海洋环境应急防备和应急处置管理规定》（2011年1月27日经交通运输部令2011年第4号发布，自2011年6月1日起施行。根据2013年12月24日交通运输部《关于修改〈中华人民共和国船舶污染海洋环境应急防备和应急处置管理规定〉的决定》第1次修正；根据2014年9月5日交通运输部《关于修改〈中华人民共和国船舶污染海洋环境应急防备和应急处置管理规定〉的决定》第2次修正；根据2015年5月12日中华人民共和国交通运输部令2015年第6号《关于修改〈中华人民共和国船舶污染海洋环境应急防备和应急处置管理规定〉的决定》第3次修正）。

D.《船舶与海上设施法定检验规则　国内航行海船法定检验技术规则》（海法规〔2003〕年489号发布，自2004年3月1日起实施；海政法〔2014〕450号修改，自2014年9月1日起实施）。

③针对内河船舶污染防治相关法规及规范包括：

A.《中华人民共和国防治船舶污染内河水域环境管理规定》（交通部令2005年第11号发布，自2006年1月1日起施行）。

B.《江苏省内河水域船舶污染防治条例》（2004年6月18日江苏省第十届人民代表大会常务委员会公告第56号发布，自2005年1月1日起施行）。

C.《船舶与海上设施法定检验规则　内河船舶法定检验技术规则》（由中华人民共和国船舶检验局船规字〔1998〕586号公布，自1999年5月1日起施行；经海法规〔2011〕391号修改，自2011年9月1日起施行）。

D.《船舶与海上设施法定检验规则　内河散装运输危险化学品船舶法定检验技术规则》（中华人民共和国海事局）。

E.《船舶与海上设施法定检验规则　内河散装运输液化气体船舶法定检验技术规则》（海法规〔2009〕619号公布，自2010年3月1日起实施）。

F.《内河散装运输危险化学品船舶构造与设备规范》（中国船级社）。

G.《内河散装运输液化气体船舶构造与设备规范》（中国船级社）。

1.2.2　我国主要船舶防污法规剖析

（1）《中华人民共和国环境保护法》（2015年1月1日）

《中华人民共和国环境保护法》是我国环境保护的基本法，在环境法体系中占据除宪法之外的最高核心地位。作为一部综合性的基本法，它对环境保护的重要问题作了系统的规定，对环境保护的目的、范围、方针政策、基本原则、重要措施、管理制度、组织机构、法律责任等作出了原则规定，为其他单行环境法规的制定提供立法依据。

(2)《中华人民共和国水污染防治法》(2008 年 6 月 1 日)

该法是污染防治专项法规之一，共八章九十二条，对水污染防治的监督管理体制、主要的法律制度、工业水、城镇水、农业和农村水、船舶水污染防治及饮用水水源和其他特殊水体保护主要措施、水污染事故处置、法律责任等均作了较为明确、具体的规定。

第四章水污染防治措施中设立了“船舶水污染防治”一节，对船舶含油污水、船舶生活污水和船舶残油、废油、船舶垃圾、船舶装载运输油类或者有毒货物的排放作出了原则性规定；同时，对港口、码头、装卸站、船舶修造厂和船舶污染物接收单位的能力作出了定性规定。

(3)《中华人民共和国大气污染防治法》(2016 年 1 月 1 日)

该法是污染防治专项法规之一，共八章一百二十九条，对大气污染防治标准和限期达标规划、大气污染防治的监督管理、大气污染防治措施、重污染天气应对及法律责任等均做了较为明确、具体的规定。其中第四章大气污染防治措施中分别针对燃煤和其他能源污染防治、工业污染防治、机动车船等污染防治、扬尘污染防治提出了原则性规定。其中，机动车船等污染防治中要求船舶污染物达标排放，并禁止污染物不达标船舶投入使用。

(4)《中华人民共和国环境噪声污染防治法》(1997 年 3 月 1 日)

该法是污染防治专项法规之一，共八章六十四条，对工业生产、建筑施工、交通运输和社会生活中所产生的噪声污染防治措施、法律责任作出了明确规定。其中，第三十四条规定机动船舶在城市市区的内河航道航行必须按照规定使用声响装置。

(5)《中华人民共和国固体废物污染环境防治法》(2015 年 4 月 24 日)

该法是污染防治专项法规之一，共六章九十一条，对工业固体废物、生活垃及危险废物的贮存、处置和利用环节的污染防治措施、法律责任作出了明确规定。其中，未专门针对船舶固体废物提出处理措施。

(6)《中华人民共和国海洋环境保护法》(2013 年 3 月 1 日)

该法是海洋环境保护方面的基本法，共十章九十八条。其中设立专章，对船舶及有关作业活动对海洋环境的污染损害的措施作出了明确规定。该法除对船舶污水、船舶垃圾及其他有害物质的排放作出规定外，对船舶相关作业单位的污染物接收能力和应急设备器材的配置、事故预防措施提出了原则性的要求；此外建立了船舶油污保险、油污损害赔偿基金制度，以及对船舶载运油类、危险化学品等污染危害性货物的作业进行监管等内容。

(7)《防治船舶污染海洋环境管理条例》(2014 年 7 月 9 日)

作为有关船舶防污的专门法规，该条例对防治船舶污染海洋作出了综合性的规定，是该领域最重要的法规之一。

该条例共九章七十八条，围绕船舶污染“预防”和“治理”两个方面进行了系统的规定，将船岸等相关各方都纳入调整范围。该条例中，对海域船舶防污设施配备、船舶防污相关证书要求、船舶污染物排放标准等方面要求全面与国际公约接轨，并明确了船舶污染应急能力建设制度，完善了船舶污染物的排放与接收制度，增加了污染清除协议制度，增加了船舶污染事故应急处置和调查处理的规定，建立了船舶油污损害民事责任保险制度，完善了法律责任制度，将制度监管落实到能出现污染隐患的各个环节。

为配套该条例的施行，交通运输部颁布实施了《中华人民共和国船舶污染海洋环境应急防备和应急处置管理规定》（交通运输部令 2011 年第 4 号，2011 年 6 月 1 日起施行）等配套部门规章。防污条例及其配套法规的施行，有力地推动了我国船舶污染应急能力建设和船舶污染事故污染损害赔偿制度的完善。

（8）污染事故防治相关法规

相关法规包括《危险化学品安全管理条例》《中华人民共和国船舶载运危险货物安全监督管理规定》及配套的《危险货物品名表》。

《危险化学品安全管理条例》首次提出“禁止利用内河以及其他封闭水域等航运渠道运输剧毒化学品”。2004 年交通部 10 号令发布《中华人民共和国船舶载运危险货物安全监督管理规定》，赋予海事管理机构有效实施船舶载运危险货物安全监管的权力。2005 年和 2007 年，原交通部分别对《危险货物品名表》进行了全面修订和细微修改。

《中华人民共和国内河交通安全管理条例》提出“船舶污染损害责任”保险要求。

（9）《船舶与海上设施法定检验规则》

该规则由中华人民共和国海事局颁布实施，由中国船级社具体负责船舶检验。

该规则包括《国内航行海船法定检验技术规则》《内河船舶法定检验技术规则》等 17 部分。《国内航行海船法定检验技术规则》于 2012 年发布了修改通报，而《内河船舶法定检验技术规则》于 2011 年修订，2011 年 9 月 1 日起施行。《国内航行海船法定检验技术规则》《内河船舶法定检验技术规则》分别针对国内航行海船、内河船舶设立了“防止船舶造成污染的结构与设备”篇章。其中，涵盖的船舶防污结构和设备的要求，按照《MARPOL73/78 公约》的船舶污染物监管分类模式，涵盖了船舶可能产生污染的各个环节。

（10）《中华人民共和国防治船舶污染内河水域环境管理规定》（2006 年 1 月 1 日）

该法规是全面规范内河船舶防污的专门法，是以交通部令的形式颁布的，属于部门规章。

该法规共十章六十条，其中对船舶油类、油性混合物、液态化学品、货物残余物、包装形式的有害物质、压舱水、废气、噪声等污染物的排放均作出了限制规定。该法规分专章对船舶载运污染危害性货物及相关作业，船舶垃圾和生活污水，船舶污染物的排放与接收，船舶拆解、打捞、修造和其他水上水下施工作业，船舶污染事故应急反应，污染事故调查处理等方面的措施及法律责任进行了规定。

该法规在空气污染防治方面，规定禁止内河船舶使用焚烧炉；在噪声污染防治方面，要求船舶在城市市区的内河航道航行时，应当按照规定使用声响装置。

（11）《船舶污染物排放标准》（GB 3552—83）

这是我国船舶污染物的现行排放标准，其中规定了船舶油污、船舶生活污水及船舶垃圾的排放条件及允许排放标准。

关于内河船舶污染物监管的最新依据是《船舶与海上设施法定检验规则　内河船舶法定检验技术规则》（中华人民共和国海事局，2011 年修订，2011 年 9 月 1 日起施行），其中维持了《船舶污染物排放标准》中对含油污水的排放浓度限值规定。

国内船舶防污法规体系概况，见表 1-4。

国内船舶防污法规体系概况　　表 1-4

对比因素	内河法律法规	海域法律法规	对　　比
上位法	《中华人民共和国水污染防治法》；《中华人民共和国大气污染防治法》；《中华人民共和国环境噪声污染防治法》；《中华人民共和国港口法》		要求基本相同；在噪声防治方面，对内河航道船舶噪声有规定，对沿海未提及
		《中华人民共和国海洋环境保护法》	海域方面有专门的法律，内河在这方面欠缺
针对船舶污染物的法规	《中华人民共和国防治船舶污染内河水域环境管理规定》	《防治船舶污染海洋环境管理条例》《中华人民共和国船舶污染海洋环境应急防备和应急处置管理规定》等	内河法规层次低于海域法规。其主要条款紧密围绕主要船舶污染物的处置、监管措施；海域条例重点在船舶污染海洋事故的防范和应急体系的建立 内河的法规更有针对性
危险货物运输	《危险化学品安全管理条例》；《中华人民共和国船舶载运危险货物安全监督管理规定》；《危险货物品名表》		均针对内河危险货物运输作出了限制性规定

续上表

<table>
<tr><th>对比因素</th><th>内河法律法规</th><th>海域法律法规</th><th>对　　比</th></tr>
<tr><td rowspan="2">船舶检验</td><td colspan="2">《中华人民共和国船舶安全检查规则》</td><td rowspan="2">内河方面的船舶检验规则新近出台，对船舶防污软硬件设施的规定更加具体</td></tr>
<tr><td>《内河船舶法定检验技术规则》；
《内河散装运输危险化学品船舶法定检验技术规则》；
《内河散装运输危险化学品船舶构造与设备规范》；
《内河散装运输液化气体船舶法定检验技术规则》；
《内河散装运输液化气体船舶构造与设备规范》</td><td>《国内航行海船法定检验技术规则》；
《中华人民共和国船舶和海上设施检验条例》</td></tr>
<tr><td>排放标准</td><td colspan="2">《船舶污染物排放标准》</td><td>内河标准严于沿海（该标准内容陈旧）</td></tr>
</table>

1.2.3　我国内河船舶防污法规体系缺陷

（1）我国内河船舶污染防治法规综合性差、立法层次低

我国在海洋船舶污染防治方面，已经构建了包含宪法、法律、行政法规、地方性法规以及国际公约、议定书等在内的较为完善的法规体系。同海洋相比，内河环境更为敏感，其污染防治要求应更加严格。而由于经费来源、法制建设及思想意识等多方面的原因，我国内河船舶污染监管法律法规同海洋船舶污染监管法律法规相比，立法的层次较低、综合性差。

在国际公约方面，《经 1978 年议定书修订的〈1973 年国际防止船舶造成污染公约〉》及其附则已对我国生效，该公约所提出的要求基本囊括了可能导致环境污染的主要船舶污染物种类，并且涵盖了船舶污染防治的所有环节。在海洋船舶污染防治方面，也形成了以《中华人民共和国海洋环境保护法》《中华人民共和国防治船舶污染海洋环境管理条例》为基础的法规框架。而适用于内河船舶污染防治的法律条文则分布在《中华人民共和国水污染防治法》《中华人民共和国大气污染防治法》《中华人民共和国环境噪声污染防治法》等多项不同的法律法规之中，加大了执法的难度。现行内河船舶防污的综合性法规为《中华人民共和国防治船舶污染内河水域环境管理规定》，该规定是以交通部令的形式颁布的，其约束力不够，难以实现内河船舶污染防治各个环节的全过程有效监管。此外，江苏、深圳、上海等地制定了地方性的内河船舶污染防治规章，由于船舶属于在较大范围内流动的运输工具，这种各自为政的做法在提高船舶整体防污水平方面效果不够好。

（2）内河船舶防污法规条文以原则性、引用性规定为主，操作性较差

目前适用于内河船舶防污的法规中，从综合法到专门法，从部门规章到地方法规，重复性、原则性规定多，具体量化的要求少，常见的说法是“相关规定”“有关要求”等引用性规定，造成法规在实际应用中难以发挥实际作用。如《中华人民共和国水污染防治法》中要求内河配备“足够”的船舶污染物接收设施，而在《中华人民共和国防治船舶污染内河水域环境管理规定》（征求意见稿）中对船舶污染物接收设施的能力要求，再次停留在“足够”“相适应”层面，并未规定如何判定相关接收设施是否“足够”“相适应”。《中华人民共和国防治船舶污染内河水域环境管理规定》中共有十余处“相关”及若干处“有关”，这样的相互套用、引用，虽然避免了法规之间的矛盾，但也造成了执法操作的困难。

（3）对违法排污的惩戒较轻，缺少有力的强制规定

《中华人民共和国防治船舶污染海洋环境管理条例》中已加大了对违法排污的处罚力度，而目前适用于内河船舶污染防治的法规中对违法排污的惩戒普遍较轻。例如，《中华人民共和国水污染防治法实施细则》第三十八条规定“违法排放残油、废油处 1 万元以下的罚款”。该细则只规定了处罚上限，且不区别船舶及污染程度，造成船舶违法排污的成本低，难以有效预防船舶违法排污。

（4）修订滞后，部分规定的内容缺乏适应性

目前，适用于内河船舶污染防治的法规大多施行时间较长，与新发布的法规之间出现了冲突和不匹配的现象。例如《内河船舶法定检验技术规则》于 2011 年进行了修订，《中华人民共和国防治船舶污染内河水域环境管理规定》也正在开展修订工作，但相应的上位法和与之相配套的规范并没有得到及时修订，导致全国范围内法律进度不一、标准不一。国内亟须修订的法规、标准包括《中华人民共和国环境噪声污染防治法》《船舶污染物排放标准》（GB 3552—83）等。

1.2.4 内河船舶污染防治相关法律法规的完善建议

（1）推进船舶防污综合立法，实现沿海内河一体化

从现有的法律环境和当前我国发展水平很不均衡的国情出发，套用国际上的船舶污染法律法规既不合理亦不合情。改变我国的船舶污染现状十分迫切。国家有必要统筹相关部门，围绕船舶防污制定一部综合各方面要求的公法。

（2）提升船舶防污法律位阶，健全船舶防污法律体系

我国目前的船舶防污立法已经明显滞后于水运的发展。现行大量的规定、规则及规范性文件不能充分发挥调节、约束作用，已经不能适应船舶防污工作的需要。由此导致的严重后果之一是我国成为国际老旧油船的集中地。

美国是在成为石油进口第一大国、船舶溢油事故造成惨重损失的背景下，出台了《1990年油污法》。该法在防止污染和损失索赔方面的要求超过国际规定，使得各国不得不把最好的油船、最优秀的船员安排到美国航线，使其在船舶防污领域取得了立竿见影的效果，事故数量和事故损失明显降低。

建议效仿美国的《1990年油污法》，出台我国的“防治船舶污染法”，以协调各方关系、统筹各方力量、加快推进船舶防污工作进程。同时，在此基础上，我国还应针对船舶防污出现的新情况、新问题，进一步梳理相关的监管规定和标准要求，制定一套由法律、行政法规规章、地方法规规章以及配套规则、标准组成的层次清晰的船舶防污法律规范体系。

（3）量化标准要求，提高规定的可操作性

在这方面本书建议参照《MARPOL73/78公约》，对涉及的设备和程序以附录或配套导则的形式，在规范中予以明确，避免“按规定”一类的模糊要求。

国内尚需制定或进一步完善量化的标准主要如下。

①关于内河船舶防污构造和设备的技术性要求。

在法规和标准中明确体现对于船舶种类、吨位、配员或航行区域等情况相适应的船舶含油污水、船舶生活污水及船舶垃圾收集、处理设备的要求；并在进一步细化对内河船舶的防污构造和结构的技术性要求的基础上，积极推进内河船舶防止垃圾污染证书和防止生活污水污染证书的检验发放。船舶配备垃圾收集、储存与处理容器的规定或标准，明确种类、数量、标准的港口接收设施配备规定和污染物接收后去向的监督管理。

②有关港口、码头接收设施的配备要求。

明确体现船舶含油污水、生活污水、有毒液体物质、包装有害物质污染的港口、码头接收设施配备规定和污染物接收后去向的监督管理，实现监管环节的无缝衔接。

③船舶污染物的排放标准。

按照污染物的不同分类，提高防污的针对性。增加船舶排污时排放速率的要求；增加船用柴油机排放控制标准；制定船舶噪声控制标准；完善船舶垃圾排放标准；增加散装有毒液体物质排放标准；严格内河排放标准，体现内河水域保护的特殊性要求；明确内河特殊区域划分标准，针对内河特殊区域制定更为严格的标准。

（4）加大船舶污染违法惩治力度

加大对船舶恶意排污的惩处，建议取消或提高处罚最高金额限制，提高处罚幅度占污染损失的比例，提高非法排污的经济成本，对查实的恶意排污行为采取行政的和司法的手段，突出处罚的警示效果，以有效阻止对内河船舶污染防治相关法规的违犯。

1.3 船舶污染物分类监管策略

1.3.1 内河船舶污染监管环节

船舶污染物分成船舶含油污水、船舶生活污水、船舶垃圾、空气污染、噪声污染、船舶有毒有害物质。上述六个方面均涉及船舶检验发证环节的监管，船舶含油污水、船舶生活污水、船舶垃圾涉及污染物收集、处理设施设置及运行情况检查及污染物排放控制的监管。船舶有毒有害物质的监管则包括污染物排放的监管和污染物接收措施有效性监管，空气污染、噪声污染还涉及污染物排放控制监管。

根据船舶污染的特点，不同船舶污染涉及的监管环节见表 1–5。

船舶污染分类监管环节　　表 1–5

监管环节 污染类型	船舶制造	污染物收集、处理设施运行情况检查	污染物排放控制	污染物接收措施有效性监管
船舶含油污水		✓	✓	✓
船舶生活污水		✓	✓	✓
船舶垃圾		✓	✓	✓
船舶废气	✓		✓	
船舶噪声	✓		✓	
船舶有毒有害物质	✓		✓	✓

1.3.2 船舶污染分类监管对策

（1）船舶含油污水监管

①鉴于船舶污染跨区域、跨行业的特点，为实现船舶污染全程无缝监管，我国必须通过加强内河船舶污染防治综合立法的方式，规划管理部门在船舶污染监管各个环节的责任和义务，实现有法可依，实现区域、部门之间的分工合作。

②推进内河船型标准化。近十年来，交通运输部加大了内河船型标准化工作力度，实施了京杭运河船型标准化示范工程、川江及三峡库区船型标准化工程、长江干线船型标准化工程，取得了显著的成效，但为满足船舶污染监管的需要，仍需有计划有步骤地推进船型标准化工作。港航、海事、船检、船闸管理、航运业者等有关部门应加强协调配合，全线联动，强化监督管理，做好相关政策法规、标准规范的执行和落实，逐步淘汰现有老旧高耗能、高污染船舶。

③加强船舶含油污水处理装置有效性检查。大幅增加针对船舶排污的独立监测、监控设备，对这些设备的使用和维护制定强制性规定，监测数据定期通过全球定位系统（GPS）或船舶自动识别系统（AIS）等上传主管机关，并且明确上述数据的法律效力。在海事系统的管理手段方面，应积极立法规范卫星遥感监测、岸基雷达监测、视频监控、码头电子监控等现行的科技手段的运用，将其有机地植入监管程序当中，逐步改变靠拆卸管系或巡逻艇巡航等人工管理手段。

④完善船舶含油污水排放标准，在严格标准限值的基础上，增加船舶排污时排放速率的要求。

⑤研究制定港口、码头接收设施的配备标准，明确体现船舶含油污水接收设施的配备要求，要对内河沿线服务区、港口、码头的污染物接收设备实行冗余标准，制定时间表，强制安装到位。

⑥提高全民防污意识。在船舶污染防治工作中加入环保宣传教育的相关规划，加大防污宣传教育力度，提高全社会对开展船舶防污工作重要性和紧迫感的认识，增强社会对船舶防污工作的理解与支持，培养船员对防止船舶污染的认同感，形成人人参与防污监督、人人爱护水域环境的社会氛围。

（2）船舶生活污水监管

①研究制定港口、码头接收设施的配备标准，明确体现船舶生活污水接收设施的配备要求，要对内河沿线服务区、港口、码头的污染物接收设备实行冗余标准，制定时间表，强制安装到位。

②加强船舶生活污水处理装置检查，通过船舶生活污水排放在线监控系统，实现船舶非法排污的监管。

③完善船舶污染物排放标准，增加船舶排污时排放速率的要求。

④加强船舶生活污水接收作业全过程监管，实现船舶生活污水闭环监管。

（3）船舶垃圾监管

①研究制定港口、码头接收设施的配备标准，明确体现船舶垃圾接收设施的配备要求，要对内河沿线服务区、港口、码头的污染物接收设备实行冗余标准，制定时间表，强制安装到位。

②完善船舶垃圾排放标准。

③加强船舶垃圾接收作业全过程监管，实现船舶垃圾闭环监管。

（4）船舶空气污染物监管

①船舶燃油品质保障。此项措施属源头削减范畴。当前，柴油发动机是船舶排气的主要污染源，油品质量好坏直接关系到船舶大气污染物排放量的多少。因此，全方位提高燃油品质是减少船舶大气污染物排放的首要措施，主要包括以下

几个方面的措施：一是通过改进现有石化炼油技术，升级炼化设备，从源头确保出厂燃油品质；二是船舶加油站监督管理体制研究，协调工商、海事、交通、石化公司等有关方面，加强对船舶加油站油品品质的监督管理，严防劣质油品在船舶上的使用；三是建立航行中船舶燃油移动检测制度，完善船舶移动环保监测机构，建立船舶移动监测体系，加强燃油的临船监测，促使船主使用合格燃油。

②船舶发动机性能改进与提升。船舶发动机是吸入燃油、产生动力，同时排放污染物的装置。好的油品如果没有好的发动机，同样也会造成柴油燃烧不充分、不完全，导致大气污染物排放量大大增加。

③完善船舶污染物排放标准，增加船用柴油机空气污染物排放控制标准。

（5）船舶噪声污染监管

①推进船舶标准化，淘汰高噪声船舶，加强船舶设备检验，确保船舶的噪声指标满足国家相关的技术标准。

②明确噪声污染管理主体的责任和义务，由环保部门、航道规划部门、城市建设等相关部门联合开展船舶噪声污染的防治。

③完善海事现场执法的处罚依据，充分发挥船舶噪声污染监督与控制中的海事事权。

④完善船舶污染排放标准，增加船舶噪声控制标准。

（6）船舶洗舱水监管

①推进散化船舶标准化，联手码头公司、海事、代理、引航、货主等人员，淘汰低标准船舶，同时通过控制和降低危化品码头作业品种、危险等级，降低源头风险系数。

②明确港口、装卸站船舶洗舱水接收设施配备标准，建立健全船舶洗舱水岸上接收设施。强化船舶污染物接收作业监管，规范接收单位接收作业行为，加强现场作业检查。

③对船舶清舱作业及洗舱水接收作业单位的设备、人员等条件进行备案管理，作业船舶必须符合“船舶污染物接收和船舶清舱作业单位接收处理能力要求”的相关要求；作业人员应持有有效的船员适任证书和特殊培训合格证书，所有作业人员应熟悉掌握应急岗位职责和作业程序，安全防护及具备应急设备、器材的操作技能；制订有效的污染应急计划，包括事故报告、控制排放、应急措施、防污染设备配备、操作规程、安全与防污染制度、人员分工和职责、联系电话等内容以及在作业申请、作业程序、污染物处理、作业情况报送等方面作出严格的要求和规范。

④加强对船舶有效扫舱的现场监督管理。船舶有效扫舱能力，是船舶在标准

浮态、标准背压条件下经过水试验测定的最少卸货残留量。实际上，由于船舶卸货系统设备老化、倾斜以及背压达不到要求等原因，一些船舶往往无法达到水试验时的扫舱效果。

⑤建立对船舶洗舱水连续跟踪的监管机制。船舶预洗及洗舱水的排放往往涉及装货港和卸货港等多个主管机关的监督管理。因此，要加强对船舶洗舱水排放监管,必须建立卸货港主管机关与装货港主管机关的联系与协作机制。一是严格“免除”条件，要求申请到他港预洗和排放洗舱水的船舶，须提供由对方港口的主管机关签发的书面证明，并在船舶“货物记录簿”做相应签署；在对方港口签发此类证明的原件无法有效送达时，卸货港主管机关应主动通知对方港口的主管机关。二是规范主管机关签署制度。卸货港主管机关对船舶免除强制预洗或到他港进行洗舱水接收的情况，要及时在船舶“货物记录簿”中签署，以便装货港主管机关据以对船舶洗舱水的处理及去向进行监管。

⑥完善船舶污染物排放标准，纳入散装有毒液体物质排放标准。

⑦实施危化品船舶运输全程监控系统，实现危化品船舶航行期间不间断监控，采用船舶洗舱水自动监测报警系统，对船舶洗舱水违法排放进行监控。

1.3.3 海事系统内河船舶污染长效监管方案

作为船舶污染现场监管的执法机关，海事系统在船舶污染监管中发挥关键作用，建立海事系统的船舶污染长效监管方案，对内河船舶污染防治工作至关重要。

（1）船舶污染防治基础数据备案管理

船舶污染监管的首要工作是明确监管对象。各级海事主管部门需制定和更新辖区船舶污染防治基础资料数据库，其中涵盖辖区污染源基本情况、船舶污染物接收能力、污染事故应急处置人员基本信息、污染应急设备配备检查情况等。

为保证船舶污染防治基础资料数据库数据的准确，需对船舶污染监管关键环节实施备案管理制度，具体包括以下方面。

①装卸作业码头、船舶污染物接收单位（含港口、装卸站)、船舶修造厂、拆船厂、船舶清舱作业单位备案。从事污染危害性货物装卸作业码头、船舶污染物接收单位、船舶修造厂、拆船厂、船舶清舱作业单位，应当制定并实施有关安全营运和防治污染管理制度，按照交通运输部和中华人民共和国海事局颁布的有关技术规范和标准，配备相应的防治船舶污染设备和器材，并将船舶防污染防治相关材料报海事机构备案。

②水上加油站（船）备案。水上加油站（船）从事供油作业应制定并落实安全与防污染管理制度，向海事管理机构备案，方可从事供油作业。加油站（船）

每季度应当向当地的海事管理机构书面报告供油作业情况，包括供油艘次、供油数量等。已通过备案的水上加油站（船）应在发证周年日前一个月对符合备案条件的情况进行自查并向备案机构提交自查报告，备案机构收到自查报告后对其进行有效性核查。海事机构发现水上加油站（船）备案情况发生变化并可能对作业防污染产生不利影响的应要求其重新备案。

③水上过驳作业备案。船舶从事污染危害性货物水上过驳作业，应制定并落实防污染措施，在作业 24h 前将环境状况可行性论证、过驳作业方案、污染事故应急计划等资料报分支海事局备案。海事机构收到备案申请应对其资料进行核实。

（2）作业审批制度

①船舶污染危害性作业许可管理。

在港区水域内进行洗舱、清舱、驱气、排放压舱水、残油、舷外拷铲及油漆等，船舶冲洗沾有污染物、有毒有害物质的甲板，船舶、码头、设施使用化学消油剂等作业活动必须事先向海事管理机构提出申请，经批准后，在指定的区域内进行。

办理上述船舶作业许可时，应重点审核从事相关作业的单位是否具有相应的能力，并经海事管理机构备案；作业使用的设备、器材是否检验合格并符合相关规定；从事相关作业的人员是否经过相应培训，具备作业能力；指定水域是否符合防污染要求；制订的防止水域污染和保障安全的措施或应急预案是否符合船舶和港口的实际情况。

需要进行现场核查的，由受理人或核查部门组织核查。

②船舶垃圾、残油、含油污水接收作业管理。

进行船舶垃圾、残油、含油污水接收作业时，船舶污染物接收单位从事船舶垃圾、残油、含油污水、含有毒有害物质污水接收作业，应当依法经海事管理机构批准。船舶污染物接收单位接收船舶污染物，应当向船舶出具污染物接收单证，并由船长签字确认。船舶方凭污染物接收处理单证向海事管理机构办理污染物接收处理证明，污染物接收处理证明由船方保存在相应的记录簿中备查。船舶污染物接收单位应当按照国家有关污染物处理的规定处理接收的船舶污染物，并每月将船舶污染物的接收和处理情况报海事管理机构备案。船舶方凭污染物接收单证向海事管理机构办理污染物接收证明，并将污染物接收证明保存在相应的记录簿中。

③水上船舶修造、拆解、打捞作业管理。

从事船舶修造、打捞、拆解等作业活动的单位应当制定有关安全营运和防治污染的管理制度，按照国家有关防治船舶及其有关作业活动污染海洋环境的规范和标准，配备相应的防治污染设备和器材。港口、码头、装卸站以及从事船舶修造、打捞、拆解等作业活动的单位，应当定期检查、维护配备的防治污染设备和器材，确保防治污染设备和器材符合防治船舶及其有关作业活动污染海洋环境的要求。

(3) 船舶污染防治监督检查

①日常巡航检查。

海事部门按照《巡航管理规范》要求，组织对辖区码头、泊位、锚地、过驳作业区等进行巡航检查，监督船舶是否严格遵守船舶防污染相关规定，制止及纠正船舶污染水域行为。

②船舶安全检查。

按照《中华人民共和国船舶安全检查规则》的要求，海事部门对船舶有关防污染证书、文书、文件、资料，船舶防污染结构、设施和设备，船员防污染履职能力，船舶安全与防污染管理体系的运行有效性等进行详细的检查，并对船舶存在的缺陷作出判断，按照有关法律、行政法规等，提出处理意见。

③港口码头防污染检查。

海事部门检查港口、码头、装卸站以及从事船舶修造、打捞、拆解等有关作业活动的其他单位是否按照国家有关标准配备相应的防治污染设备和器材。对防污染设备和器材配备不能满足法律、行政法规、规章、有关标准要求的，应以安全建议书形式下发给码头经营人，并抄送相关主管部门。

④船舶污染物接收处理监督检查。

对船舶污染物接收单位实施备案制度，海事部门每年对船舶污染物接收作业单位备案防污染措施落实情况进行核查；对船舶污染物接收作业实施现场监督检查，督促船舶污染物接收单位落实安全与防污染措施，严格遵守污染物接收操作规程。污染物接收作业现场监督检查率应达到每月 2 次以上。船舶污染物接收作业单位在污染物接收作业完毕后，向船舶方出具由海事管理机构统一印制的污染物接收处理单证，并由船长签字确认。海事管理人员对污染物接收处理单证进行核查，符合条件的办理污染物接收处理证明，并加盖“海事管理机构公章”。船舶污染物接收作业单位每月定期向所在地海事部门上报“船舶污染物接收处理情况报表”。

⑤船舶防污染作业监督检查。

对船舶防污染作业实施行政许可制度，海事部门对许可的船舶防污染作业实施现场监督检查，督促船舶防污染作业单位落实安全与防污染措施，严格落实相关操作规程。船舶防污染作业现场检查率应达到 50% 以上。

(4) 人员培训制度

根据辖区危防管理实际情况，海事部门组织船舶污染监管人员，每年召开培训，系统地学习船舶污染防治相关的国际公约、法律法规、规范、技术标准，提高管理人员的专业理论水平；向污染物接收单位、围油栏铺设单位、危险品码头等相关船舶及单位宣贯最新的危防管理法规及规章制度，了解危防管理情况及形势，共同商讨危防管理中存在的问题，提出加强危防管理的意见和建议。

基层海事管理机构应按规定派出骨干参加危防管理实操轮训基地的培训，熟悉各类危险品船舶常用操作设备性能标准及检测维护常识，掌握防污染设备性能和危化品事故预防及应急处置技术，提高现场监督管理和防污染应急处置能力。

基层海事管理机构应按规定组织骨干和现场危防管理人员参加污染事故调查官培训，各局船舶污染事故调查官要按照《船舶污染事故调查官管理规定》及其实施意见进行管理。

（5）沟通联系制度

①不定期走访沟通。

海事部门不定期对地方政府及相关职能部门、航运公司、船厂、码头、污染物接收单位进行走访联系工作，了解企业防污染管理制度的落实情况和远景目标，指导企业的规范化管理行为。

②定期交流座谈。

海事部门定期组织辖区危化品运输货主单位、航运公司、污染物接收单位等召开防污染交流座谈会。交流内容包括通报辖区水路运输防污染监管工作开展情况，分析各单位在防污染管理中采取的新措施和新经验，查找存在的主要问题和困难，研讨解决方法等。

③专项活动的联系与合作。

以“六·五”世界环境日和航海日等重要日期的环保宣传活动为平台，建立与地方环保部门、危化品经营单位、污染物接收单位和围油栏布设单位等的联系和合作机制；以内河环保宣传专项活动方案为依据，加强部门间的合作，开展环保宣传活动，提升社会影响力。

2 内河船舶防污设备配备

2.1 我国内河船舶防污设备配备现状

根据现行法律法规及船检规范，目前船舶需配备的防污设备主要为船舶含油污水、船舶生活污水处理设施。对于船舶垃圾、船舶有毒有害物质，采取船上收集送岸处理的方式处理。对于船舶空气污染物和船舶噪声，采用源头治理的措施。对船舶使用燃料和船舶设备提出了要求，减少污染物的产生，不涉及船舶污染物处置设备。

目前，我国内河航运船舶基本安装了船舶含油污水处理设备，但缺乏对船舶含油污水达标排放的有效监管措施。内河船舶基本已按规定配备了垃圾储存设备，但很多垃圾储存设备没有投入使用，夜间或港外偷排现象时有发生。内河船舶除大型客船外，基本未对船舶生活污水进行处理，绝大部分内河船舶生活污水直排水体。

2.2 船舶污染物处理工艺现状

2.2.1 船舶油污水处理技术

船舶含油污水的处理方法包括物理法、物理化学法、化学氧化法、生物法，其深度处理工艺包括膜分离系统、吸附分离系统。现阶段船用油水分离器主要采用物理分离技术方法。

（1）物理法

①重力分离法。

利用上浮油和分散油在浮力作用下上浮而从水中去除油的方法。

②水力旋流法。

使含油污水在压力下靠筒壁以高速沿切向进入圆筒，在圆筒内形成高速的旋转运动，上浮油和分散油可迅速聚集于旋流中央，水则在外侧，从而使油水得到分离。

（2）物理化学法

①絮凝沉淀法。

为提高常规重力分离法对小粒径油滴和乳化油的去除效率，在含油污水中投加絮凝剂，使乳化油破乳并形成矾花，然后通过重力分离将油分去除。

②气浮法。

利用油滴黏附于水中的微气泡而浮上分离的方法。主要用来处理含油废水中难以重力分离或分离速度较慢的分散油、乳化油和细小的悬浮固体物。

③过滤法。

使含油污水流过颗粒介质滤床，利用惯性碰撞、筛分、表面黏附、聚并等作用，把微小油滴截留在过滤介质表面，并聚集成大油滴而上浮分离。

（3）化学氧化法

向水中投加氧化剂而将污水中的油分氧化去除的方法。常用的氧化剂有氯气、漂白粉、Fenton 试剂、臭氧和空气中的氧等。

由于石油烃类大多性质稳定，所以通常氧化反应设备结构复杂，药剂用量较大，导致较高的处理成本。从实际应用来看，该类方法主要用于污水中溶解油的处理。

（4）生物法

①好氧法。

利用好氧微生物对水中的有机物进行氧化分解的方法。由于好氧微生物对油的分解能力和水中溶解氧浓度的限制，一般只用于较低浓度的含油污水处理。

②厌氧法。

利用厌氧微生物对水中的有机物进行分解的方法。有观点认为：厌氧微生物对油的分解能力强于好氧微生物，又因分解过程不需其他物质，所以比较适用于较高浓度的含油污水处理。此外，厌氧微生物分解有机物会产生大量含甲烷 60% 的气体，故可作为能源应用。但通常厌氧反应速率慢，要使有机物完全稳定，需时甚长，当废水量大时，所需设备将很大。

（5）新型油水分离技术

该装置是在原处理系统的后阶段加装了深化处理系统，主要包括膜分离系统和吸附系统等。

①膜分离系统。

使用的膜具有不对称结构，在膜的工作面上有一层极薄的致密分离层，下部是结构疏松的指状支撑层。由于采用错流工艺，在分离过程中，含油污水切向流经膜表面，液体的快速流动使得油滴既不能进入致密的细孔，引起膜的内部堵塞，也不会停留在膜表面造成膜表面的堵塞。而水分子在侧压作用下将穿过致密层上的微孔，再穿过下部的疏松支撑层，进入膜的另一侧。有实验表明，薄膜过滤后的出水含油量平均浓度为 2.2mg/L。

②吸附分离系统。

吸附技术的关键是吸附剂的选择。最常见的吸附剂是活性炭，但活性炭对油的吸附容量一般只有 30 ~ 80mg/g。吸附法最新的研究体现在对高效经济的吸油剂的开发和应用方面。新型吸油剂由具有吸油性能的无机填充剂（一种镁或铁的盐类氧化物，质量分数为 5% ~ 80%）与交联聚合剂（可用聚乙烯、聚丙烯，质量分数为 95% ~ 20%）组成，对油的吸附容量一般为 600 ~ 880mg/g，但这种吸油剂的吸油接触时间一般较长，需要 2 ~ 8h。

船舶含油污水处理技术优劣比较，见表 2−1。

船舶含油污水处理技术的优劣比较　　表 2−1

类别	名　称	优　势	缺　点
物理法	重力分离	1. 结构简单 2. 基建、运行费用低	1. 分离效果有限 2. 所需的停留时间长 3. 占地面积较大
	水力旋流	1. 效率较重力分离有较大提高 2. 设备较重力分离有大幅度减小	1. 能耗较大 2. 设备维护要求高 3. 只适用于小量油污水的初步处理
物化法	絮凝沉淀法	小粒径油及乳化油的去除效率提高	产生大量的污泥，需要进一步处置
	气浮法	1. 分离速度明显提高 2. 水力负荷均有明显提高	1. 能耗有所增加 2. 药品用量较多 3. 产生沉渣较多 4. 设备易腐蚀 5. 油品不易回收
	过滤法	1. 设备简单 2. 投资省 3. 操作方便	1. 处理速度较慢 2. 必须进行反冲洗，以保证正常运行
化学氧化法	化学氧化	主要用于污水中溶解油的处理	1. 药剂用量较大 2. 处理成本较高
生物法	好氧法	处理效果较好	适用范围有限，适用于较低浓度的含油污水处理
	厌氧法	产生大量含 60% 甲烷的气体，可作为能源应用	1. 适用范围有限，适用于较高浓度的含油污水处理 2. 厌氧反应速率慢 3. 设备大

续上表

类别	名　称	优　　势	缺　　点
新型油水分离技术	膜分离	1. 占地面积小 2. 运行费用低 3. 稳定可靠 4. 自动化程度高 5. 维护操作方便 6. 出水水质好	1. 容易出现膜污染 2. 能耗高
	吸附分离	进一步的深化处理，出水水质好	1. 吸附容量小 2. 吸油接触时间较长

五种处理技术各有特点，相比而言，现阶段船用油水分离器主要采用物理分离技术方法。从长远看，采用单一的船舶污水处理技术已跟不上法规发展的要求，采用两种或两种以上技术进行船舶污水处理的市场前景将更好。如探索不同生物处理工艺与膜分离单元的组合形式，生物反应处理工艺从活性污泥法扩展到接触氧化法、生物膜法、活性污泥与生物膜相结合的复合式工艺、两相厌氧工艺，其产业化道路也将更加漫长，应进一步开展影响处理效果与膜污染的因素、机理及数学模型的研究，探求合适的操作条件与工艺参数，尽可能减轻膜污染，提高膜组件的处理能力和运行稳定性。

(6) 处理技术对比分析

污水处理设施成本包括设备购置成本和运行维护成本两部分，膜分离法处理装置购置成本较高，而水力旋流、气浮法、膜分离法和化学氧化法运行维护成本较高，重力分离法运行维护成本较低。能耗较高的有水力旋流和膜分离法，占地较大的有重力分离法和厌氧法，占地较小的有膜分离法。

在出水水质方面，生化法消除污染物较彻底；电解法的处理效果好，但出水色度较差；膜生物法污染物降解效率高，出水水质好并可回用；物化法由于没有进行生化反应，对有机物去除不够彻底。在二次污染方面，生化法产生二次污染几率较小，而膜生物法会带来膜污染。

2.2.2　船舶生活污水处理技术概况

对船舶生活污水来说，主要的处理方法有两种：一种是在船上直接安装生活污水处理装置，处理达标后，直接排入江河；另一种是安装生活污水收集装置，收集到岸上处理。

船舶生活污水处理设备的研发涉及因素很多，如处理流量、装备空间、使用环境等。产品管理与市场的不同导致产品所采用的处理方法也不同，目前市场上流行的技术主要为生化法处理技术、物理化学处理技术。其中，膜生物处理技术和 VDT 处理技术是具有应用前景的船舶生活污水处理技术。

（1）生化法处理技术

①WCB 型生活污水处理装置。

生化法的典型代表是 WCB 型生活污水处理装置。该类装置采用生物接触氧化的原理处理生活污水，主要由粉碎室、两级生物接触氧化室、沉淀室和消毒室等腔室组成。其主要工作流程为：由卫生间便池来的污水进入装置收集粉碎室；大颗粒悬浮固体物质经过粉碎泵粉碎细化后，依次经栅格进入两级生物接触氧化室，在两级氧化室内，好氧菌附着在填料表面上生长，形成生物膜，在充氧的条件下，消解污水中的有机污染物，变成无害的二氧化碳和水，同时好氧菌得到繁殖；有机物得到进一步消解；经好氧处理后的污水进入沉淀室，沉积的污泥再被定期返送回接触氧化室作为菌种繁殖和再处理；而经过澄清处理过的污水进入消毒室用含氯药品杀菌，然后由该室的液位系统控制经排放泵排放至舷外。

②膜生物法工艺（MBR）。

膜生物反应器（Membrane Bio–Reactor，MBR）是伴随着膜固液分离发展起来的新技术，集生化法和膜分离法的优势，克服了传统污水处理受条件变化导致出水悬浮物浓度不稳定的难题。膜生物处理技术以其独特的优势在污水处理及中水回用中的应用范围不断扩大、不断增加，是一种非常有发展前途的新型污水处理工艺技术。

2000 年，英国汉姆沃斯公司生产出第一台船舶用膜生物反应器处理装置，并于 2000 年和 2001 年在“太阳公主号”上对膜处理效果进行了为期 31d 的测定，处理对象是船上的灰水和黑水。在平均日处理量为 52 927L 的情况下，MBR 处理效果见表 2–2。

MBR 处理船舶污水效果（单位：mg/L）　　表 2–2

项　目	五日生化需氧量			悬浮固体颗粒		
	进水浓度		出水浓度	进水浓度		出水浓度
	黑水	灰水		黑水	灰水	
最高	5 840	6 090	5.70	4 980	990	17.1
最低	991	652	2	1 180	176	0
平均	2 595	2 062	2 062	3 092	485	3.12

由表 2–2 可知，虽然进入膜生物反应器的船舶污水水质情况非常差，但是经过处理后排出的水质完全达到新的排放标准，MBR 技术可用于船舶处理污水。发展至今，国内外已成功开发出多款船用膜生物反应器，并取得了较好的效果。

MBR 主要由污水预处理柜、好氧／厌氧处理柜、膜生物反应器、气泵等组成，其中膜生物反应器中放置膜组件，其具体工艺流程见图 2–1。

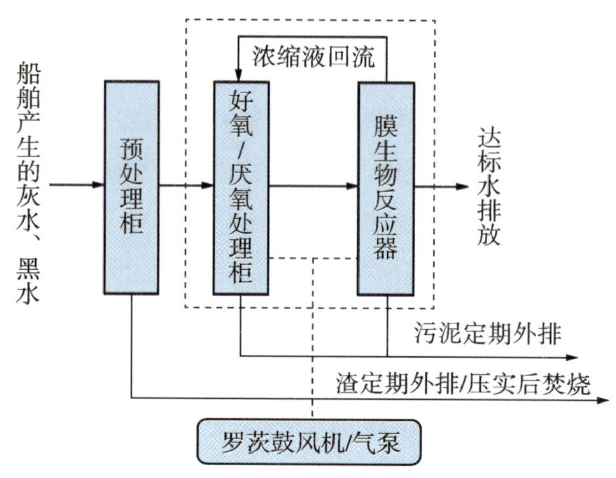

图 2–1　MBR 工艺流程

MBR 膜生物反应器具有结构紧凑、外形美观、占地面积小、运行费用低、稳定可靠、自动化程度高、维护操作方便等特点。特别是其出水水质好，具有传统污水处理工艺不可比拟的优点。

A. 高效地进行固液分离，其分离效果远好于传统的沉淀池，出水水质良好，出水悬浮物和浊度接近于零，可直接回用，实现了污水资源化。

B. 膜的高效截留作用使微生物完全截留在膜生物反应器内，实现反应器水力停留时间（HRT）和污泥龄（SRT）的完全分离，运行控制灵活稳定。

C. 利于硝化细菌的截留和繁殖，系统硝化效率高。通过运行方式改变有脱氨和除磷功能。

D. 由于泥龄可以非常长，从而大大提高难降解有机物的降解效率。

E. 反应器在高容积负荷、低污泥负荷、长泥龄下运行，剩余污泥产量极低。由于泥龄可无限长，理论上可实现零污泥排放。

我国对 MBR 的研究虽然还不到十年，但进展十分迅速。国内对 MBR 的研究大致可分为两个方面：一方面探索不同生物处理工艺与膜分离单元的组合形式，生物反应处理工艺从活性污泥法扩展到接触氧化法、生物膜法、活性污泥与生物膜相结合的复合式工艺、两相厌氧工艺；另一方面是影响处理效果与膜污染的因素、机理及数学模型的研究，探求合适的操作条件与工艺参数，尽可能减轻膜污染，提高膜组件的处理能力和运行稳定性。

目前，MBR 技术研究方向及面临问题有以下几点。

A. 污水处理量小。目前市场上产品多采用 SBR 批式活性污泥处理法，处理量一般低于 50m^3/d，无法满足大中型船舶的污水处理要求。生化处理方法种类很多，包括 A/B 法、氧化沟法、分段曝光处理法、吸附再生活性污泥法等。对 SBR 的选择多基于设备体积的考虑，如何利用模块化设计理论引入新的生化处理方法，是 MBR 的一个重要研究方向。

B. 膜组件的使用成本较高。MBR 技术进展缓慢的原因主要是膜污染、膜组件清洗问题，其使用维护成本制约着技术的发展。膜污染的影响因素很多，包括污泥浓度 MLSS、温度、操作压力、膜通量等。如何在设计中减少膜组件的负荷，改善膜运行条件，是提高市场化水平的重要课题。

(2) 物理化学处理技术

①物化法。

物化法的原理主要是将化学药剂加入污水中进行循环、粉碎、沉淀、消毒处理。以 WCH、WCX 型装置的污水储存、粉碎、消毒等为代表。

②电解法。

电解法的原理是通过电化学过程对污水进行氧化和消毒，它是将污水送入电解槽进行电解，其中产生的 NaClO 是氧化剂和消毒剂。在 NaClO 作用下，有机物被氧化，污水中的细菌被杀死，从而达到净化污水的目的。

③真空蒸馏烘干处理技术——VDT 技术。

该项技术利用造水机原理和船舶废热，可将船舶黑水中的液体部分蒸发成水汽后留下的固体干燥物送岸用作植物的有机肥料，从而达到船舶黑水及船舶灰水零排放的目的。

船舶真空蒸馏海水淡化原理（即造水机）是 VDT 处理技术的基础。真空蒸馏海水淡化的原理，是通过喷射泵产生 90% ~ 94% 的真空度，此时海水对应的沸点降为 35℃ ~ 45℃，然后利用低温废热（主要是主机缸套冷却水）对海水进行加热至沸腾。该装置常用的加热水为主机的缸套冷却水，属于废热利用。一般主机功率为 7 500kW 左右柴油机推进的船舶，其造水机每天可生产淡水 20 ~ 25m^3。内河船舶主机功率较小，但是缸套冷却水及排烟废热，足够满足 VDT 技术处理内河船舶黑水所需的加热热源要求。

为了将造水机原理与污水处理技术相结合，并使整个装置更加紧凑，生活污水的收集必须采用真空收集法，亦即安装真空马桶，见图 2-2。

VDT 处理技术的优越性非常多，主要有以下几点。

A. 可以免除使用化学药剂。VDT 处理技术纯粹是一个物理的蒸发过程，需要的仅仅是真空度和温度，不需要添加任何化学药剂，这可以避免二次污染。

B. 运行成本低，能源消耗少。VDT 处理技术使用的全部是船舶废热，而且消耗热能也很少。适合新时代“低能耗、高环保”的要求。

C. 生活污水达到零排放的国际最高标准，而且操作及运行管理很简便。

D. 设备简单，初投资成本少。VDT 处理装置仅需要真空收集系统及加热系统，真空度的维持由喷射泵完成，成本很低；加热系统，仅仅是一些管路，成本更低。

E. VDT 处理装置耐水力冲击性能非常好。根据对 VDT 处理过程的分析可知，该处理过程水力停留时间长。处理过程就是收集过程，收集过程就是处理过程，两者同时进行互不干扰。所以，水力冲击对 VDT 处理来说，可以忽略。

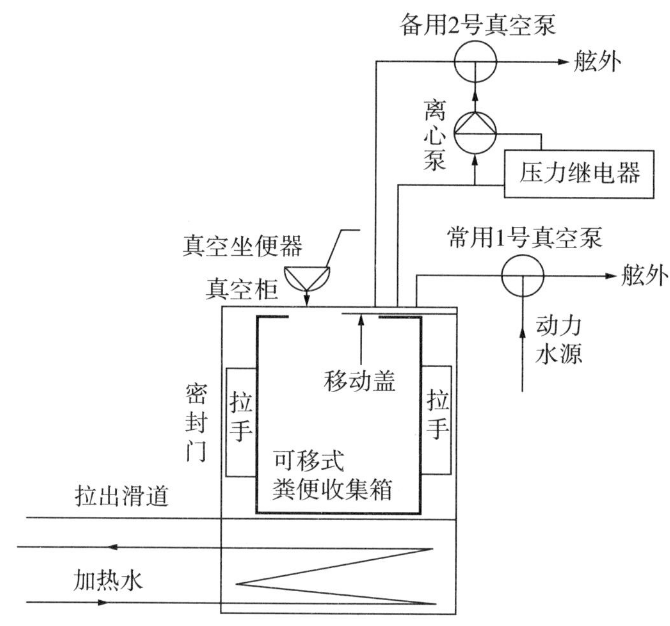

图 2−2　VDT 处理技术原理

（3）船舶生活污水综合处理技术

面对大型船舶对设备处理参数的需求，上述单一处理方法都有自身难以克服的缺陷，如突破空间、负荷变化、维护成本的困扰等，应抛弃一体化污水处理产品的思想，进行产品模块化设计，充分利用船舶有效空间，发挥污水处理设备的最大功效。模块化设计是将产品化为几个独立的模块，各模块间具有一致的几何输入输出接口，相同种类可以重用或互换，通过模块重组创建不同需求的产品。根据该方法，污水处理系统可化为几个模块，模块之间通过管道相连，充分利用船舶船舱底部、顶部、拐角空间，降低设备的有效占地面积，将陆地生活污水处理技术引入到船舶污水处理中。

船舶生活污水处理模块化产品结构见图 2−3，包含预处理、控制、生化、膜分离、污泥处理和中水回用六大模块，模块之间通过管路或供水泵相连。

①预处理模块。

船舶黑水和灰水综合处理时，模块中包含撇油器、过滤器和搅拌粉碎等装置，上层水通过溢流管流入下一模块，底部污泥通过泵送到污泥处理装置中。

②控制模块。

该模块中集成泵送、电器控制、气源、辅助水清洗装置，并将各模块通过管路柔性结合起来。

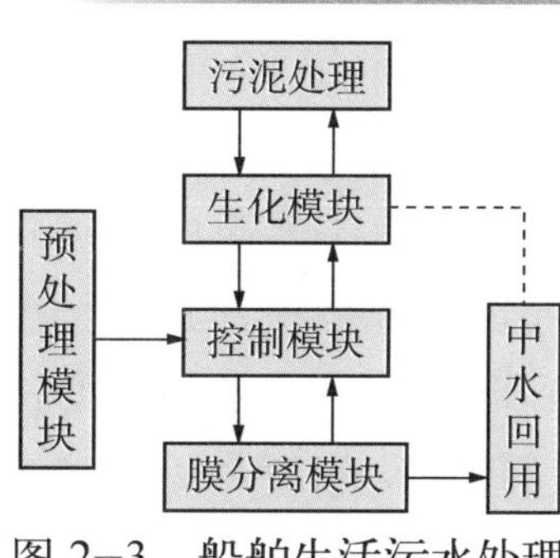

图 2—3 船舶生活污水处理模块化产品结构

③生化模块。

可采用批式污泥处理法 SBR、生物吸附氧化法 AB 模块或者氧化沟处理等模块。

④膜分离模块。

该模块包含膜组件，配合紫外线、活性炭处理，最大限度提高膜使用周期。

⑤污泥处理。

可采用 VDT 模块，将底部污泥蒸发处理，或设污泥存储柜，实现污水零排放。

⑥中水回用。

达到处理指标的水回用到船舶中用作冲洗设备，亦可作为植物浇灌等景观用水。

船舶生活污水综合处理技术，综合了生化法、膜分离法、VDT 法等技术，采用模块化设计理念，具有耐冲击负荷、产泥量小、动力消耗小的特点；通过蒸发底部污泥，克服了 VDT 直接蒸发厕所水可能带来臭气的缺点；可达到污泥污水零排放的要求，对不同类型船舶结构具有很强的适应性，容易实现产品系列化、市场化。

面临船舶污水温度变化、运动负荷和空间限制等因素的制约，要满足 IMO 污水排放新法规，应当引入绿色设计、模块化设计等新的理念，突破以前技术方法单一、可靠性差的特点。集成现有膜技术、生化法、VDT 技术，合理设计工艺流程，在满足使用环境的条件下，降低膜组件的运行负荷、减少膜清洗次数，才能使设备运行可靠，实现污水的循环利用，顺应市场发展的要求。

2.2.3 船舶垃圾处理技术

利用船用焚烧炉、船舶厨余垃圾处理设备等对船舶污染物进行处理，是当前处理船舶垃圾的通行做法。船用焚烧炉系统技术在国际上占据领先地位的主要有挪威帝凯（TeamTec）公司、丹麦阿特拉斯（Atlas）公司和日本 Sunflame 株式会社，其技术各具特色。帝凯公司的产品采用压力式燃烧器或柴油污油燃烧器，节省空间、节约成本；阿特拉斯公司的产品采用喷射式排烟系统，烟气温度降低幅度大；Sunflame 株式会社的产品采用转杯式燃烧器，污油雾化效果好。

20 世纪 90 年代，发达国家开始对船舶厨余垃圾管理与处理技术进行研究，近年来，对船舶厨余垃圾的处理也逐渐引起国内重视。目前，国内外厨余垃圾处理的重点主要集中在破碎、压缩技术，以达到减容减重的要求。破碎技术被很多处理系统采用，其对垃圾进行破碎处理，然后压缩打包，短期存放或者直接排放到海洋。该技术的主要特点是对垃圾进行破碎，但是破碎技术没有考虑垃圾处理过程会给船舱和船员带来的二次污染，也不具备资源循环再用的功能。压缩技术是在一定压力下对厨余垃圾进行压缩，同时脱去大部分水分，再经过打包密封处理，使废弃物与外界环境隔离，减轻对环境的影响。但受船上空间限制，这项技术目前通常需人工操作。

2.3 船舶污染物处理设备情况

2.3.1 船用油水分离器

（1）型号选择

一般来说，船用油水分离器的结构简单，外形尺寸较小，重量轻。船用油水分离器的处理量是额定的，船舶在选用油水分离器时应根据船舶在正常营运时所能产生的船舶污水量而定，而船舶产生的船舶污水量受很多不定因素的影响，所以每天产生的污水量是不一样的，差别有时也很大。因此，各国都是依据本国船舶状况和实际经验来制定一个基本标准。我国规定了船用油水分离器设计制造生产额定处理量系列，例如，业安牌船用油水分离器，其型号有 YWC–0.25、YWC–0.5、YWC–1、YWC–1.5、YWC–2、YWC–2.5、YWC–3、YWC–4、YWC–5。YWC–0.25 型的处理量为 0.25m^3/h，配置于 1 000t 以下的船舶。YWC–5 型的处理量最大为 5m^3/h，配置于 30 万 t 以上的船舶。

CYF–B 型油水分离器的规格及主要参数见表 2–3。

CYF–B 型油水分离器的规格及主要参数　　表 2–3

型号	处理量（m^3/h）	工作压力（MPa）	进水允许最大含油量（mg/L）	出水含油量（mg/L）	排油方式	进出水管直径(mm)	
						进口	出口
CYF–0.5B	0.5					25	25
CYF–1B	1.0					25	25
CYF–2B	2.0	0.1 ~ 0.2	<250 000	≤ 10	自动或手动	25	32
CYF–3B	3.0					40	40
CYF–5B	5.0					40	40

船舶所选配的油水分离器，其额定处理量必须是标准系列中某一数值。船用油水分离器不论其处理量的大小如何，都必须满足以下要求。

①经过油水分离器分离后的油污水能满足国际排放标准。

②船用油水分离器能够自动排油。

③船用油水分离器在船舶倾斜 22.5° 范围内时仍能正常工作。

④船用油水分离器的构造要简单，且体积小，重量轻，易于拆洗和检修。

（2）工作原理

机舱油水分离器主要由滤油设备、油分计（由报警器和记录器组成）和自动停止装置组成，其工作原理如下。

①滤油设备工作原理。

滤油设备的主要功能是将油分从含油污水中分离出来，其分离原理有重力分离法、聚结分离法、过滤法以及吸附法等。目前，船用滤油设备绝大多数采用重力分离法，再加上聚结、过滤或吸附等组合方式。以 CYF–B 型滤油设备为例，该系统采用重力分离与聚结分离相结合的方法。

CYF–B 系列船用油水分离器采取组装式结构，由油水分离器、专用泵、电气控制箱及其他附件等组成。CYF–B 型油水分离器的结构见图 2–4。

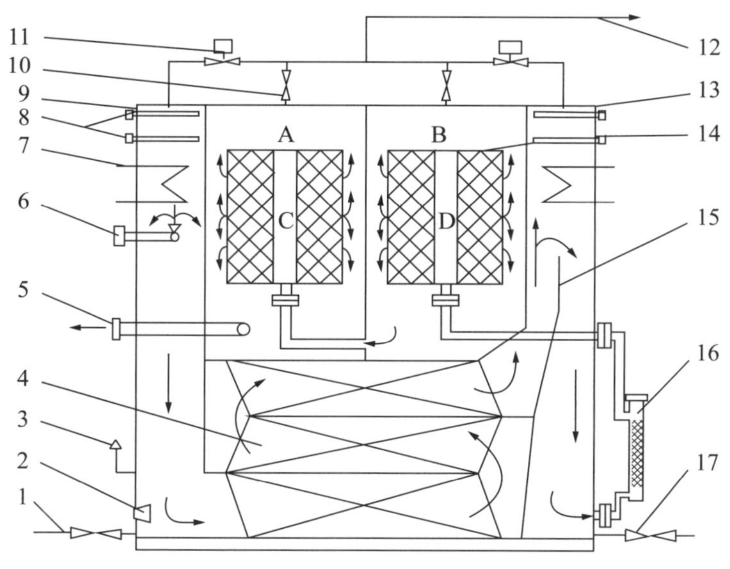

图 2–4　CYF–B 型油水分离器的结构

1– 泄放阀；2– 蒸汽冲洗喷嘴；3– 安全阀；4– 板式聚结器；5– 清洁水排出口；6– 油污水进口；7– 加热器；8– 油位检测器；9– 左集油室；10– 手动排油阀；11– 自动排油阀；12– 污油排出管；13– 右集油室；14– 纤维聚结器；15– 隔板；16– 细滤器；17– 泄放阀

工作原理：油污水经进口进入集油室 A 后，粗大油滴随即上浮进入集油室顶部，含有小颗粒的油污水向下流动经过板式聚结器进行粗分离，形成较大油滴上浮集中到集油室 D，其余污水经过细滤器，滤除机械杂质及部分石蜡胶体，剩余的细微油粒经过纤维聚结器的两级分离而分离出来，最终上浮在集油室 B 和 C 顶部，最后符合排放标准的水从排放口排至舷外。当油位检测器检测到集油室 A 和 D 里的船污油达到一定位置时，启动排油阀将污油泵至污油柜，集油室 B 和 C 产生的污油较少，采用人工方法将污油排出。

②油分计的工作原理。

油分计能连续记录油水分离器处理水的油分浓度，并在处理水超过排放标准（>15ppm）时通过自动报警器报警，并将不合标准的处理水通过三通电磁阀的启闭自动泄放返回舱底。目前，船上的油分计有红外线、紫外线、激光和超声波等多种形式。

以 YNY-1 型油分计为例，在测量时，靠定时器把运转周期控制在 120s。120s 时，试液泵及三通电磁阀启动，通过红外线分析仪比较标准液与萃取液的油分浓度，并通过放大器放大，通过电信号控制。如果处理水超过排放标准(>15ppm)，报警器报警，并启动电磁阀，把不符合标准的处理水泄放回舱底。同时，记录器记录处理水中的油分浓度、日期、时间，并打印在记录纸上。

③自动停止装置工作原理。

常见的自动停止装置有两种：一种是采用气控或电控三通阀，当排放水样超过 15ppm 时，报警器报警，同时自动打开旁通回流管路，切断舷外排放管路，将超标污水导回污油水柜；另一种是当排放水样超过 15ppm 时，报警器报警，同时打开旁通回流管路、关闭舷外排放管路停止污水泵。

（3）技术发展

从船用油水分离器的研制发展情况来看，在研制初期，船用油水分离器主要采用的是立式结构，如多层隔板式装置（例如英国的 VICTOR）、多层斜板式装置（例如德国的 TURBULO）以及细管式油水分离器（例如日本的三菱今村）。这三种装置在我国的船舶上都有所采用。根据流动的边界层理论，由于边界层流速最小，油粒在边界层易于碰撞而聚结，从而能加速油粒的上浮和分离，所以一般认为细管式油水分离器的效果最好，但它的缺点是体积较大，制造困难，且对不同油种的适应性差。

近几年，新研发的油水分离器大多采用重力与聚结、过滤、吸附等相结合的分离方式，即粗分离和细分离（或精分离）结合的方式。粗分离一般作为第一级分离，主要采用重力分离法，利用油水的密度差分离出粒径较大的分散油粒。细分离一般作为第二级和第三级分离，大多采用聚结法、吸附法、过滤法和气浮法等，让小粒径的油粒集结成较大粒径的油粒，以分离出油水中分散的小粒径油粒和乳化油粒。细分离方式的结构形式有圆筒式和填充式两种。圆筒式应用较多，它是用纤维材料构成的分离元件，其优点是结构紧凑、元件容易更换；填充式是在分离器中填充过滤吸附材料（油性纤维等）来吸附微小油粒，缺点是当过滤吸附材料吸饱油后，必须反冲洗甚至更换新的过滤吸附材料。

（4）船舶油水分离器应用现状

目前，市场上典型的船用油水分离设备主要如下。

①CYF–B 型油水分离器和 ZYF 型油水分离器，镇江美佳环保设备有限公司生产。

②CYSC 系列船用油水分离器，南京中船绿洲机器有限公司生产。

③YSCZ–CJ 型油水分离器，武汉舜亚环保公司生产。

④TURBULO（特勃罗）舱底油水分离器，德国博隆福斯工业公司生产。

⑤FACET（菲赛特）油水分离器，美国 Facet International 公司生产。

⑥SAREX 型油水分离器，美国科芬水处理装备公司生产。

⑦GSF 型油水分离器，宜兴市通特环保设备有限公司生产。

⑧SEREP（塞里普）大型油水分离器。

（5）船舶油水分离器应用发展趋势

船舶数量的增长以及大型化趋势导致船用油水分离器需求增加。截至 2010 年年底，全国拥有水上运输船舶 17.84 万艘、18 040.86 万载重吨，分别比上年末增长 0.8% 和 23.5%；船舶平均载重吨位 1 011.22 载重吨，比上年末增长 22.5%，是“十五”末的 2.1 倍；载客量 100.37 万客位，比上年末增长 11.2%；集装箱箱位 132.44 万 TEU，比上年末增长 11.2%。

2010 年年底，全国水上运输船舶中，远洋运输船舶 2 213 艘、5 626.13 万载重吨，分别比上年末增长 6.4% 和 18.2%；沿海运输船舶 10 473 艘、4 978.87 万载重吨，分别比上年末增长 4.5% 和 29.0%；内河运输船舶 16.57 万艘、7 435.86 万载重吨，分别比上年增长 0.5% 和 24.2%。

2011 年 1 月，国务院发布《关于加快长江等内河水运发展的意见》。在该意见中，内河水运发展目标是“建成通畅、高效、平安、绿色的现代化内河水运体系”。其中内河水运发展主要任务之一是：“实现内河水运绿色发展。在航道、港口工程建设和运行中，按照生态功能区域和水功能区划要求，更加注重保护水生态环境，依法保护饮用水水源地和水生生物保护区、关键栖息地。……加强船舶流动源污染控制，推动船舶防污设备配置，对新建内河运输船舶安装油污水处理（或储纳）和生活污水、垃圾收集设施，建设船舶污染监视监测系统，防止发生重大污染事故”。内河运输船舶多达十几万艘，其油水分离器市场尤其需要重点关注。

2.3.2 船舶生活污水处理设备现状

对船舶生活污水来说，目前比较成熟的船舶生活污水处理工艺有生物法（活性污泥法、生物膜法和膜生物法）、物化法（混凝沉淀及吸附过滤等）、电化学法等。但到目前为止没有一种公认的理想工艺。国际上船舶生活污水处理装置主要有英国 Hamworthy 公司、Welben 公司、美国 Red-Pox 公司、日本 Sasakura 公司等的生化法处理装置。它们的处理工艺多为活性污泥法。因为水力停留时间长，装置容积大，虽然符合船检标准，但却不适合我国国情及船舶航运经济发展和效益要求。

国内出现的船舶生活污水处理装置主要有三种，ST 型（活性污泥法）、WCB 型（活性污泥和接触氧化法）及 CSWA 系列（两级生物接触氧化 AB 法）。它们虽几经改进，但都因为装置容积大而不适于人数较多的客货轮。日本在船用生活污水处理器的研究方面，处于世界领先水平，他们研究的 SBT 型系列船舶污水处理装置，能实现轮船直接达标排污，但价格较贵，对我国的大部分船东来说，很难承担。

根据重庆海事局提供的资料，在重庆辖区的 64 艘餐饮船舶中，有 67% 安装了生活污水处理设施，其余 33% 未安装船舶生活污水处理设施。重庆辖区 129 艘客船、客滚船中，95% 安装了生活污水处理装置。

2.3.3 船舶垃圾处理设备现状

随着我国造船业的发展，国内船配企业开始研制自主品牌的船用垃圾焚烧炉，但其技术仍然处于发展的初级阶段，没有形成自身的特色，主流产品主要靠技术引进，获许可证生产，自主产品基本依靠仿制且只能配套低端船舶，在国内造船配套市场的装船率仅在 5% 左右，还没有得到市场的充分认可。而国内从事船舶厨余垃圾处理设备研发、生产的船配企业也不多见，只有少数船配企业研制生产并有少量产品装船使用。

2.4 内河船舶防污设备配备要求

2.4.1 船舶含油污水收集及处理设施配备要求

①下列情况，船舶设置污油水舱（柜）。

A. 航行于三峡库区和京杭运河的船舶。

B. 港口设有的污油水接收设备，接收能力可满足到港船舶含油污水的接收需要时。

对于主辅柴油机总功率小于 110kW 的小型船舶，若设置污油舱（柜）较困难时，可设置简易的污油储存桶存放污油。

②除 2.4.1 ①条之外，船舶必须安装油水分离设备，主、辅柴油机总功率 220kW 及以上的船舶，至少装设一套油水分离设备。主、辅柴油机总功率 22kW 及以上但小于 220kW 的船舶，至少装设一套额定处理量不小于 $0.04m^3/h$ 的油水分离设备。此种油水分离设备的试验条件应符合中国海事局的有关规定，并经认可。

③油水分离设备应在船舶处于横倾 10°，纵倾 5° 时仍能正常工作。

④油水分离设备的安装位置应尽可能远离振源。若由于振动过大，影响该设备效用时，应考虑适当的减震措施。

⑤安装油水分离设备时，应留出足够的通道和空间，以便于检修。

⑥油水分离设备处理水的排放应能手动控制。

⑦装有油水分离设备的船舶，应备有该设备易损件的备件。

⑧装有油水分离设备的船舶，应设置污油舱（柜），用于储存污油。

2.4.2 船舶生活污水收集及处理设施

①为防止船舶生活污水污染水域，船舶（包括为客船和渡船服务的趸船如设有卫生间）应符合下列要求之一。

A. 装设生活污水储存舱（柜），该储存舱（柜）应有足够的容积以储存船舶产生的生活污水，并应将生活污水排往接收设施。

B. 装设生活污水处理装置，该装置对船舶产生的生活污水进行处理，达到排放标准后，方可排往水域。

C. 装设打包收集设施（免冲），将船舶产生的生活污水打包收集，打包后的生活污水应送到接收设施。

②对于 400 总吨及以上的新船、小于 400 总吨但核定载运船上人员 15 人以上的新船，船舶应设船舶生活污水储存舱（柜）或生活污水处理装置。

③航行于京杭运河的船舶、餐饮趸船、内河客船必须安装生活污水储存舱(柜)，对船上产生的生活、餐饮污水进行储存，排放给接收设备，严禁将生活污水排往京杭运河。

④装设打包收集设施（免冲），将船舶产生的生活污水打包收集，打包后的生活污水应送到接收设施。

⑤对于装设生活污水储存舱（柜）的船舶，船上应设有便于将生活污水排往

接收设备的泵和管路。

⑥防止生活污水污染系统的舱（柜）、处理柜、生活污水管路及有关附件均应以钢或其他等效材料制成，并应考虑防腐措施。

⑦防止生活污水污染系统的设计及安装应考虑方便维修；船舶生活污水及其冲洗水的排量应与船舶防止生活污水污染结构与设备相匹配。

⑧生活污水管路不应穿过油舱或水舱。

⑨生活污水管路不应穿过客舱、厨房等舱室，若不可避免时，在这些舱室内不应有可拆接头。

⑩生活污水储存舱(柜)和生活污水处理装置均应设有液位计或其他等效设施。

⑪上述舱（柜）和处理柜一般应设液位报警装置或采用其他等效措施，避免生活污水的溢流。

⑫上述舱（柜）和处理柜应设有透气管，透气管应通往大气或适宜处所。对可能产生易燃气体的舱（柜）、处理柜，其透气管端应设有金属防火网。

⑬真空式生活污水储存器可免设液位计和透气管。

⑭船上应设有通往舷外的应急旁通管路。

2.4.3 船舶垃圾收集及处置设施

①所有内河船舶均应设置船舶垃圾收集装置，定期由船／岸有关部门予以接收，不应排往水域。凡船长为 12m 及以上的船舶，应设置告示牌以便船员及乘客知道关于船舶垃圾处理的规定，告示牌的规格、内容及安装位置应符合有关规定。对于 400 总吨及以上的所有船舶，以及核准载运船上人员 15 人及以上的船舶，应备有一份经中国海事局认可的垃圾记录簿，以记录每次排放作业情况。

②固定式结构的船舶垃圾收集装置应满足下列要求。

A. 收集装置的开口应设有能紧密关闭的盖子。

B. 收集装置应以不燃材料制成，并应能防腐。

C. 收集装置应定期消毒并便于清洗。

D. 收集装置应根据航程和船上的人数具有足够的容积。

E. 收集装置应与接收设施相适应，装置的底部一般应向垃圾卸除口倾斜至少 30°，垃圾卸除口的底部应有开启驱动装置。

③活动式结构的垃圾收集装置应有足够强度的内衬，其在船上的放置应能防止船舶摇晃时发生倾覆。

④若船上装有船舶垃圾压制装置，该装置应有船舶检验机构颁发的船用产品证书。垃圾压制装置应使船舶垃圾的体积平均减至原体积的 1/5，应位于通风良

好的位置，并应尽可能远离居住、餐厅、厨房等处所。

2.4.4 船舶污染物排放在线监控设备

船舶污水排放口宜配备船舶污染排放在线监控设备，对污水的排放状态、主要污染物的排放浓度进行在线监控。

2.5 小结

目前，船舶需配备的防污设备主要为船舶含油污水处理设施和船舶生活污水处理设施。对于船舶垃圾、船舶有毒液体物质及船舶运输包装的有害物质，采取船上收集送岸处理的方式。对于船舶空气污染物和船舶噪声，采用源头治理的措施，对船舶使用燃料和船舶设备提出了要求，减少污染物的产生，不涉及船舶污染物处置设备。

根据现行法律法规及船检规范，除特殊水域外的船舶，均需配备含油污水处理设施，除特殊水域外的新船需要配备生活污水处理设施。

我国内河航运船舶基本安装了船舶含油污水处理设备，但缺乏对船舶含油污水达标排放的有效监管措施。国内内河船舶除大型客船外，基本未对船舶生活污水进行处理，绝大部分内河船舶生活污水直排水体。

船舶含油污水的处理方法包括物理法、物理化学法、化学氧化法、生物法，其深度处理工艺包括膜分离系统、吸附分离系统。现阶段船用油水分离器主要采用物理分离技术方法。

船舶生活污水的处理方法包括生化法、物理化学法。其中，膜生物处理技术和 VDT 处理技术是具有应用前景的船舶生活污水处理技术。

从长远来看，采用单一的船舶污水处理技术已跟不上法规发展的要求，采用两种或两种以上技术进行船舶污水处理的市场前景更好。

3 内河船舶污染源监控系统框架研究

3.1 内河船舶污染源监控现状

“十二五”以来，随着我国内河航运发展成为国家战略，内河航运快速发展，船舶数量急剧增加，船舶大型化趋势日益明显。与此同时，由于我国内陆地区经济发展水平的限制，内河船舶管理水平和船舶状况参差不齐，从而使得内河面临的船舶污染形势日趋严峻。目前，我国内河船舶污染物排放管理的法律法规制定相对滞后，管理部门针对船舶的违规排放监控还缺乏有效手段，从而使得船舶违规排放污染物的现象屡禁不止，内河水源污染面临严重威胁。

在内河船舶污染物中，船舶污水对水体的污染最为严重。船舶污水可分为舱底油污水、洗舱水和生活污水等，主要是由于船舶的营运所产生的。

就船舶污水的处理而言，对含油污水，主要使用油水分离器进行处理。我国内河船舶安装了油水分离器，但实际使用效果不理想，难以达标排放，而且设备的完好率较低，偷排现象较为严重。我国在内河船舶生活污水处置方面手段有限，实际效果不理想，内河船舶生活污水直接排放入水情况普遍。对于内河船舶的洗舱水，按照《中华人民共和国防治船舶污染内河水域环境管理条例》，载运有毒液体物质的船舶洗舱水禁止在内河水域排放。对于洗舱的管理，《中华人民共和国水污染防治法实施细则》等法规规定，船舶冲洗载运有毒液体货物的舱室必须向海事主管机关申报。因此，有毒液体运输船舶的洗舱水应由专业的机构进行接收和处理。但实际由于缺乏洗舱站等专业洗舱作业机构，无法实现对洗舱水的有效处置。

从船舶营运实际情况来看，船舶在内河水域偷排、违规排放船舶污水的情况仍然时有发生，目前仅仅通过“油类记录簿”“货物记录簿”或相关文书的检查对于有效防范船舶违规排放还十分不够，对于船舶污水的排放还缺乏有效的监控手段。因此，总体来说，目前我国内河船舶污染接收处理情况还不理想，技术研究及应用方面仍与环境保护需求有较大差距。

随着现代化技术的发展，利用高科技手段实现船舶污染物排放的在线监控成为可能。目前在内河上，船舶可以利用 AIS、公网、射频识别（RFID）等通信手段与岸上进行通信。船载 AIS 能提供具有很高完整性和可用性的船舶在航数据，以及为船—船和船—岸之间提供一个数字传输通道等突出特点，使其能在船舶航行避碰方面发挥重要作用。同时，随着技术的发展升级以及认识的深入，AIS 在海事管理方面的潜在价值也逐渐被人们挖掘，这也使其不再仅仅是船用助航设备，更可作为在航船舶数据源，能够在岸基船舶交通监视管理、海上搜救、海上防污、数字航标、航运管理和物流等系统中发挥重要作用。其中，AIS 在海上防污系统中的应用越来越得到业内人士关注。2010 年，我国海事部门颁布了《国内航行船舶船载电子海图系统和自动识别系统设备管理规定》，长江干线、珠江干线、京杭运河及黄浦江的 100 总吨以上的所有营运船舶都配备了 AIS 系统。AIS 在保障船舶航行安全、保护人员生命安全等海事管理领域发挥着重要的作用，其本身功能特性为其应用开发提供了良好的可扩充性。

在信息传输方面，内河还可充分利用目前强大便捷的公共通信网络技术。它具有成本低，运行可靠，可兼容性强，内聚性高等特点。3G 是“3rd Generation”的缩写，即第三代移动通信技术，相较 GSM 和 GPRS 无线网络技术而言，3G 具有传输速率高的优势，从而具有传输信息量大的特点。目前的 3G 技术标准有 WCDMA、CDMA 2000、TD-SCDMA 三种。3G 采用 CDMA 和分组交换技术，在室内、室外和行车的环境中能够分别支持至少 2Mb/s（兆字节 / 秒）、384kb/s（千字节 / 秒）以及 144kb/s 的传输速率，从而实现随时随地移动互联网接入和数据与语音、移动与互联网之间充分的互动与结合。目前，3G 技术作为信息传输的途径已在多个领域被探讨或应用，如远程监控、安全生产、智能交通、信息采集等方面。随着公用通信网络的发展成熟以及推广应用，其在船舶在线监控方面将发挥更大的作用。将公共网络技术应用于船舶污染物监控信息的传输，能更好地促进船舶污染物排放情况的在线监控。

综上，本节针对船舶污染物，主要是船舶污水的违规排放，利用内河船舶自身装备的设备进行改造升级，如油分浓度仪、AIS 船舶自动识别系统等，同时通过对 AIS/3G 信息传输功能进行深入拓展应用，结合海事部门的信息平台，开发基于 AIS/3G 的内河船舶污染物排放在线监控系统，为海事监管提供新的工具和方法。

3.1.1 船舶污水排放标准现状

针对船舶污染物接收排放的管理，国际海事组织和我国交通运输管理部门先后制定了一系列的公约和相关标准。

在国际公约中，主要针对船舶排污行为的是《MARPOL73/78 公约》。

《船舶污染物排放标准》（GB 3552—83）是国内现行的为防治船舶排放的污染物对水域造成污染而制定的国家标准。它适用于中国籍船舶和进入中华人民共和国水域的外国籍船舶。该排放标准对船舶污染物的排放有如下规定：

（1）油污水排放标准规定

船舶排放的含油污水（油船压舱水、洗舱水及船舶舱底污水）的含油量排放要求应符合表 3–1 规定。

船舶含油污水最高容许排放浓度 表 3–1

排 放 区 域	排放浓度（mg/L）
内河	不大于 15
距最近陆地 12n mile 以内海域	不大于 15
距最近陆地 12n mile 以外海域	不大于 100

（2）生活污水排放标准规定

船舶排放的生活污水排放要求应符合表 3–2 规定。

船舶生活污水最高容许排放浓度 表 3–2

项 目	内 河	沿 海	
		距最近陆地 4n mile 以内	距最近陆地 4 ～ 12n mile
生化需氧量（mg/L）	不大于 50	不大于 50	—
悬浮物（mg/L）	不大于 150	不大于 150	无明显悬浮物固体
大肠菌群（个 /100mL）	不大于 250	不大于 250	不大于 1 000

（3）船舶洗舱水的排放

对于船舶洗舱水的排放，目前《船舶污染物排放标准》（GB 3552—83）并没有给出专门的统一标准，但按照《中华人民共和国防治船舶污染内河水域环境管理规定》，载运有毒液体物质的船舶洗舱水禁止在内河水域排放。

3.1.2 船舶污染物排放监控现状

对于污染物排放在线监控技术，陆上应用相对成熟，如相关工业企业等排水口设置了 BOD、COD 等监测设备进行自动在线监测，监测数据以有线方式传输到环保部门监控系统，实现在线实时的监管。而当前，我国内河船舶污染源监控则是空白。

船舶污染源监控工作有点多、量大、全方位、全天候的特点。对船舶排污实施监测分析是船舶防污染监督管理的重要手段，能为控制船舶污染物排放和处理违章提供有力依据。但据海事部门反映，目前船舶排污监测机构的设置不尽合理，还存在一些空白点。对一般污染事故的调查和取证、分析等，由于缺乏必要的手段也难以取得好的效果，同时无法准确掌握危险货物船舶排放对水域的污染情况，造成船舶污染管理工作被动、落后的局面。

另外，在船舶油污染监控方面，国内外目前的研究主要侧重于通过以可见光、红外、紫外、激光荧光、微波及电磁能量吸收等技术作为基础的卫星遥感监测、飞机遥感监测、巡逻船监测、船舶交通管理系统（VTS）监测、闭路电视监控系统（CCTV）监测、定点监测和浮标监测等方式，监控船舶已经对水域造成的污染程度，从而作出相应的后期应对措施，在时间上具有滞后性，可操作性不强，部分监测手段的精准度粗糙或对大型溢油事故才能发挥较好的效果。这种方法对较为频繁的船舶排污的监控，简单快捷准确。但以船舶这一污染危险源为监控对象，通过在船舶上装备相关传感器收集并传送某些污染物排放的实时数据从而从源头上及早控制污染事件发生的研究并不多。

3.2 船舶污水排放在线监控系统框架及工作原理

3.2.1 系统组成框架

一个完整的监控系统应包括数据采集部分、数据传输部分以及监控记录决策部分。在基于 AIS/3G 的船舶污水排放在线监控系统中，数据采集部分即为基于多传感器的船舶污水排放检测系统，数据传输部分即为船舶污水排放信息传输系统，而监控记录决策部分就是船舶污水排放海事监控软件平台系统。

考虑到基于多传感器的船舶污水排放检测系统针对的监测对象并不是单纯的某一种船舶污染物，且对不同的污染物允许排放的标准也不一，因此根据监测对象的不同，该监测系统可细分为多个子系统，大致包括船舶舱底油污水排放监测子系统、船舶洗舱水排放监测子系统以及船舶生活污水排放监测子系统。同时，污染物排放信息传输系统也可分为船舶舱底油污水排放信息传输子系统、船舶洗舱水排放信息传输子系统以及船舶生活污水信息传输子系统。这三个监测子系统及信息传输子系统分别与污染物排放海事监控软件平台系统组成整个船舶污水排放在线监控系统。不同的监测子系统根据所得到的数据进行处理判定，并将结果融入 AIS 报文中一起发送到岸上的海事监控中心，供专家决策系统参考分析，以得出最合理的应对措施。以上提到的各子系统的系统组成大致相同，但在某些具体监测指标和监测传感器选用等方面存在差异。船舶污水在线监控系统总体框架见图 3–1。

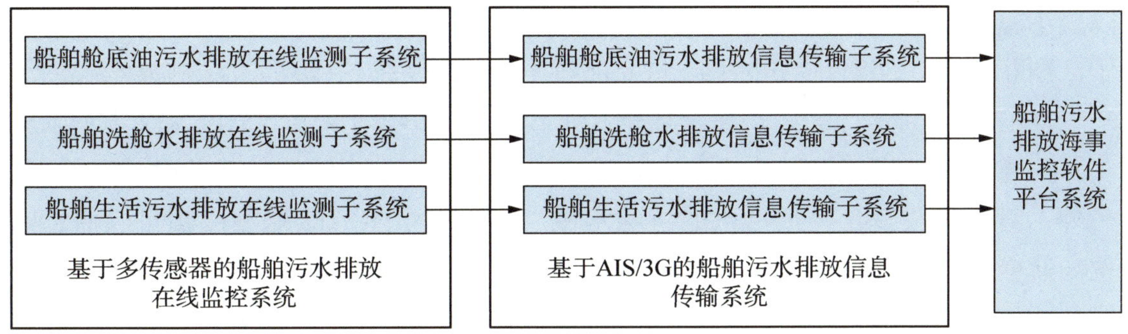

图 3–1　船舶污水排放在线监控系统总体框架

3.2.2　船舶舱底油污水排放监测子系统

（1）船舶舱底油污水排放监测子系统框架

该系统是实时在线监测排放的舱底水油污浓度的硬件系统，负责通过船内数据通信总线向船桥 AIS 设备接口传递检测信号，由污染监控信息的舱底水排放信息传输系统传输至船舶污染物排放海事监控软件平台系统。该系统负责提取船舶监控设备发送的船舶舱底水油污水排放信息以实现监管。该系统具体由油分浓度传感器、数据采集仪、船载 AIS、显示器等组成（图 3–2）。当检测结果超过报警阈值，即含油浓度超过 15ppm，则船载 AIS 和海事监控平台均会出现报警信息，提醒船员或执法者，以便采取停止或制止排污行为。

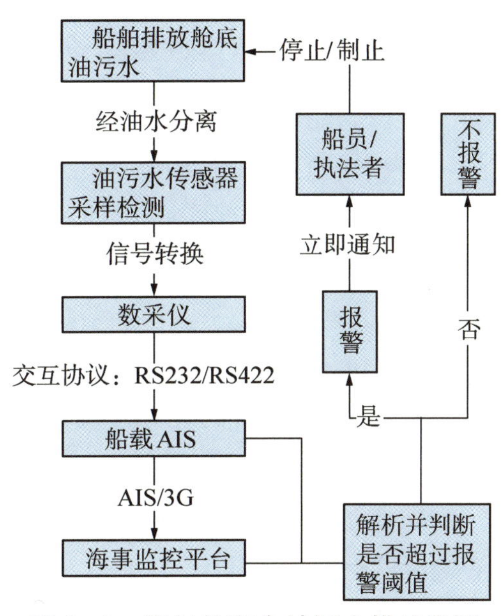

图 3–2　船舶舱底含油污水排放监测子系统

（2）船舶舱底油污水排放监测子系统工作原理

首先由油污水浓度监测仪实时检测位于船舶油污水排放管路中的油分浓度，然后通过数采仪将采集到的信号进行数模转换、放大等处理后，通过船内数据通信链路送入船载 AIS，由船载 AIS 对处理后的信号数据进行计算和判断，并将处理后的数值与根据《船舶污染物排放标准》设定的相关阈值（表 3–3）进行比较判断。若有参数超过根据相关规定设定的数值，例如在内河水域船舶排放油污水的浓度大于 15ppm，系统将自动报警，提醒船员需停止此类行为，并通过船载 AIS 设备经 VHF 信道或公用网络 3G 通道实时传输到海事监管中心，海事监管中心声光报警装置将会启动以提示海事监管人员需制止此类行为。该信息也可通过地理信息系统（GIS）与电子江图相结合，实时地在电子江图或海事电子巡航系统中显示违法排放舱底油污水船舶的具体位置。之后，海事监管中心综合利用 CCTV 和 VHF 等设备予以核实，再通过指挥相应辖区的执法大队对违规排放舱底油污水的船舶及时予以处理。另外，对于某些禁止排放污水的特殊水域，本系统中的 AIS 船载终端可以通过定位导航对水域内船舶给予必要提示，当船舶在禁止排放区进行排放时，只要传感器接收到排放信号，即会产生报警。该监控系统的运行可方便海事监管中心在线监测到每艘船舶的排污情况，并且通过 AIS/3G 传输的实时数据，监控系统可以方便地记录和查询舱底油污水排放的相关信息，同时对船舶自动广播的 AIS 数据可以快速全面地记录、回放和存档，当违法排污发生时迅速展开调查和评估，实现对船舶舱底油污水排放有效的实时监控。

船舶含油污水最高容许排放浓度　　表 3–3

排放区域	排放浓度（mg/L）
内河	不大于 15

3.2.3　船舶洗舱水排放监测子系统

（1）船舶洗舱水排放监测子系统框架

船舶洗舱水排放监控子系统主要是针对船舶洗舱水的排放进行监控，根据对洗舱水排放监控的要求，设计该子系统主要监测指标为洗舱水排放量。因而采集数据所用的传感器主要为自动在线流量计。该子系统组成见图 3–3。在判断程序中，“流量计检测数值大于零”是前提条件，若大于零，则表明有洗舱水排放，才视为“违规排放”，船载 AIS 和海事监控平台才会发出报警信息提醒船员或执法者，以便采取停止或制止排污行为。

（2）船舶洗舱水排放监测子系统工作原理

在该子系统中，传感器采用检测流量的流量计。当船舶进行洗舱水的排放时，流量计实时检测出位于船舶排污管路中是否有洗舱水排出信息，通过数采仪将采集到的信号进行数模转换、放大等处理后，通过船内数据通信链路送入船载 AIS，由船载 AIS 对处理后的信号数据进行计算和判断。若流量计数值大于零，系统将自动报警提醒船员需停止此类行为，并通过 AIS 实时传输到基站，再通过公网传到海事监管中心，若信息量较大，船载 AIS 通过 3G 信道将信息直接传送至海事监管中心，海事监管中心声光报警装置将会启动以提示海事监管人员需制止此类行为。该信息也可通过 GIS 与电子江图相结合，实时地在电子江图或海事电子巡航系统中显示违法排放洗舱水船舶的具体位置。之后，海事监管中心综合利用

CCTV 和甚高频 VHF 等设备予以核实，再通过指挥相应辖区的执法大队对不满足排放条件而非法排放洗舱水的船舶及时予以制止和进行处罚教育。另外，对于某些禁止排放污水的特殊水域，本系统中的 GPS 模块可以通过定位导航对水域内船舶给予必要提示。该监控系统的运行可方便海事监管中心在线监测每艘船舶的排污情况，并且通过 AIS/3G 传输的实时数据，监控系统可以方便地记录和查询洗舱水排放的相关信息，同时对船舶自动广播的 AIS 数据可以快速全面地记录、回放和存档，当违法排污发生时迅速展开调查和评估，实现对船舶洗舱水排放的监控。

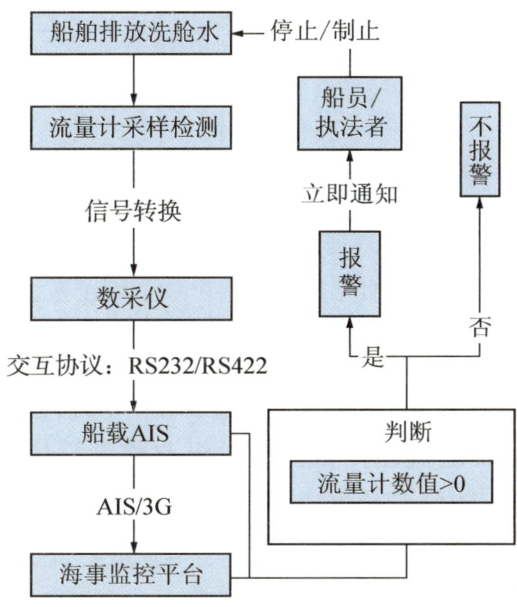

图 3–3　船舶洗舱水排放监测子系统

3.2.4　船舶生活污水排放监测子系统

（1）船舶生活污水排放监测子系统框架

船舶生活污水排放监测子系统主要是针对船舶生活污水的排放进行监控。按照前文对生活污水排放监控的要求，需要检测三类指标：生化需氧量、悬浮物、大肠杆菌。根据调研，考虑到目前针对各指标的检测方法、检测时间长度、方便性等情况，本系统主要选择的检测指标为生化需氧量。该子系统与船舶舱底油污水排放监测子系统类似，主要差异体现在采集数据所用的传感器种类的不同，对生化需氧量进行检测的传感器有微生物电极法 BOD 快速测定仪。该子系统组成见图 3–4。当检测结果超过报警阈值，即生化需氧量超过 50ppm，则船载 AIS 和海事监控平台均会出现报警信息，提醒船员或执法者，以便采取停止或制止排污行为。

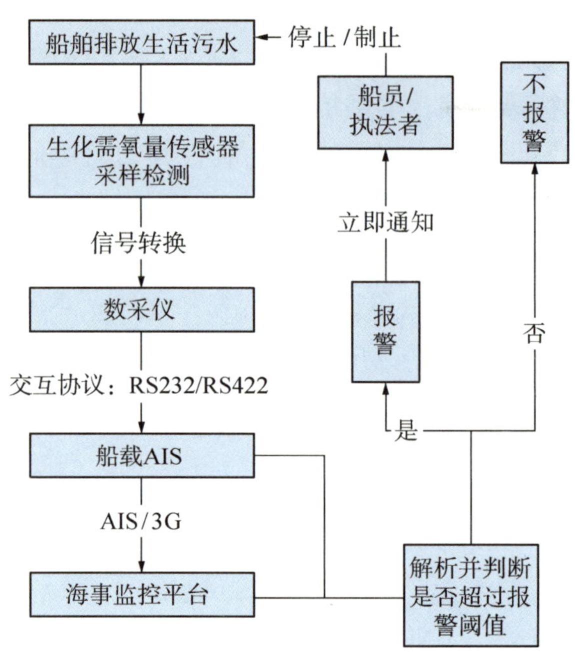

图 3–4 船舶生活污水排放监测子系统

（2）船舶生活污水排放监测子系统工作原理

该子系统通过设置在船舶生活污水排放管路中的传感器采用紫外吸收法对污水排放进行监测，之后便通过船内数据通信链路将数据信号送入船载 AIS 进行处理。由船载 AIS 对处理后的信号数据进行计算和判断，并将处理后的数值与根据《船舶污染物排放标准》设定的生化需氧量（表 3–4）进行比较判断。若超过该标准设定的数值，例如在内河水域船舶排放生活污水中生化需氧量的浓度大于 50mg/L，系统将自动报警提醒船员需停止此类行为，并通过 AIS 实时传输到基站，再通过公网传到海事监管中心，若信息量较大，船载 AIS 通过 3G 信道将信息直接传送至海事监管中心，海事监管中心声光报警装置将会启动以提示海事监管人员需制止此类行为。该信息也可通过 GIS 与电子江图相结合，实时地在电子江图或海事电子巡航系统中显示违法排放生活污水船舶的具体位置。之后，海事监管中心综合利用 CCTV 和 VHF 等设备予以核实，再通过指挥相应辖区的执法大队对不满足排放条件而非法排放生活污水的船舶及时予以制止和进行处罚教育。另外，对于某些禁止排放污水的特殊水域，本系统可利用 AIS 中的 GPS 模块进行定位导航，对水域内船舶给予必要提示。该监控系统的运行可方便海事监管中心在线监测每艘船舶的排污情况，并且通过 AIS/3G 传输的实时数据，监控系统可以方便地记录和查询生活污水排放的相关信息，同时对船舶自动广播的 AIS 数据可以快速全面地记录、回放和存档，当违法排污发生时迅速展开调查和评估，实现对船舶生活污水排放的监控。

船舶生活污水最高容许排放浓度　表 3-4

项目	内河
生化需氧量（mg/L）	不大于 50

3.2.5 系统通信协议

系统通信过程涉及多个阶段，为了规范其信息传输的格式，本节结合所采用的技术方案，分别制定了信息采集检测分系统接口交互协议、AIS 基站接口交互协议和信息监控管理分系统接口交互协议。

4　船舶污水排放在线监测子系统及传输子系统研究

4.1　船舶舱底油污水排放监测传感器选型及布设

4.1.1　油污水监测传感器的主要类型

船舶舱底油污水排放监控子系统中涉及在线监测的仪器主要为油分浓度传感器，其主要类型有 4 种。

（1）荧光法油分浓度计

荧光法油分计是利用紫外线照射含油污水，使含油污水中的环状共轭体分子（如芳烃）被激发荧光，所产生的荧光强度与含油量有一定的关系这一基本原理而制成的。目前，美国、英国、日本和我国均生产这类船用油分计，是使用比较广泛的一类油分浓度计。但由于紫外荧光强度与油种关联较大，因此必须进行多次荧光强度的标定。

（2）红外吸收法油分浓度计

红外吸收法油分浓度计是利用石油中甲基、亚甲基等碳氢化合物对近红外波的特征的吸收原理来测定水中含油量。用该方法测定水中的油分浓度，操作比较简单、准确，精确度高，应用较为广泛。但由于需要萃取和绘制标准曲线，不便于操作，因此在船上很少使用。

（3）紫外吸收法油分浓度计

紫外吸收法油分浓度计是利用含油污水中所含烷烃或芳烃在紫外波段具有特别吸收的原理，来监测水中的含油量。用这种方法监测混合均匀的水中的油分浓度时，不用萃取可直接用水样进行测试。但由于各种原油和油品中芳烃含量不同，应根据不同油品做出不同的标准曲线，目前该方法在船上也较少使用。

（4）浊度法浓度计

该方法是让光线通过分散或乳化状的油水混合物，通过测定其散射光和透射光的强度，可以标定混合物的含量。采用光学浊度法制成的船用油分浓度计可以直接测定油污水中的含油量，而且具有操作简单、准确可靠、反应迅速等优点。测试精度仅与颗粒大小有关，而与油种无关。由于该法受温度和污染的影响，使用一段时间后应进行清洗才能保证测量的准确性。

4.1.2 油污水监测传感器的选型

在对检测仪器进行选型之前，需要明确内河船舶的特殊工况，从而确定对仪器的技术要求。经分析总结，可确定在船上采用的传感器应满足下述要求。

①功耗小，抗干扰性强，性能稳定。

②反应快，测量精度高。

③适合船上高温、振动、嘈杂的工作环境。

④使用经济性好。

⑤具有工作状态监控功能、故障自动报警及系统自查功能。

⑥具有良好的密封和保护措施。

根据这些要求选择系统所要应用的传感器更为合理和可靠。因此，本节研究选择天津市赛普环保科技发展有限公司研发的 Oba−15p 油分浓度仪（图 4−1）。它是一款船舶油污排放的检测与报警船用仪器，采用浊度法测定油分浓度。其工作原理是：光学传感器测量样品中油滴的杂散光和吸收光，传感器的光信号通过数据转换器转换后再线性输出。仪器符合 IMO 全新的测试和检验标准（国际海事组织海上环境保护委员会 MEPC.107(49)规定）。根据预先设置的报警点(15ppm)或其他浓度的设置点报警，可以保证传感器长时间无故障工作，并且平时只需少量的维护工作即可。

4.1.3 油污水监测传感器的布设

按《MARPOL73/78 公约》附则 I 的规定，400 总吨以上的任何船舶均应装有规定的滤油设备，因此对于该类船舶，油分浓度传感器可选用匹配船舶油水分离器的 15ppm 油分浓度计。而对于 400 总吨以下未配备油水分离器、按规定应将残油留存船上并排至接收装置的非油船及“零污染”管理区的船舶，应当设有污油水箱。因此，油分浓度计应设置在舱底油污水经油水分离器处理之后、排往舷外的排出口之前的管系上，以方便测定经油水分离器处理后排放的油污水是否达标，同时要求在该传感器之前不能有其他的旁通管路通至舷外。

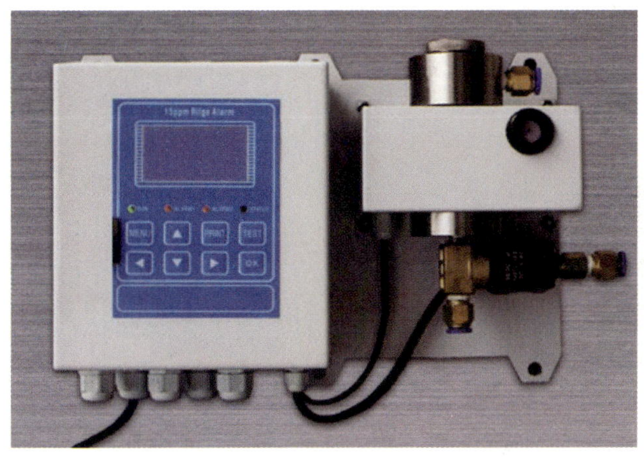

图 4–1　油分浓度仪

4.2　船舶洗舱水排放监测传感器的选型及布设

4.2.1　洗舱水排放监测传感器的主要类型

《中华人民共和国防治船舶污染内河水域环境管理规定》中明确要求："船舶排放含有有毒物质的洗舱水，应由有资质的单位按照有关规定接收和处理，不得直接排放进入内河水域。"实际工作中，不少码头特别是油码头和液化码头缺乏专门的洗舱水接收处理设施，船员往往将洗舱水偷排。但对于非危险货物的洗舱水的排放，目前也没有专门的标准来进行规定。同时，考虑到实际船舶运输液体危险货物种类繁多，既有无机物也有有机物，其具有爆炸、毒害等危害性，但目前还没有一个统一的指标来表征该洗舱水是否属于该危险货物的洗舱水。因此，在对于洗舱水排放监测传感器的选择上无统一标准。本节应用流量计作为洗舱水排放的监测传感器，即只要监测到有洗舱水排放，无论属于哪一货种，都要进行报警。

现有的流量计可分为差压式流量计、转子流量计、节流式流量计、热式流量计、容积流量计、电磁流量计、超声波流量计等。其中，差压式流量计测量精度偏低、现场安装条件要求高，容积式流量计结果复杂、体积庞大，转子流量计不能长期保持校准特性，热式流量计只适用于测气体流量。

4.2.2　洗舱水监测传感器的选型

在对检测仪器进行选型之前，需要明确内河船舶的特殊工况对仪器的技术要求。经分析总结，可确定在船上采用的洗舱水传感器应尽量满足下述要求。

①精度及灵敏度高、抗干扰能力强。

②可靠性高。

图 4–2　电磁流量计

③使用经济性好。

④在船舱闷热、振动、嘈杂的恶劣环境中使用寿命长。

⑤具有自动报警功能。

经过分析比较后，选择电磁流量计（图 4–2）。电磁流量计在测量过程中不受被测介质温度、黏度、密度及电导率的影响，其量程范围宽、无机械惯性、反应灵敏，可测量瞬时脉动流量，因此比较适用于洗舱水流量监测。

4.2.3　洗舱水监测传感器的布设

目前，《MARPOL73/78 公约》和《船舶污染物排放标准》（GB 3552—83）对洗舱水排放没有确定的指标要求，一般应由专门的单位进行接收处理。综合洗舱水可能偷排的特点，流量计应当选择布设在货舱中的排水管路上，同时要求在该传感器之前不能有其他的旁通管路。通过流量计输出数据可以方便地判断船舶是否存在排放的现象。

4.3　船舶生活污水排放监测传感器的选型及布设

4.3.1　生活污水监测传感器的主要类型

根据《船舶污染物排放标准》（GB 3552—83），对于船舶生活污水排放的控制主要是考虑生化需氧量（BOD）、悬浮物和大肠杆菌 3 个指标。其中，BOD 是需要考量的最重要的指标。同时，考虑到大肠杆菌和悬浮物等指标的检测存在耗时长、在船上环境不易操作等缺点，本节主要考虑将 BOD 作为生活污水排放监测的指标。

BOD 是表示水中有机物等需氧污染物质含量的一项综合指标。它说明水中有机物处于微生物的生化作用进行氧化分解，使之无机化或气体化时所消耗水中溶解氧的总数量。BOD 一般指的是微生物可降解的有机物的量，即废水中可降解有机物的量。BOD 的测定方法如下。

（1）标准稀释法

这种方法是最经典的也是最常用的方法，就是在（20±1）℃温度下培养 5d，测定前后溶液中的溶氧量的差值。求出来的 BOD 值称为“五日生化需氧量（BOD_5）”。

（2）生物传感器法

其原理是以一定的流量使水样及空气进入流通量池中与微生物传感器接触，水样中溶解性可生化降解的有机物受菌膜的扩散速度达到恒定时，扩散到氧电极表面上的氧质量也达到恒定并且产生一恒定电流，由于该电流与水样中可生化降解的有机物的差值与氧的减少量有定量关系，据此可算出水样的生化需氧量。通常用 BOD_5 标准样品对比，以换算出水样的 BOD_5 的值。

（3）活性污泥曝气降解法

控制温度为 30℃ ~ 35℃，利用活性污泥强制曝气降解样品 2h，经重铬酸钾消解生物降解后的样品，测定生物降解前后的化学计量需氧量，其差值即为 BOD。根据与标准方法的实验结果对比，可换算成 BOD_5 值。

（4）测压法

在密闭的培养瓶中，水样中溶解氧被微生物消耗，微生物因呼吸作用产生与耗氧量相当的 CO_2，当 CO_2 被吸收后使密闭系统的压力降低，根据压力测得的压降可求出水样的 BOD 值。

（5）转换法

直接测量 BOD 的时间较长，程序较为复杂，因此还可通过测定水质的 COD，然后确定监测水体的可生化率，由此将 COD 值换算为 BOD 值。这种方法较快，但不同水体的可生化率不同，使用前应进行率定。

4.3.2　生活污水监测传感器的选型

据调研来看，目前在内河船舶上装载的生活污水监测传感器很少，参照目前陆地上使用的类型来看，船上使用的生活污水传感器应尽量满足下述要求。

①能实现快速监测。

②功耗较小，抗干扰性强，性能稳定。

③反应快，测量精度高。

④使用经济性好。

⑤适合船上高温、振动、嘈杂的工作环境。

⑥需要的维护量小。

根据这些要求选择系统所要应用的传感器更为合理和可靠。因此，本节研究选择天津市赛普环保科技发展有限公司研发的 DZ–8800A 紫外（UV）船舶生活污水在线 BOD 监测设备（图 4–3）。本设备测量原理基于紫外吸收法：流通池中的水路被氙灯的紫外光照射，紫外光的某些组分通过流通池而被吸收，从而

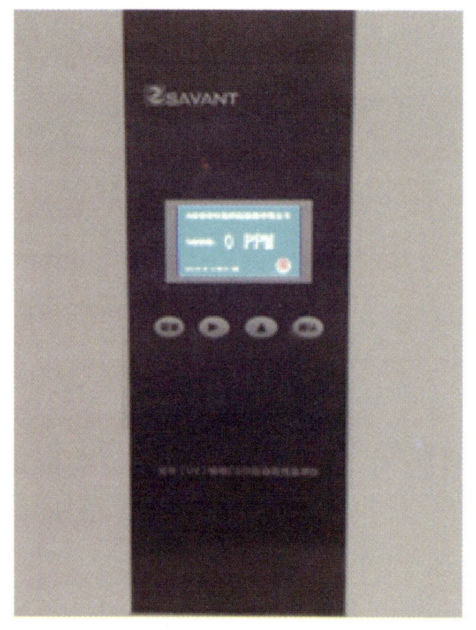

图 4–3　DZ–8800A 紫外（UV）船舶生活污水在线 BOD 监测设备

进行检测和分析。然后，根据比尔 · 朗伯（Beer Lambert）定律，以不饱和有机分子在 UV254nm 处的吸收为基础，测量出这种光的吸收量。光源发出的紫外光通过滤光片分别检测出 254nm 和 350nm 的紫外光；信号是通过光电二极管检测，检测出的信号通过放大器送到微处理器；350nm 的光强度用于补偿浊度的影响，再通过确定船舶生活污水的可生化率（即生化需氧量和化学需氧量的比值）进行换算，输出测量结果。该设备采用 UV 法，具有零污染、维护工作量小、操作简单、仪器结构简单、检测过程不用试剂等优点，可实现对船舶生活污水（BOD）的连续、快速、稳定测量，符合《紫外（UV）吸收水质自动在线监测仪技术要求》（HJ/T 191—2005）。

4.3.3　生活污水监测传感器的布设

目前，《MARPOL73/78 公约》和《船舶污染物排放标准》（GB 3552—83）对船舶排放生活污水的指标有一定要求，对于生活污水处置装置也有一些强制性规定，但不同于油分浓度计，对于生活污水排放监测传感器的安装未有明确要求。因此，本节建议将 BOD 监测仪设置在船舶生活污水经生活污水处理装置处理之后、排出口之前的管系上，以方便测定经处理、需要外排的生活污水排放是否达标，同时要求在该传感器之前不能有其他的旁通管路。

4.4　船舶污水排放信息传输子系统设计研究

污染物排放信息传输系统是船舶污水排放在线监测子系统和海事监控软件平台子系统之间的桥梁，通过完成信息在两系统之间的传输交换从而实现了其在整个防污染在线监控系统中至关重要的纽带作用，它也是防污染在线监控系统的一个重要组成部分。

4.4.1　内河船舶船载信息化平台现状

近年来内河船舶船载信息平台得到了较大的发展。船舶污水排放信息传输子系统的一个重要功能是进行船内和船岸间的通信，因此应主要依托船上已有的平台进行拓展开发，而不另外增加新的平台。

2009年年初，长江航务管理局按照交通运输部的总体部署，从沿江经济社会发展需要和长江航运实际出发，确立了"一条主线四个长江"（建设长江黄金水道，发展现代长江航运；平安长江，数字长江，阳光长江，和谐长江）的发展战略，其中数字长江是长江航运现代化的支撑与保障，其核心是实现长江航运数字化、信息化、智能化。

长江海事局作为长江干线航运安全监管的主要职能部门，近年来围绕加强水上安全监管，履行服务职能，提出了"五化"建设的目标，确立了监管现代化、信息网络化的信息化发展方向，树立了海事信息化服务"船舶、船员、船公司"的海事服务新理念。经过近几年的信息化建设，基于信息化、现代化的水上监管系统的框架已经初步形成，基于电子化、网络化的海事业务系统初步形成。

船舶作为长江航运业的主体，是长江航运管理与服务的主要对象，同时也是"数字长江"建设的重要着力点。近年来，随着通信技术、信息技术的不断发展，长江船舶安全生产信息化应用水平得到了长足的发展，AIS、ECS、GPS等船舶终端设备在长江船舶上逐步得到广泛应用。2010年，交通运输部海事局发布《国内航行船舶船载电子海图系统和自动识别系统设备管理规定》，要求航行于长江干线、珠江干线、京杭运河及黄浦江的100总吨以上的船舶均必须安装AIS船舶终端设备。2011年6月，长江干线上海至重庆AIS岸基系统投入运行。该系统为船舶安全航行和海事监管提供了有力的信息化手段，在船舶航运安全和海事安全监管方面发挥了重要作用。特别是2010年以来，国家加大了AIS船舶终端设备在内河应用的推广力度，AIS船载设备在主要内河水域100总吨以上船舶中已经基本实现普及。ECS设备也在部分重点船舶中得到了初步的普及。

（1）AIS船舶终端应用现状

AIS系统是船舶自动识别系统（Automatic Identification System）的简称，由岸基（基站）设施和船载设备共同组成，是一种集新型的网络技术、现代通信技术、计算机技术、电子信息显示技术为一体的数字助航系统和设备。配合GPS，将船位、船速、改变航向率及航向等船舶动态结合船名、呼号、吃水及危险货物等船舶静态资料由甚高频（VHF）频道向附近水域船舶及岸台广播，使邻近船舶及岸台能及时掌握附近海面所有船舶的动静态信息，实现即时通信协调，采取必要避让行动，对船舶航行安全有很大帮助。

从应用以来，AIS对保障船舶航行安全起到了重要作用，但考虑到内河通航环境与海上的差别，目前对内河船舶AIS终端的使用还有以下一些局限性。

①长江内河航道狭窄，船舶密度大，AIS 设备的辅助船舶避碰作用难以充分发挥。

②AIS 终端设备可对海事监管发挥积极作用，但对船舶自身的安全生产和管理实际方面的作用，船东还未充分认识到。

③AIS 终端设备通信通道容量不足。除了两个带宽为 25kHz（系统共享速率为 19.2kb/s）的 VHF 船舶识别信息广播信道外，没有额外的通信通道，无法满足更加复杂的船—岸通信的应用需求。

④部分 AIS 终端性能单一，有些 AIS 设备没有显示设备或显示设备无法支持电子江图等，处理器等硬件运算处理性能较低。

⑤设备功能较为传统单一。由于内河情况与海上有所区别，传统的 AIS 终端可能要融合更多实际业务功能才能满足内河船舶航行和海事监管的需要。

据统计，截至 2012 年 7 月，长江干线船舶共计安装 AIS 船载设备 13 000 余台套。AIS 终端已经成为长江干线上船舶船载终端主流设备，应用范围广。由于它存在上述功能和性能上的不足，已经无法满足新增业务发展的需求，对内河传统船载 AIS 终端的功能进行扩展，从而融入更多符合内河要求的功能，这一工作势在必行。

（2）GPS 船舶终端应用现状

近年来，重庆港航管理局、三峡通航管理局以及部分船公司根据业务管理需要，在部分船舶上安装了 GPS 系统。从目前应用情况来看，船载 GPS 终端的主要功能是实现基于船舶的过闸等业务应用，辅助实现安全预警信息及航行示意图应用。GPS 系统主要包括 GPS 定位装置及实现业务应用的工控机、业务应用软件、航行示意图等组成部分。这些 GPS 终端多由 8 位或 16 位单片机（工控机）、GPS 模块、GSM/GPRS 通信模块、LCD 模块等组成。该系统通过 2G、3G 等无线公网方式实现船岸通信，以 VPDN 等方式实现数据访问。长江航运集团等船舶公司根据生产管理需求也建立了独立的 GPS 系统，借助 GPRS 等无线接入方式实现远程船位管理及生产调度等功能。

这种终端在早期的船舶信息化中起到了一定的作用，但目前来看存在如下缺点。

①由于使用 8 位或 16 位单片机作为中央处理器，运算处理速度慢。

②能力较弱，支持网络化困难，无法移植比较复杂的嵌入式操作系统，如 Linux、WinCE，终端能实现的功能不强、性能不高。

③现有 GPS 终端无线数据传输主要采用两种方式：GSM 短消息和 GPRS。采用 GSM 短消息无线传输数据，通信费用高、传输速率低、信息有效容量低（140 Byte）且具有延时，导致终端传输数据可靠性差且易丢失。采用 GPRS 方式通信，

按流量计费，传输低速数据和信令，适用于频发小数据量实时传输，但不能满足大数据量实时传输的要求。

④GPS 系统与 AIS、ECS 系统在功能上存在重复。另外，GPS 设备也不符合 IMO 等国际组织关于船载终端的相关应用标准。后期随着 AIS、ECS 的强制推广和普及，势必会给船舶带来重复投资。

（3）ECS 船舶终端应用现状

ECS 即“船载电子海图系统”，是一套船用综合导航系统，集成了电子海图、GPS、AIS、雷达 /ARPA、电罗经、计程仪、自动舵、CDMA/GSM/GPRS 等多种导航通信设备，能够综合处理海上地理信息、本船航行状态信息、多种目标船动态信息、雷达图像信息、航行环境信息，具有完善的船舶导航、进出港引航、避碰辅助和航行管理功能，有助于保障船舶航行安全和提高营运效率。

随着 IENCs（内河电子航道图）应用需求的迅速提升，开始研究制定相关标准规范，相关工程建设得到支持。在借鉴国外 ENC 和 IENCs 生产经验的基础上，我国已取得了较大成绩。比较有代表性的应用是长江航道局和长江三峡通航管理局分别通过南浏段和长江三峡坝区河段数字航道建设工程，有效地将 ENC 标准应用到长江电子航道图的生产上。在标准研究制定方面，交通运输部长江航务管理局参考 ENC 标准，已制定了《长江电子航道图制图规范》，这将对我国长江（内河）电子航道图及其应用系统的建设发展起到良好的规范作用。

当前，长江水运信息化发展迅速，数字航道、智能航运已经成为内河航运信息化的主要发展目标。长江航务管理局组织开展了 CJ57 等长江内河电子航道图技术标准的制定，并启动了数字航道建设。经过近几年的发展，长江航道电子江图 1.0 版本已完成生产并开始对外提供服务，具备动态数据更新的 2.0 版本于 2012 年顺利完成开发并上线试运行。2.0 版电子航道图系统具有强大的服务功能，可以实现不同水深和可航宽度动态显示、船舶导航、船舶预警信息提示、短期航道水位及航道尺度预测预报、运输辅助决策、船舶监控等功能，用户可以全面、实时了解各类航道信息。2.0 版电子航道图系统的试运行，标志着长江航道管理和对外服务进入了智能服务的新阶段。

长江船舶 ECS 设备应用起步较晚，按照交通运输部相关规定，长江干线“四客一危”等重点船舶必须强制配备 ECS 设备。ECS 的配备对重点船舶安全航行发挥了一定的积极作用，但受制于一些客观条件，ECS 在长江的推广应用依然带有强制色彩，船舶主观需求不明显，主要有以下几个方面的原因。

①一方面，ECS 所使用的电子江图多为非官方的、准确性较低的航行参考图；另一方面，长江电子航道图目前还不包括海事物标要素，无法向船舶提供必要的

海事航行警告信息。

②长江航道通航环境变化比较频繁，航道、助航、监管等信息需要及时更新。目前，内河船舶使用的 ECS 设备还采用沿海的标准，即通过移动介质定期更新电子海图数据，这样的 ECS 更新应用方式明显不适合内河通航环境的特点。

③功能较为单一，主要用来提供江图浏览、查询等功能，还未与相关的业务系统进行有效的融合。

4.4.2 AIS 原型系统的基本情况及改进

AIS 是一种工作在 VHF 频段，应用于船与船、船与岸之间海事安全导航和通信的船舶和岸基广播数据传输系统。它是一种新型的集网络技术、现代通信技术、计算机技术、电子信息显示技术为一体的数字助航系统和设备。为满足船舶应用需求、促进 AIS 船舶终端的推广和使用，结合交通运输部海事局下发的《关于征求 AIS 船台功能扩展建议》的通知精神，本节结合目前内河船舶上安装的 AIS 终端和 ENC 终端，进行深入开发。

（1）AIS 系统的组成

本节提出的 AIS 系统设备由船载设备和岸台设备两部分组成。船载 AIS 设备主要由船舶导航设备及其他传感器接口、中央处理单元 CPU 和 VHF 通信机等组成，此外为满足本研究的功能需求，增加了 3G 通信模块、船舶污染排放监测信息的接口，改进后的结构见图 4-4。

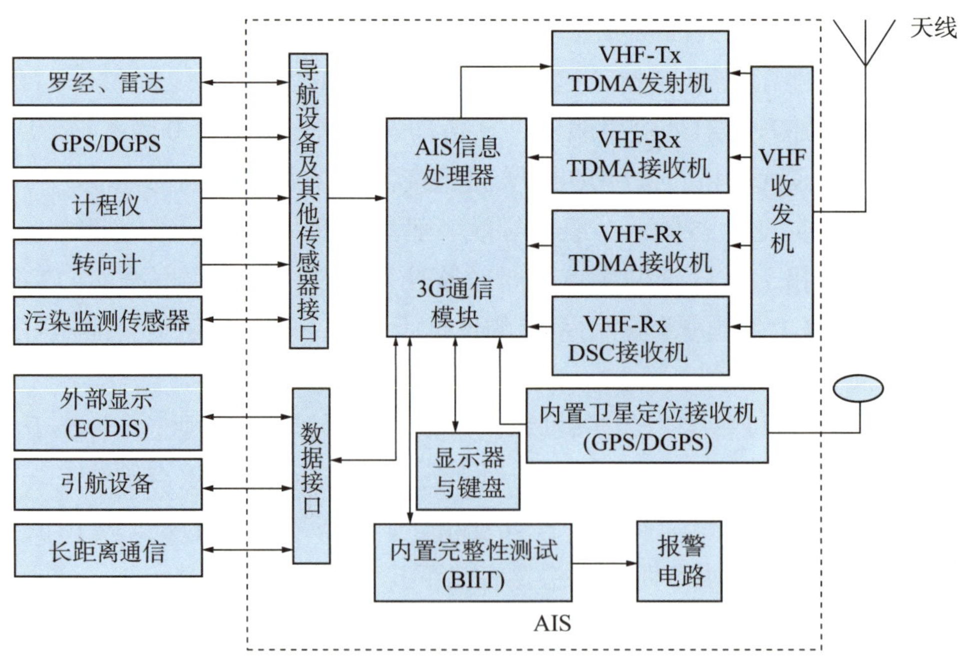

图 4-4 船舶防污功能扩展型船载 AIS 设备结构

各部分作用如下。

①船舶导航设备及其他传感器接口。该接口主要负责 AIS 信息的采集工作，其主要接收数据有：由陀螺罗经提供的船首向信息；由 GPS/DGPS 接收机提供的精度达万分之一的本船船位经纬度、对地航速航向信息以及用于自组织无线数据链路定时的同步世界协调时 UTC 信息；由计程仪提供的船舶对地航速及航程信息；由转向计提供的反映船舶转动方向及船舶转动快慢（即转向率）的信息；由雷达提供的船舶周围航行环境信息以及由其他一些传感器提供的相关信息。

②数据接口。该接口主要负责处理器与外部显示及通信设备间的数据交换工作，在本书研究中除传统的传感器接口外，还特别提供了供船舶排污监控信息传输的接口。

③AIS 信息处理器。AIS 信息处理器是船载 AIS 系统的核心部分，其主要工作包括存储本船静态信息及航行相关信息；处理、存储本船动态信息；将存储的本船最新航次信息、必要的静态信息及与航行相关的其他信息进行编码后送 VHF 发射机发射；对接收到的数据进行解码并存储解码后的数据；将本船及附近船舶的航行信息、安全信息送到显示器终端进行显示。AIS 信息处理器还包括船舶静态、动态数据库，与信息处理及通信等方面相关的各种类型软件。

④内置卫星定位接收机。该接收机主要用于为通信链路提供同步定位和船舶对地运动参数。

⑤内置完整性测试（BIIT）。该测试主要是为了保证对各类数据的 TDMA 及 DSC 解码和编码过程的准确性，避免错误信息的产生。

⑥VHF 收发机。一般包括天线、一台 VHF 发射机、两台 VHF TDMA 接收机和一台 VHF DSC 接收机。VHF 收发机利用两个国际专用 VHF 信道发射和接收符合通信协议标准的信号，VHF 信号的接收和发射是交替进行的，当收发机处于接收状态时可以在两个信道上同时进行，而当其处于发射状态时只能交替地在两个信道上进行发射。

⑦污染监测传感器模块。此模块为新增模块，主要用于监测船舶污染物排放信息，并将此信息传输到船载平台等。

⑧3G 通信模块。此模块为新增模块，主要用于船岸传输详细的污染监测数据等。

（2）AIS 主要功能

AIS 的功能主要包括以下几点。

①AIS 能自主、连续、周期性地向作用范围内的船舶及主管部门岸台广播本船的静态、动态、与航次相关的信息以及与安全相关的短消息数据，实现他船或岸台对本船的跟踪识别和监视。

②AIS 能够接收并处理来自周围的船舶及主管部门岸台广播的信息数据，并将处理后的附近船舶动态信息以图表、文本等形式在 VTS、ECDIS 等显示终端上呈现，方便驾驶员对于本船附近航行环境的准确识别，保证航行的安全性。

③AIS 能够运行的工作模式有三种，包括：可应用于所有海域的自主连续模式、适用于沿岸控制中心管理区域内的分配模式、响应其他船舶或基站呼叫的轮询模式。在自主连续工作模式下，AIS 可以以根据信息种类、航行状态、船舶类型及动态确定的信息更新率为主管部门及作用范围内船舶提供 AIS 信息。在沿岸的船舶航行密集区内，AIS 可以通过与 AIS 岸台交换数据而在岸台指定的发射时间表或报告频率上工作。轮询模式作为对他船或基站的响应模式并不会与前两种工作模式产生冲突。

（3）AIS 通信原理

AIS 的核心技术是海上自组织无线数据链路，系统主要采用的是自组织时分多址（SOTDMA）通信协议，具有自组织通信能力，即该链路上的每个移动电台可以不依赖基地台控制而自主地选择发射方案并自动避免和解决通信冲突问题。该链路的主要特征是，在它的每一个传输报文中都包含下一次传输的时间信息，这种方式也就使用户在一次报文传输中为自己预留了下一次的传输时隙，也保证了在其发射时其他用户处于接收状态。

AIS 采用时分多址通信方式，它把每个信道的时间分为固定的缝隙，称为时隙，一组时隙构成一帧。在 AIS 中，一帧为时 1min，其中包含 2 250 个时隙，见图 4–5。各时隙的编号由 0 ～ 2 249 之间的数字表示，工作于数据链路上的电台可以使用其中的任意一个或者多个时隙。报文有不同的类型，根据具体情况的不同报文可以使用一个或以上的时隙，但一份报文连续使用的时隙最多不能超过 5 个。

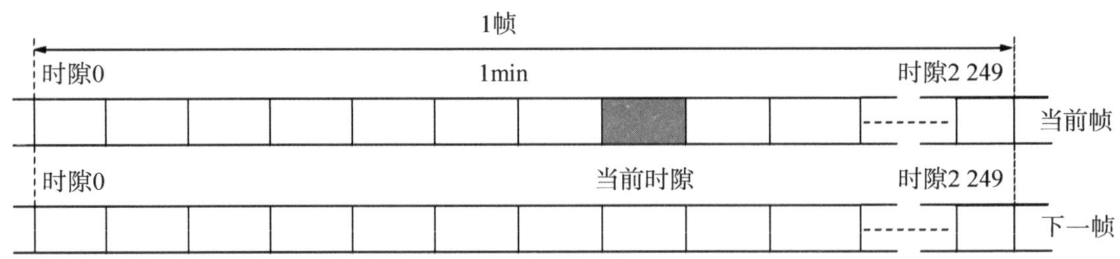

图 4–5　AIS 帧结构

从 AIS 的发展历程可以看到，国际上对于 AIS 的通信提出过两种通信方式，分别是 VHF/ 数字选择性呼叫（DSC）方式和基于 SOTDMA 通信协议的广播方式。由于后者与前者相比具有系统容量大、抗干扰能力强、数据传输比特率高、通信信息可协调同步以及信息更新率高等优点，所以目前各国普遍采用的是基于

SOTDMA 通信协议的广播式通信方式。

(4) AIS 信息及报文格式简介

AIS 信息分为静态信息、动态信息、与航次相关信息及与安全相关的短信息四类。

4.5 融合船舶污染排放信息的船载 AIS 设备功能设计

船舶污水排放在线监测系统所包含的三个子系统中，信息的传输过程包含船内的数据传输和船岸间信息传输两个过程。从前文介绍可知，船内从相关传感器采集到的污染物监测信号是通过船内数据通信总线传输到单片机再传输至船载 AIS 设备接口，最后利用 AIS 报文备用位进行信息组织后传输相关污染物简要的监控信息。由于 AIS 报文的空间有限，所以为让海事部门在必要时候能够详细了解船舶污染物排放的具体信息，本节采用 3G 公网传输船舶污染物排放监控的详细数据信息。本节将介绍报文的设计，之后再分别从船舶舱底油污水排放监控子系统、船舶洗舱水排放监控子系统、船舶生活污水排放监控子系统出发，介绍公网发送信息的相关细节及信息编辑格式。

4.5.1 研制目标

该船载设备研制的目标是：依据船舶的实际应用需求和污染物排放监测的需要，研究基于 AIS 船舶终端的硬件及软件功能扩展技术方案。船载平台应具有 AIS 基本功能、ENC 基本功能、船舶污染物排放监测信息处理传输功能、3G 公网传输通信功能等，并留有更加丰富的接口以便相关监测数据的接入。污染物排放信息传输系统主要由 RS232 或 RS422 接口、AIS–B 类船载终端、公用通信网络 3G 模块共同组成。

该船舶防污染在线监控系统的应用对象主要是内河船舶。而内河船舶主要安装的是 AIS–B 类船载终端设备，故本节中主要污染源排放信息的传输主要是由 AIS–B 类船载终端设备来实现的。这些信息是由污染物排放在线监测系统将检测后需要传输的数据组成 61162 规范的报文，通过 RS232 或者 RS422 接口接入到 AIS–B 类船载终端设备，再由 AIS–B 类船载终端设备按照 1371 的规范，利用 AIS 报文格式中预留的自定义字段，通过 AIS 无线通道向岸上的 AIS 基站传输污染监控信息，再由 AIS 基站通过海事无线专网把信息传输到海事监管软件平台系统进行监控管理。与此同时，该船载终端设备还可基于 AIS 信息平台 3G 网络通信，通过解码各个船舶发送来的 3G 网络信息获得参数，并在电子江图上直观显示出辖区船舶排污情况。最后利用数据库记录船舶排污数据，实现辖区船舶排污历史数据的查询、分析和输出等功能。

4.5.2 接口标准与协议

《国际海上人命安全公约》第五章修订草案是 AIS 设备配备要求的国际公约，只有满足国际公约和国际标准的 AIS 才能成为船舶强制安装的航行设备。本公约规定：AIS 应提供符合恰当的国际船用接口标准以便于用户在别的系统中读取、选择并显示信息，AIS 与信息处理器和显示器接口采用 IEC 61162 标准，其通信协议采用 RS232、RS485 或 RS422 标准。

在本监控系统的污染物排放信息传输系统中，AIS 接口的通信协议采用 IEC 61162 标准，该系统与海事监管软件平台系统的接口是 AIS 无线信道和 3G 无线信道，与船舶污水排放在线监测系统的接口是 RS232 或 RS422 接口，信号在 AIS 设备与 PC 机之间通过 RS422 或 RS232 转换器完成转换。另外，考虑到有些大型船舶存在具有多个污油水舱、多个生活污水舱的情况，系统预留多个标准接口以便监测使用，见图 4–6。

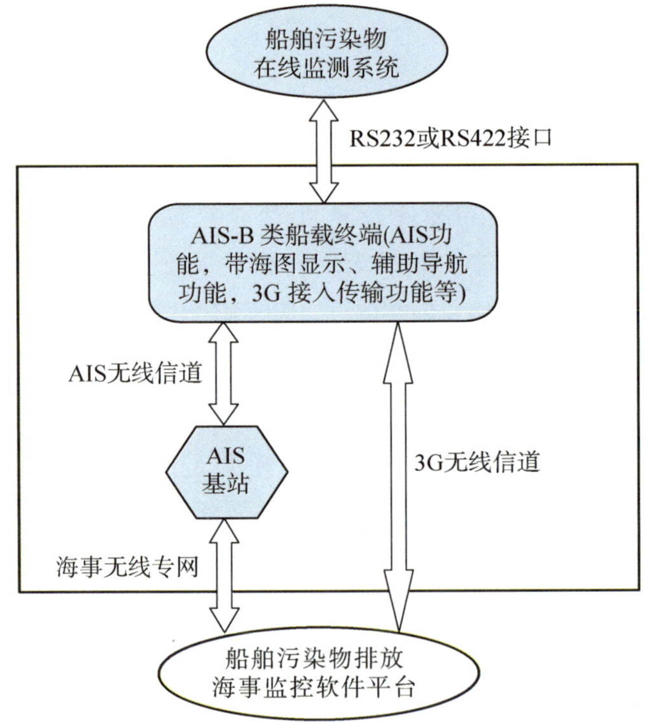

图 4–6 污染物排放信息传输系统

4.5.3 传输信道

本节设计的船舶污水排放信息传输子系统所用到的传输信道包括 AIS 的 VHF

信道和 3G 无线信道。船舶污染物排放信息可通过这两个信道独立完成，其中，VHF 信道因其能够传输的信息量较小，所以为了尽量不干扰该信道本身船位播报功能，仅通过它来传输污染物排放的简要信息，例如在舱底油污水排放监控子系统中便可通过该信道传输舱底水是否超过 15ppm 的标准排放的信息，而涉及污染物排放的大量详细信息则通过 3G 无线信道直接传输至海事监管软件平台系统进行处理。这种双信道并行传输信息的设计也保证了在现有 AIS 基站无法透明传输新增的 AIS 报文或者 AIS 基站数据无法提供时，污染物排放信息可以毫无障碍地直接通过 3G 信道传输至海事监管软件系统平台。

4.5.4　数据库设计

（1）AIS 报文设计

AIS 报文数据是以 NMEA（National Marine Electronics Association，国际海洋电子协会）语句的形式出现的，NMEA 语句符合 IEC 61162–1 和 ITU 1371–1 协议，用 16bit ASCⅡ码对报文信息进行封装。

AIS 报文数据包含报头、传送电文所需语句总数、语句号、信道、船舶信息、填充比特数和检验码。AIS 报文数据格式见图 4–7。本系统使用的 AIS 报文便可依据此格式来定义。

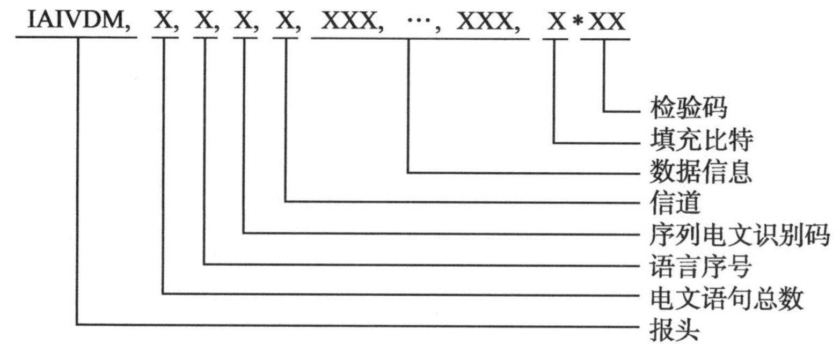

图 4–7　AIS 报文数据格式

（2）3G 数据通信格式说明

后台与 AIS 终端数据通信采用 3G 网络，通过 TCP/IP 协议进行通信。其中，在后台设置固定的 IP 和端口，便于 AIS 终端查找。具体格式如下。

①开机上报功能。

功能：AIS 终端开机后，3G 网络会自动分配一个 IP，后续需要将该 IP 地址与船舶身份识别码对应起来，所以要求终端完成开机上报的功能，方便后台软件得知 AIS 终端何时上线、IP 地址如何。

数据格式（AIS 终端发出）：“Register，船舶识别码，时间，经度，纬度”；

回应数据（后台软件发出）：“Register，OK”；

Register，123456789，2013—05—27 21:28:55，181.000000，91.000000。

②AIS 设备心跳包。

功能：告知后台软件 AIS 设备终端在线，同时，若一定时间没有心跳包上传，可怀疑船载 AIS 设备关闭或者无 3G 网络信号等，可通过其他方式联系。

数据格式（AIS 终端发出）：“Heartbeat，船舶识别码，时间，经度，纬度”；

Heartbeat，123456789，2013—05—27 21:29:10，181.000000，91.000000。

③AIS 数据报警。

功能：在船舶出现排污或者检测到传感器出现故障时，AIS 终端向后台软件上报数据。

数据格式（AIS 终端发出）：“Sample，船舶识别码，时间，经度，纬度，油污水油分浓度值，流速（预留），是否超标，油污水传感器状态，洗舱水流量值，流速（预留），是否超标，洗舱水传感器状态，生活污水 BOD 值，流速（预留），是否超标，生活用水传感器状态”；

回应数据（后台软件发出）：“Sample，OK，时间”；

Sample，123456789，2013—05—27，21:34:37，181.000000，91.000000，10.200000,，1，1，14.000000,，0，1,,,,。

④实时查询。

功能：对 AIS 设备进行实时查询。

数据格式（后台软件发出）：“inquire，船舶识别码，时间”。

回应数据（AIS 终端发出）：“Sample，船舶识别码，时间，经度，纬度，油污水油分浓度，流速（预留），是否超标，油污水传感器状态，洗舱水流量值，流速（预留），是否超标，洗舱水传感器状态，生活污水 BOD 值，流速（预留），是否超标，生活用水传感器状态”。

4.5.5 融合 AIS 功能的内河船舶污染物排放实时监控船载终端

当油分监测信息由监测系统检测出时，通过船内总线传输送入融合 AIS 功能的监控船载终端。该终端融合船舶 AIS 和污染物排放在线监控功能，能使船舶排放污染物后的信息自动记录，并对超标排放的情况发出报警，提醒船上人员及时处置。同时，信息将被传输到后方监管平台，海事主管部门和船舶公司能够利用本技术实时监控违规排放的船舶，并记录其违规排放时的船位和时间等信息，从而对船舶有效监管。该终端结构见图 4—8、实物见图 4—9。

从结构和功能的角度分析，该终端的优点如下。

①能实现对目前最主要的船舶常规污染物，如船舶油污水、船舶生活污水、船舶洗舱水等的有效监控。

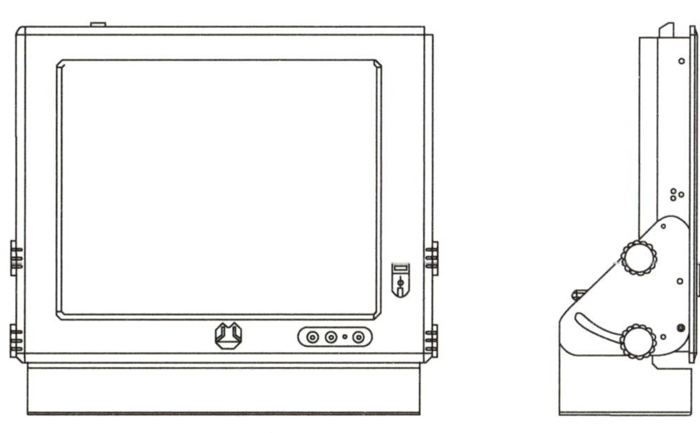

图 4–8 各部件联系图

图 4–9 融合 AIS 的监控船载终端实物

②同时具有 AIS 设备的功能，因此同时采用了 AIS 和 3G 两个通道传输污染物排放信息，保证了传输效率和有效性，同时还可利用 AIS 功能记录船舶排污时的船舶位置、航速等信息。

③预留了相关接口，可以用于船上其他设备或传感器的实时检测。

4.5.6 船舶舱底油污水排放监控子系统信息传输说明

该子系统监测生成的信息是船舶舱底油污水排放的油分浓度。船载 AIS 根据这些信息判定得到的结果信息待传输至监管中心才能判定处理的信息为“船舶排放的油污水油分浓度是否超过 15ppm”。

以上两种判定结果若有一种判定生效，则会触发船载 AIS 或海事监管平台报警触发信号，海事监管中心接到此信号报警装置便会报警。该报文自定义段可选用船位报告报文结构中的 1bit 备用位，可定义为："1" 代表船舶舱底水排放存在超标、偷排的问题；"0" 代表该船舶舱底水排放不存在超标、偷排问题（可能存在排放不合法问题）。另外，对于存在上述问题的船舶，系统会通过公网自动发送船舶舱底水排放详细信息，并可采用如下格式进行组织发送。

"XXX（船名）XX……XX（MMSI 码）

XX:XX:XX（时间，各项数据均取该时刻传感器采集的实时数据）

油分浓度：超标 / 未超标　XX（油分浓度值）Yes/No（对于超标的且按《MARPOL73/78 公约》要求在油污水过滤系统中备有停止装置的船舶，该装置在油污水浓度超标的情况下是否自动停止油污水的排放）

XX，XX（船舶所在位置即排放点经纬度，从船舶 GPS 定位系统中提取）

XX:XX:XX

……"

海事监管中心在收到以上格式的通过公网发送的船舶舱底油污水排放详细信息后，可通过船名或 MMSI 码信息将其与接收到的该船船位报告进行自动匹配融合后显示，以获取所需的相关信息。

该信息需要说明的是，对于油污水转岸合法性的问题需要通过监管中心指挥辖区海事执法人员赴现场判定监控船舶与具有相应接收资质的岸上接收单位或接收船舶进行污水转移的真实性，执法者现场进行裁量监控船舶的油污水排放是否合法。

4.5.7　船舶洗舱水排放监控子系统信息传输说明

船舶洗舱水排放监控子系统通过传感器采集的信息包括实时流量计数值。船载 AIS 对于通过船内数据总线传输来的这些信息进行一定的判定处理，其中主要包括：判定流量计数值是否大于零。

当判定结果信息成立，AIS 才会将报警触发信号通过 AIS 报文的形式发送至海事监管中心。此报文可采用 AIS 的 26 种消息类型中的消息 5，即船舶静态数据和与航程有关的数据报告。该报告结构中预留有 1bit 的备用位，在此可将其定义为："1" 代表船舶洗舱水排放存在违规问题；"0" 代表船舶现场排放不存在违规问题。

为了让海事监管人员掌握船舶生活污水排放的详细数据信息，可利用公网对该信息进行传输，其格式可以参考下面的设计。

"XXX（船名）XX……XX（MMSI 码）

XX:XX:XX（时间，各项数据均取该时间传感器采集信号数值）

排放洗舱水的流量计数值：是否大于零　XX（流量计数值）

XX:XX:XX

……”

海事监管中心接收到该信息，通过 MMSI 码将其与船舶其他信息及报文融合后显示。当洗舱水的排放流量大于零时，系统将报警，海事监管中心将通过系统功能将其位置显示在 AIS 海事监管信息系统中，随时监控其排放状态，同时方便船舶所在管辖水域的执法大队快速前往现场执法。该信息的更新时间间隔可根据情况预先设定。

4.5.8　船舶生活污水排放监控子系统信息传输说明

船舶生活污水排放监控子系统通过传感器采集的信息为生化需氧量（BOD）数值。船载 AIS 对通过船内数据总线传输来的信息进行一定的判定处理，即判定“BOD 值是否超过 50mg/L”。

以上判定结果信息中如有一条成立，AIS 船载平台才会将报警触发信号通过 AIS 报文的形式发送至海事监管中心。此报文可采用 AIS 的 26 种消息类型中的消息 5，即船舶静态数据和与航程有关的数据报告。该报告结构中预留有 1bit 的备用位，在此可将其定义为：“1”代表船舶生活污水排放存在违规问题；“0”代表船舶生活污水排放不存在违规问题。

为让海事监管人员掌握船舶生活污水排放的详细数据信息，可利用公网对该信息进行传输，其格式可以参考下面的设计。

“XXX（船名）XX……XX（MMSI 码）

XX:XX:XX（时间，各项数据均取该时间传感器采集信号数值）

排放生活污水的生化需氧量（BOD）：超标／未超标　XX（BOD 值）

XX:XX:XX

……”

海事监管中心接收到该信息，通过 MMSI 码将其与船舶其他信息及报文融合后显示。当生活污水的 BOD 值超标时，系统将报警，海事监管中心将通过系统功能将其位置显示在 AIS 海事监管信息系统中，随时监控其排放状态，同时方便船舶所在管辖水域的执法大队快速前往现场执法。该信息的更新时间间隔亦可根据情况预先设定。

5 船舶污水排放海事监控平台研究开发及应用

5.1 船舶污水排放海事监控平台研究

5.1.1 软件平台功能分析

船舶污染物排放海事监控软件平台是海事部门有效监控船舶排污情况的重要工具，具有动态显示船舶排污数据指标（舱底油污水排放油分浓度、洗舱水排放流量、生活污水 BOD 值）、船舶污染物排放位置信息及排放不符要求的报警信息等功能，同时该平台与 AIS 船舶监控信息系统相结合，具有显示各设备工作状态信号及故障报警信号的功能，做到面向对象的人性化人机交互界面。

5.1.2 系统开发工具

所研究的海事监控软件平台子系统选 Visual C++6.0、SQL Server 2005、YimaEnc.ocx控件作为开发工具，实现对船舶舱底油污水的排放信息的显示、记录、查询、报警等功能。

Visual C++6.0 为由微软公司开发的基于 Windows 操作系统的可视化编程语言。该编程语言功能强大，其 MFC（Microsoft Foundation Class）库封装了很多实用的 API 函数，功能涵盖整个 Windows 操作系统。由于其具有很多优点，使其已成为专业程序员进行软件开发的首选工具。

在数据库方面，绝大多数流行的关系型数据库管理系统，如 Oracle，Sybase，Microsoft SQL Server、Access 等都采用了 SQL 语言标准。SQL 结构化查询语言，主要功能是同各种关系型数据库建立联系，进行沟通。SQL 语句还可以用来执行各种操作，例如更新、查询数据等。SQL Server 2005 是一个全面的数据库平台，适用于企业级的数据管理。SQL Server 2005 数据库引擎为关系型数据和结构化数据提供了更安全可靠的存储功能，可以构建和管理用于业务的高可用和高性能的数据应用程序。此外，SQL Server 2005 具有分析、报表、集成和通知等功能，它与 Microsoft Visual Studio、Microsoft Office System 以及其他开发工具包（包括 Business Intelligence Development Studio）的紧密集成使其功能更强大。

SQL Server 2005 是一个全面的数据库平台，适用于企业级的数据管理。SQL Server 2005 数据库引擎为关系型数据和结构化数据提供了更安全可靠的存储功能，可以构建和管理用于业务的高可用和高性能的数据应用程序。此外，SQL Server 2005 具有分析、报表、集成和通知等功能。它与 Microsoft Visual Studio、Microsoft Office System 以及其他开发工具包（包括 Business Intelligence Development Studio）的紧密集成使其功能更强大。

在信息显示方面，通过 YimaEnc.ocx 控件将 AIS/3G 信道传输的信息显示在 S57 海图。该控件是读取和实现 S57 海图的核心控件，其内部定义各种功能函数，主要功能如下。

①海图库管理和内存海图序列的管理功能（ENC Maps Operations）。

②海图绘制器的管理（MapDrawer Operations）。

③海图显示控制（Display Operations）。

④坐标转换与地理计算（Coordinate Conversion）。

⑤ S52 显示全局参数控制（Global S52 Options Control）。

⑥海图物标查询和高亮功能（Query and Highlight Operations）。

所研究的海事监控软件平台子系统选用 Visual C++6.0、SQL Server 2005、YimaEnc.ocx 控件作为开发工具，实现对船舶舱底油污水排放信息的显示、记录、查询、报警等功能。

5.1.3 软件模块功能

船舶污染物排放海事监控软件平台的功能模块见图 5−1。

各模块的功能如下。

①舱底油污水排放监控模块用于实时采集船舶舱底油污水排放的信息，监测船舶油污水的排放浓度。

②洗舱水排放监控模块用于采集船舶洗舱水排放流量信息。

③生活污水排放监控模块用于采集船舶生活污水生化需氧量信息。

④公网信息传输模块将船舶舱底油污水、洗舱水和生活污水排放的详细监测数据信息通过公网传输到海事监控中心。

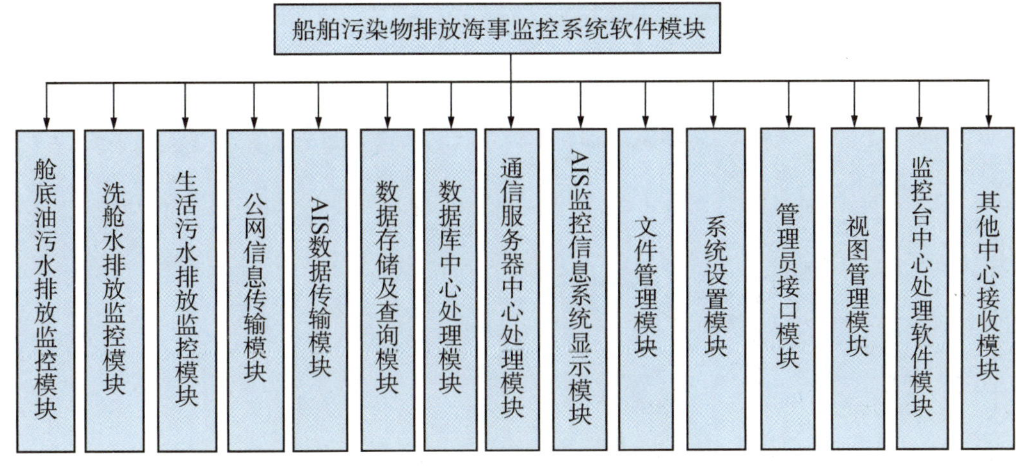

图 5–1　船舶污染物排放海事监控系统软件模块组成

⑤AIS 数据传输模块将采集到的数据信息简要地通过 AIS 进行传输，实时在线监控舱底油污水、洗舱水和生活污水的排放情况。

⑥数据存储及查询模块对接收的污染物排放数据进行存储，并在接到监控台的查询指令后，查询相关船舶污染物处理排放的历史数据。

⑦数据库中心处理模块接收前置机和监控台通信模块的信息，进行存盘、查库等处理。

⑧通信服务器中心处理模块接收通信服务器通信模块信息，进行信息类别判断、存盘、分配、发送等处理。

⑨AIS 监控信息系统显示模块显示辖区水域内航道状况及物标、航标、水深等基础信息。当船舶违规排放污染物时，系统电子江图界面将显示排污的具体位置，为海事执法提供方便。

⑩文件管理模块负责对数据进行更新以及数据的导入、导出，为海事监管部门在处理水域污染问题责任追查追究时提供依据。

⑪系统设置模块可进行参数设置、坐标系统设置和图幅范围设置等。

⑫管理员接口模块用于接收系统管理员的命令，对参数进行修改设置。

⑬视图管理模块能够方便用户使电子江图随鼠标的移动而移动，刷新当前的电子地图，并可实现放大、缩小和全屏显示等功能。

⑭监控台中心处理软件模块对监控台信息进行类别判断、存盘、发送历史数据等。

⑮其他中心接收模块将完成与其他系统的数据交换和校验。

运行船舶排污检测系统，可以对生活污水、油污水和洗舱水的排污信息进行管理，下面以油污水排放信息为例进行介绍，见图 5–2 ～图 5–10。

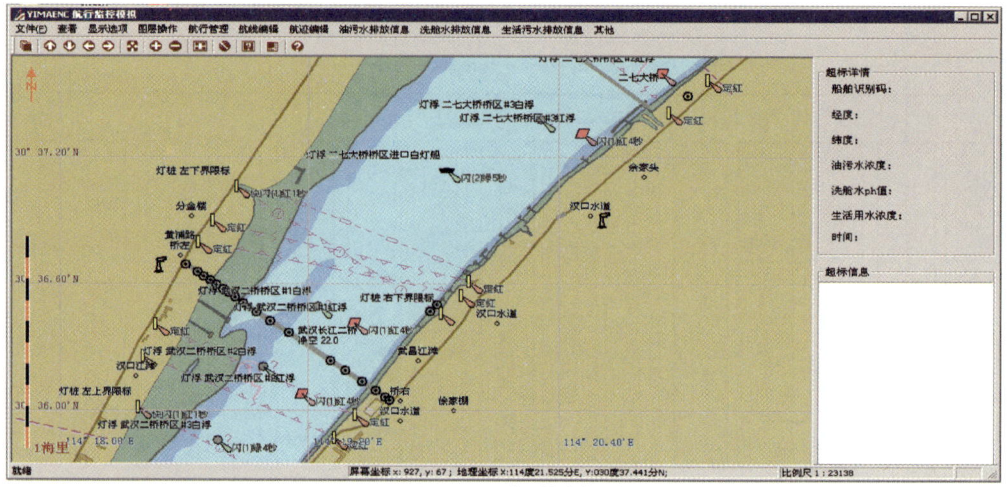

图 5–2　操作界面

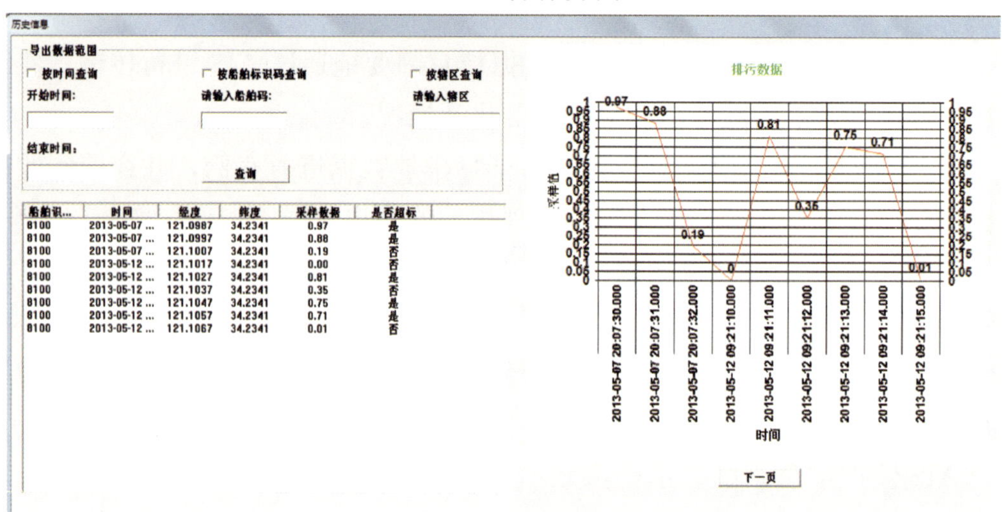

图 5–3　历史排放信息

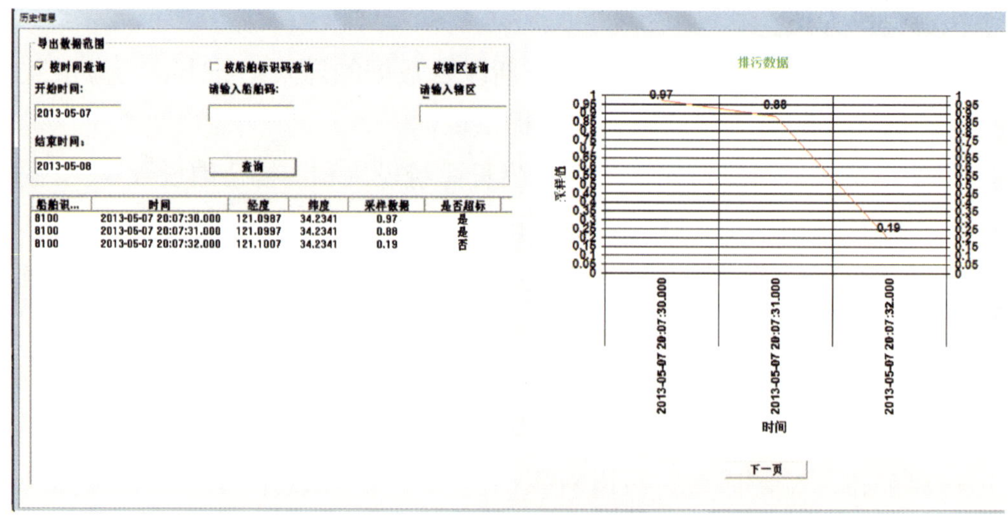

图 5–4　查询结果并显示

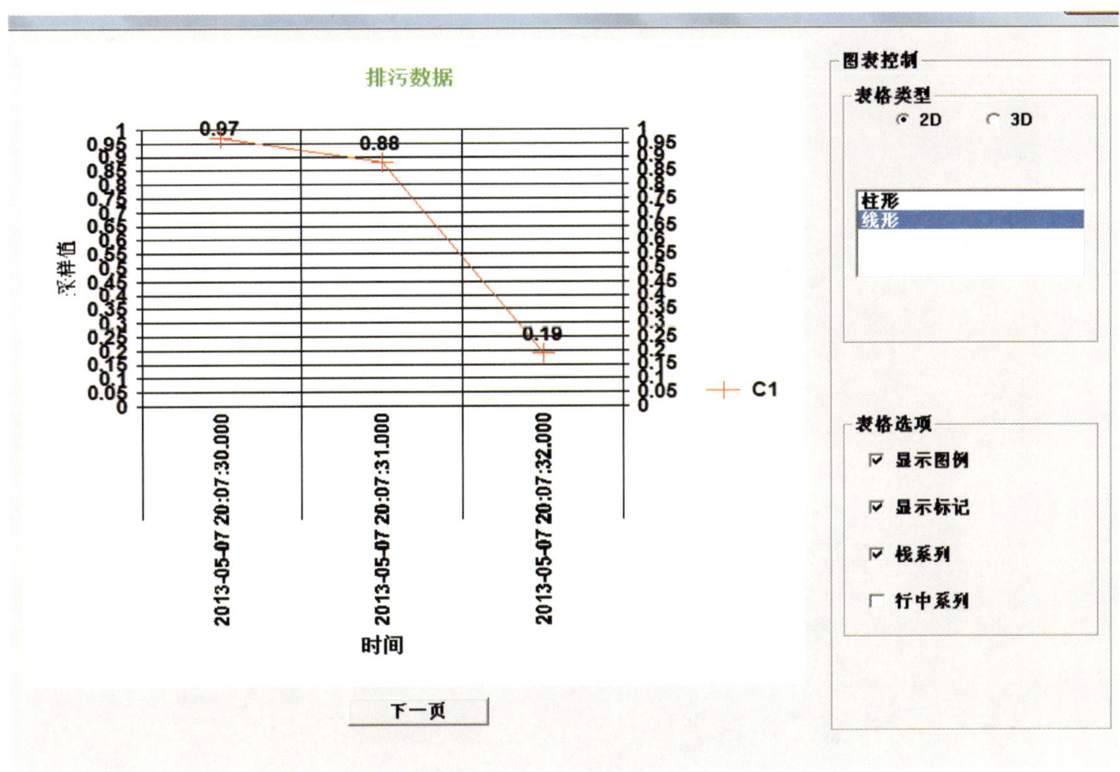

图 5–5 图表的控制

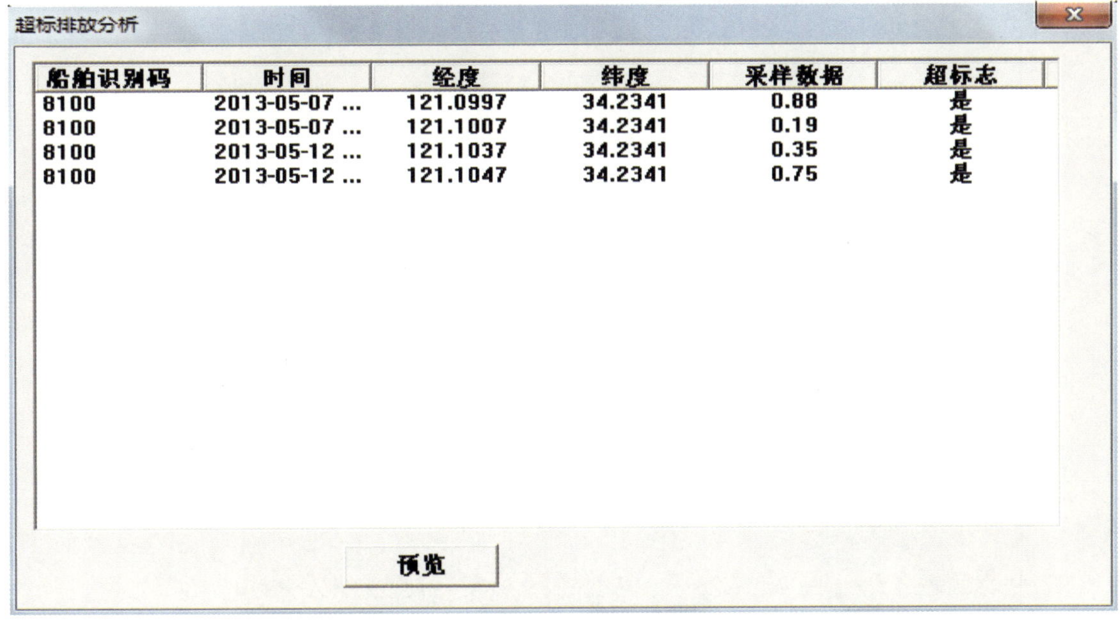

图 5–6 预览状况以航迹的方式显示在电子江图上

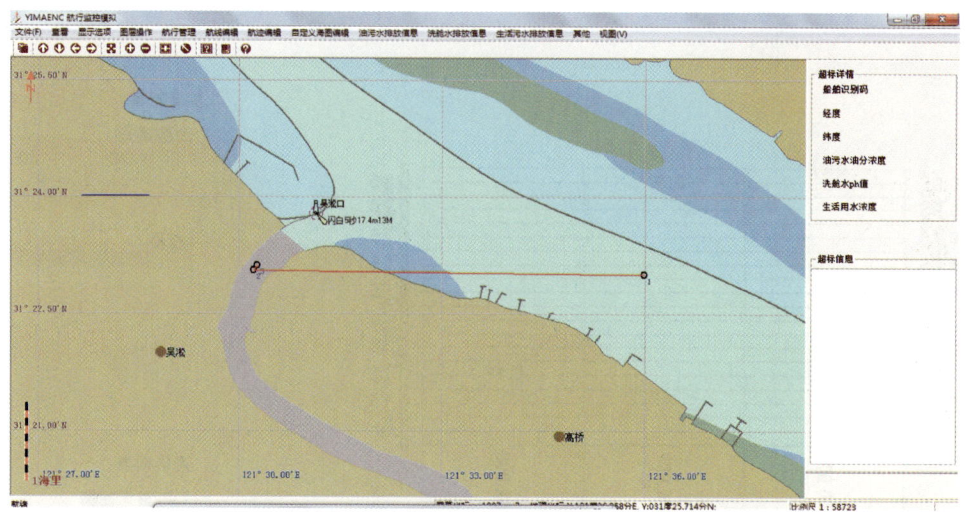

图 5–7 航迹回放

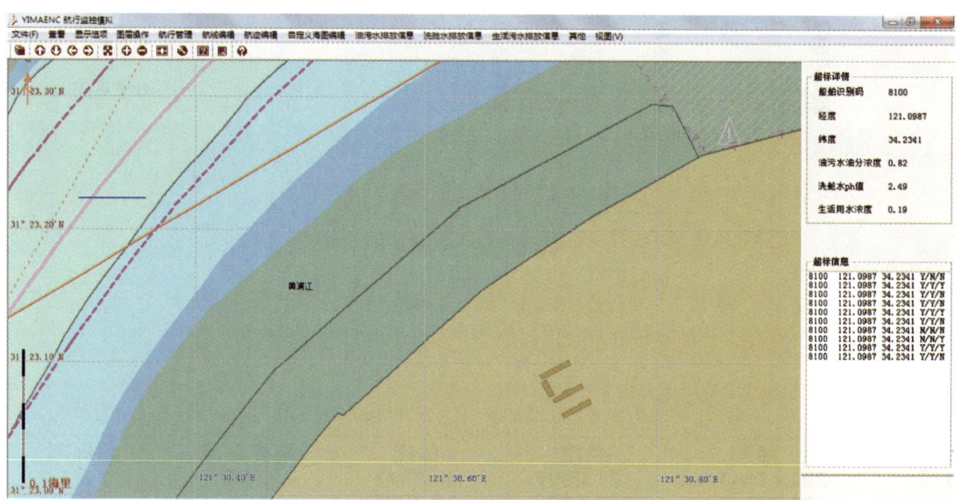

图 5–8 实时数据监控

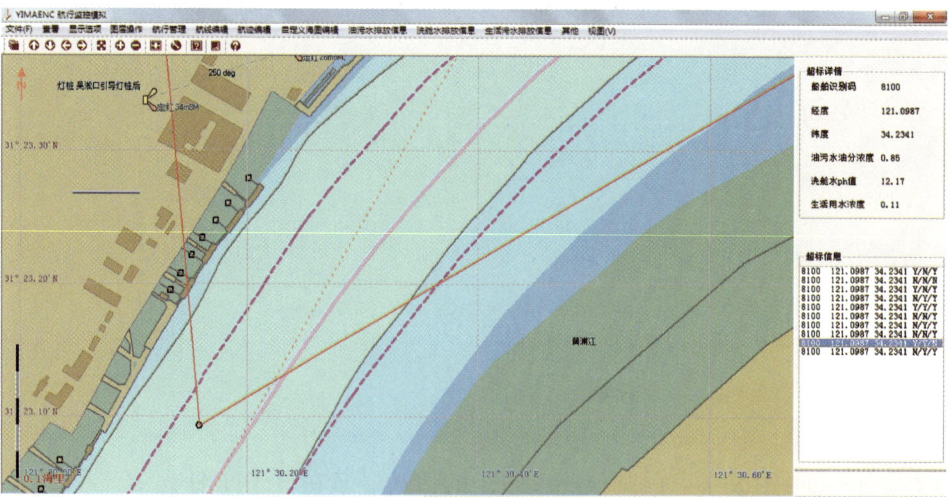

图 5–9 查询数据监控信息

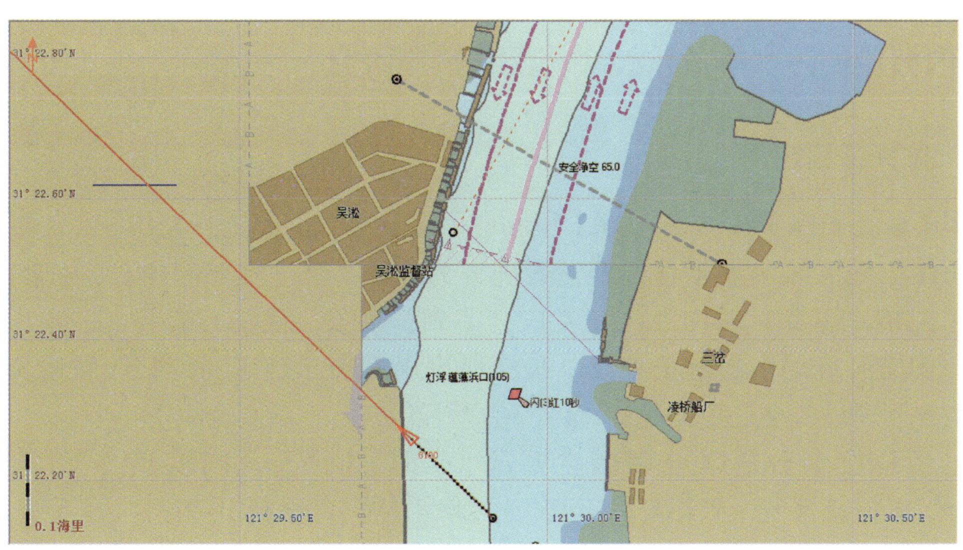

图 5–10　排污超标

对于历史排放信息，可以按照相应的方式进行检索。检索的结果可以通过中间的图表显示出来，可以多页显示，通过下一页按钮进行翻页操作，右边提供控制图表的显示方式。

图表的控制部分，提供 2D、3D 两种显示方式，可以根据需要查看柱形图和线形图表。

油污水超标排放分析功能显示所有的超标油污水信息，可以通过预览按钮在电子江图上显示对应的排污地点线路回放。

实时监控 AIS 发送回来的数据信息，并显示在相应的面板上，超标详情中默认显示最后一条发送回来的数据信息，超标信息中显示最后十条数据信息，点击对应的数据选项，可以在上面超标详情中显示对应的信息。

如果发送回来的 AIS 信息中船舶排污超标，船舶会处于闪烁状态，而且会把排污的路线显示在电子江图上。

以上操作方法总结如下。

①首先按照需求选择查询方式，输入查询条件查询历史排污信息，显示出图表，右侧控制选项可以控制图表的显示方式。

②点击超标排放分析，可以查询超标信息，点击预览按钮显示超标的航迹线路，进行查看和分析。

③操作界面右侧部分实时显示 AIS 发送回来的数据信息，点击可以查看各条的具体情况。

④AIS 发送超标数据闪烁对应目标船只，并进行排污路线的实时显示。

5.2 内河船舶污水排放监控实施配套措施研究

5.2.1 依托工程应用

本节依托长江干线 AIS 一期工程和电子巡航平台工程进行介绍。

长江干线 AIS 一期工程主要建设内容为建设 1 个一级管理中心、4 个二级管理中心、36 个基站，并在九江、安庆、芜湖、岳阳、武汉、黄石、三峡、宜昌、荆州、重庆海事局水上搜救中心、长江海事局、长江航道局、长江航运公安局、长江航务管理局安全处等处建立 14 个用户终端。

电子巡航平台是以地理信息系统（GIS）为平台，高度整合 VTS、AIS、GPS、气象信息系统（WIS）、CCTV、共享水位信息系统（WLS）等系统，并配套网上长江海事数据中心，充分发挥各系统功能而构建的统一巡航监控预警平台。海事管理机构利用电子巡航，可实时监控船舶航行、停泊及作业秩序，实现对船舶的航迹跟踪、安全预警、违法处置、信息服务等功能。

在电子巡航平台基础上构建了船舶污水排放海事远程监控系统，该系统基于电子巡航信息平台，通过解码各个船舶发送来的 AIS 信息获得船舶位置信息，接收船舶设备采集的生活污水、油污水和洗舱水的排污情况，在电子巡航平台上标识出排污船舶，直观显示船舶排污情况，并可对历史排污情况进行查询和分析。本系统主要具有的功能如下。

（1）实时跟踪标识船舶

对于安装了污染物排放监测设备并有数据回传的船舶都会进行标识。对于已安装污染物监测设备的船舶且船舶处于正常状态，将标识绿色的方框；如果船舶某一项污染物排放超标，将标识红色的方框，见图 5–11、图 5–12。

（2）船舶排污情况查询

系统对于安装了采集排污设备并有数据回传的船舶都会进行标识，对于超标排污的标识红色方框的船舶，可以单击右键具体查看船舶排放污染物的实时情况，可以详细显示各项排污数据以及是否超标。

（3）查询历史排放信息

可根据船舶名称、排污类型、时间对历史排放信息进行检索，检索的结果可以通过左边列表分页显示出来，右边根据左边列表中的数据显示图表，图表提供 2D、3D 两种显示方式，见图 5–13。

（4）船舶排污轨迹回放

对于排放超标船舶，在平台上可以通过“历史回放”按钮在电子江图上显示对应的排污地点线路回放，对于有超标的线路用红色标识，见图 5–14。

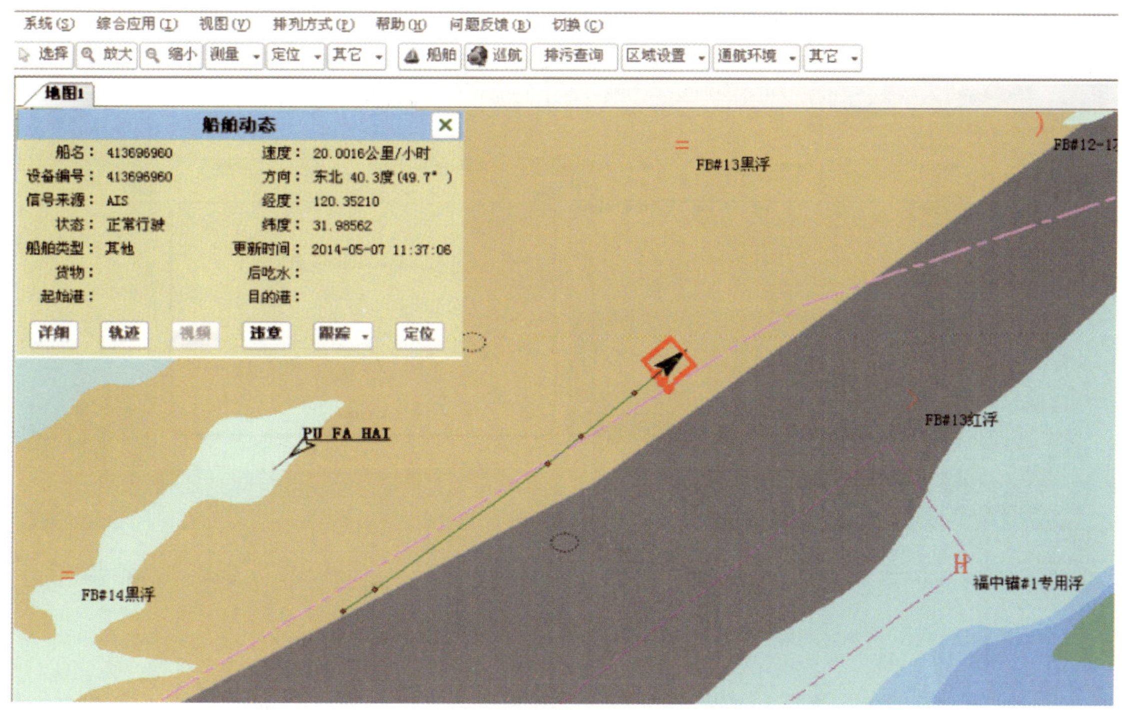

图 5-11 实时跟踪标识船舶（一）

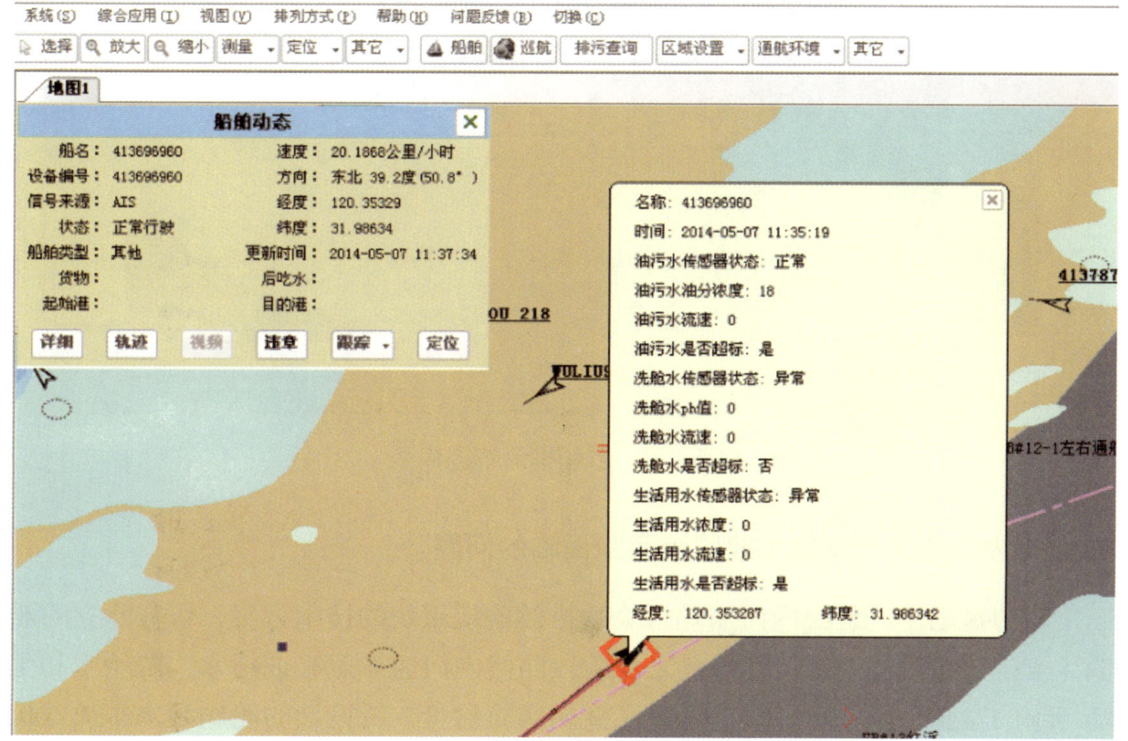

图 5-12 实时跟踪标识船舶（二）

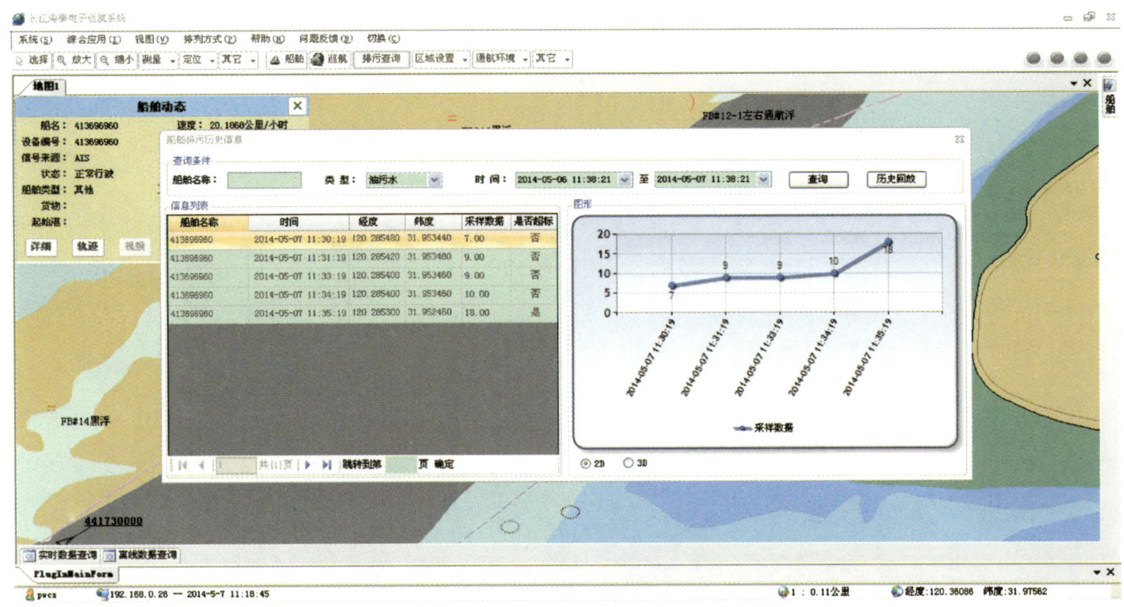

图 5-13　船舶污水排放历史数据查询

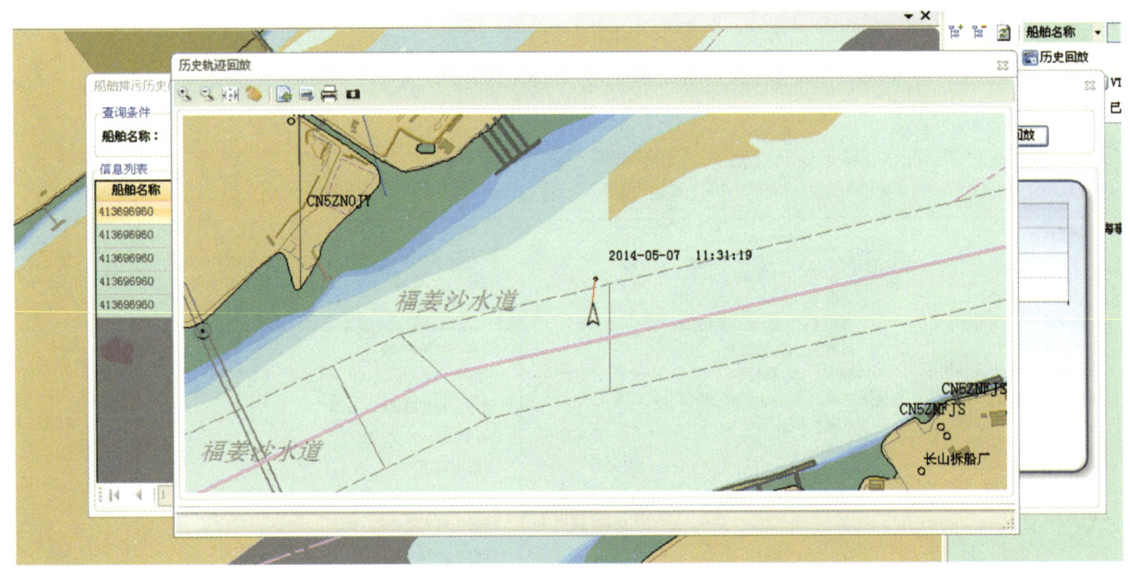

图 5-14　船舶排污轨迹回放

5.2.2　内河船舶污染物排放监控实施面临的问题

本节提出了一整套内河船舶污染物排放监控系统的技术方案，研究建立的船舶污水排放在线监控系统能够满足现阶段防治内河船舶舱底油污水、洗舱水和生活污水的监管要求。研究成果进行了实船实验检验，所设计的舱底污水排放监控系统和所研发的基于AIS/3G信息在线传输系统能满足系统设计要求。

这项研究从技术上解决了船舶污染物排放的监控问题，但从实践经验来看，研究成果从提出走向真正的实施还需要一个较长的时间，期间面临一系列需要解决的相关问题如下。

①为了贴近应用，本节建立的船载平台是基于现有的船载 AIS 平台，但由于新增了部分污染监控的功能，还需要对船载 AIS 平台进行升级改造，这其中涉及众多已安装 AIS 的船舶、AIS 设备厂商等。

②本节提出的需要在船上安装部分传感器设备，如油分浓度计、流量计、BOD 监测设备等，有些设备是可以利用船上已有的（如油分浓度计等）进行改造，但流量计、BOD 监测传感器都是船上以前没有的，因此需要投入经费安装配备相关设备。

③本节所提出的相关传感器设备、船载设备，其数据传输都有标准格式，而目前船上的相关传感器（如油分浓度仪）不具有通信功能,而这些设备的厂家众多，因此涉及及时制定相关标准来统一规范。

④目前，AIS 已经在长江全线营运船舶上开始实施应用，并对防范水上交通事故起到了重要作用，但船载 AIS 设备使用情况仍然不是十分理想，部分船员为了逃避监管，故意关闭船舶的 AIS 设备或者不输入或不正确输入相关信息。

5.2.3　推进内河船舶污染物排放监控实施的建议

我国高度重视饮水源安全，而船舶作为一类主要的流动污染源，其污染的防范和治理是十分迫切的。因此，对于本节的相关研究成果应用而言，需要给船舶添置新的设备或改进现有功能，而这些设备的推行暂无明确的法律法规要求。故建议在该系统或设备的推广应用时，应加快立法或制定相关政策，通过法律的引导或强制作用，促使该系统应用于实践中。这不仅充分体现了依法治国的理念，也能为设备的安装、配备和检查等有法可依，同时也为防治内河船舶污染提供一条更加科学的途径。

对于该类成果的应用推广，建议结合内河航运、船舶、船东的承受能力等诸方面的因素，综合考虑，总原则为“实施对象点线面，重点突出；实施时间分步骤，落实有力”，可采用下列措施来推进。

（1）国家相关部门及早制定相关规定和标准

我国内河的水上交通安全和船舶由海事部门和船舶检验部门管理，因此相关部门应及早制定相关的规定和标准。如对于船舶安装具备污染排放监控功能的船载 AIS 设备的规定、内河船舶污染源监控系统信息传输协议的规定，还可将设备的安装配备纳入相关的船舶检验规范和标准，强制实施。

（2）区分新、旧船舶，分步推进实施

对于新造的船舶，技术方案实施便于推进，因此应规定对新建船舶及时配备相关的监测设备和信息传输船载平台。对于已经营运的船舶，按照国际公约的惯例，可以分别确定相应的时间节点，要求其改造完成。

（3）按照污染风险分析，区分船舶种类，分类推进船舶污染监控设备的安装

不同种类的船舶，其污染风险不同，不同水域（如三峡库区）对船舶污染承受的能力也不同，因此应按照污染风险分析，区分船舶种类，分类推进船舶污染监控设备的安装。建议对易产生船舶污水的船舶尽快安装监控设备，如客船、油船、化学品船和专门从事船舶垃圾、油污水等船舶污染物回收的船舶，其污染风险较大，应尽快安装。不同种类船舶污染风险不同，如客运旅游船舶，其生活污水产生量大，因此对其生活污水的排放监控应强制要求。对于航行于三峡库区水域等环境敏感区域的船舶，应尽快安装船舶污染排放监控设备。

（4）先示范，后推广

可先在长江干线选取若干个重要的港区或航段作为试点，对于固定航行于这些区域的船舶尽早安装，并做好跟踪调查，然后逐步推广到整个长江干线乃至其他内河水域。如三峡库区水域，其环境较为敏感，可以先行进行示范，与此同时总结相关经验，然后推广至全线乃至整个内河水域。

（5）资金方面应采用企业和政府结合的方式

新技术方案的实施需要新增相关的船舶设备、进行部分的改造，需要资金投入。因此，一方面要积极开展研发工作，提供性能优良、价格低廉的产品；另一方面，扩宽资金筹措的渠道。建议对于部分公益性质的船舶，如客渡船、汽渡船等，可采用政府部门全部承担的方式进行改造，对于其他企业运营的船舶，则应主要由企业投入、政府补贴。

（6）做好安全宣传教育工作

在实施过程中，应做好宣传教育工作，加深船东和船员对水域环境保护工作重要性的认识，理解相关设备安装的重要性和迫切性，要耐心解释和必要的依法强制相结合，并做好相关设备使用的培训工作。

（7）制定改造实施方案

对于老旧船舶，应制定推荐的改造实施方案。考虑到该系统安装在船舶上的设备主要为污染物排放监测传感器设备和船载 AIS 扩展功能终端，由于两个设备相距较远，且通过有线方式相连，故对于未建和在建船舶，应该在设计和建造过程中加以考虑合理的走线方式；对于已建船舶，若走线不易，建议在不破坏船体结构强度的情况下安排走线方式，制定科学合理的改造方案。

5.2.4　推进内河船舶污染物排放监控实施的制度建设

在各类推进措施中，制定切实可行的内河船舶污染物排放监控实施规定是十分重要的。交通运输部海事局于 2010 年制定发布了《国内航行船舶船载电子海图系统和自动识别系统设备管理规定》，这对于推动我国沿海及内河航行船舶安装此类设备起到了重要的作用，亦为本系统的推广和应用提供了示范。以此为借鉴并结合内河船舶的相关实际，根据研究成果制定了《长江航行船舶配备污染物排放监控功能型船舶自动识别系统设备管理规定》。

为了提高我国长江干线航行船舶应用先进在线监控技术，规范本书所提出的 AIS 设备的配备和使用，发挥 AIS 设备防治船舶污染的作用，根据研究成果拟定了《长江航行船舶配备污染物排放监控功能型船舶自动识别系统设备管理规定》(建议稿)。全稿共分六章：第一章为总则，指出了适用船舶及设备的监督和检验机构；第二章为设备标准及形式认可，对设备的功能提出了要求，应能满足对船舶污染物（舱底油污水、生活污水、洗舱水等）的排放的有效监控；第三章为设备的配备安装，对时间节点提出了要求；第四章为设备安装和布置，应符合中国海事局颁布的《船舶法定检验技术规则》中的相应技术要求；第五章对设备使用提出了要求，如常开和在规定的时间内修复，并要求船员应正确掌握该设备的使用方法；第六章为附则。

6 内河浮式防污应急设备库建设与运行关键技术

6.1 内河浮式防污应急设备库概述

6.1.1 污染事故应急能力现状

近年来，我国水上防污应急反应能力有了长足的发展，但是与发达国家相比仍显不足。在应急设备配备方面，除国家防污应急设备库配备了适于开敞水域作业的大型设备外，一般设备库通常仅配置价格便宜、性能限于封闭水域的国产设备。这些设备适用范围窄，效率低，系列化成套产品严重不足。此外，内河水域防污应急系统的固定式防污设备库相继建立，但目前面临缺乏先进适宜的污染回收技术及装备、清污设备难以及时运抵污染现场以及湍急水流条件下难以实现有效清除污染等技术难题。为了提高我国防污应急功能，建设更加完善的防污应急系统是必不可少的，而建设浮式防污应急设备库又是弥补现有应急设备库系统不足的有效措施。因此，加快研发高效实用的浮式防污应急设备库技术方案，对于防污应急系统的建设和应对特别重大污染事故的能力提升是非常必要的。

（1）国外污染防治应急现状

20 世纪七八十年代发生的几起重大船舶污染事故使世界各国和相关国际组织开始认识到保护水域环境和污染防治的重要性，并把船舶污染防治应急工作作为海事部门最主要的任务之一。各国相继建立了由海事部门牵头的污染防治应急反应体制，制定和修改了污染事故应急反应的法规、条例、各种应急反应计划及预案，定期进行演习训练。同时，各国投资配备了先进的防污设备，以保证包括污染防治应急系统在内的海事业务能正常有效地运行。美国、日本、加拿大、英国等国家在此领域取得了突出成就，并拥有应对大型污染事故的应急反应系统、设备和器材。

在污染防治应急技术与装备方面，近年来许多国家在不断进行研发，开发的新技术包括溢油焚烧技术、溢油生物处理技术等。具备持续工作能力、配备大型污染回收设备且能在开敞水域作业的污染防治应急船也是国外所关注的项目。

在应急法规和体系建设方面，发达国家普遍重视污染赔偿机制的完善和企业积极性的充分调动，污染防治应急的社会化程度高，管理先进。设备配备的原则与该设备拥有者所服务的地区范围和执行的任务、处理事故的大小相适应，分为全国、区域、港口、码头、船舶几个层次。注重设备维护，保证设备的存放、保养处于良好状态，可随时调用。

在美国，无论是政府应急队伍还是工业团体、石油公司、私人清污公司等均配备相当数量的污染防治应急设备，并根据其执行任务和管辖地域的不同特点配备不同种类的设备。美国海岸警备队在其各辖区设置了 19 个应急设备基地和设备设置点，“国家突击力量”在美国东海岸、西海岸和墨西哥湾共设置了 10 个设备设置点。发生污染事故时，应急处置设备可在 2 ～ 4h 到达事故地点。美国的溢油反应公司（MSRC）、清洁海峡公司、清洁港公司和 FOSS 环境服务公司等专业化的公司共计拥有价值约 7 亿美元的溢油应急处置设备和机动反应力量，包括 50 余艘各类专业化溢油应急船舶、数架直升机、各种陆上专用车辆、卫星监视系统和后勤保障系统等。

在日本的防治石油类污染法案中，将溢油应急分为 3 个层次，分别为：政府机构——海上保安厅、民间组织——海上防灾中心、石油工业团体——日本石油协会。日本海上保安厅在 10 个主要辖区均配备一定数量的应急处置设备、巡逻艇等，随时待命。海上防灾中心在全国主要港湾设有 33 个溢油应急基地和 144 家溢油防治单位，配备了包括 10 艘溢油回收船在内的大量溢油应急处置设备。石油协会也陆续建立了 11 个溢油应急设备储备基地。

加拿大的东部溢油应急组织（ECRC）在新斯科舍省达特默斯市，它能够在 18h 内进行 2 500t 溢油的应急处置。基地配备了各种类型的围油栏、收油机、承载性船舶、围控性船舶、便携式储油囊及大量的海岸清污设备和移动通信设备等。

英国、挪威、芬兰、西班牙等欧洲国家均建有一定数量的溢油应急设备基地，基地均配备了相当数量的收油机、围油栏、临时存储设备、吸附材料、分散剂和溢油回收船等。

（2）国内污染防治应急现状

我国的污染防治应急工作起步于 20 世纪末，伴随着国际海事组织（IMO）等相关国际组织对船舶污染防治工作的推进和我国海事体制改革的不断深化而发展。

在日常监督执法方面，全国各地海事系统通过加强船舶安全和危险货物的监督管理，在船舶航行密集的水域建设 VTS，增加助航设施，对航运公司推行 ISM、NSM 规则等手段以提高船舶航行安全，从而减小污染事故的发生概率。在突发性污染事故应急反应体系方面，交通部（现交通运输部）和国家环境保护总局（现环境保护部）于 2000 年 3 月联合发布《中国海上船舶溢油应急计划》和 4 个海区船舶溢油应急计划，结合我国实际情况对水上溢油事故的安全防范、应急反应、损害赔偿等方面作出了具体规定。

我国溢油应急设备库的建立现依据《中华人民共和国突发事件应对法》《国家突发公共事件总体应急预案》《国家水上交通安全监管和救助系统布局规划》《中华人民共和国防治船舶污染内河水域环境管理规定》《国家船舶溢油应急设备库设备配置管理规定（试行）》《港口码头溢油应急设备配备要求》（JT/T 451—2009）以及地区有关规定和实际情况。

依据《国家船舶溢油应急设备库设备配置管理规定（试行）》，我国溢油应急设备库按适用水域可划分为沿海水域溢油应急设备库和长江干线内河溢油应急设备库。沿海水域溢油应急设备库主要针对海上风浪大、水域开阔等特点，配置海洋型溢油应急设备；长江干线内河溢油应急设备库主要针对内河水流快、水面狭窄、水域环境敏感等特点，配置内河型溢油应急设备。按应急能力划分，沿海水域溢油应急设备库可分为大型设备库、中型设备库、小型设备库三类，而长江干线内河溢油应急设备库可分为中型设备库、小型设备库和设备配置点三类。各类设备库综合清除控制能力和应急服务半径见表 6–1。

溢油应急设备库应急能力划分 表 6–1

设 备 库 种 类	综合清除控制能力（t）	应急服务半径（服务距离）
大型溢油应急设备库	1 000	350nm
中型溢油应急设备库	500	160nm（长江干线为 250km）
小型溢油应急设备库	200	60nm（长江干线为 120km）
设备配置点	50	100km

根据交通运输部的计划，现已建成或在建的溢油应急设备库共有 16 个沿海水域溢油应急设备库和 13 个长江干线内河溢油应急设备库，其中 4 个大型溢油应急设备库、6 个中型溢油应急设备库、14 个小型溢油应急设备库、5 个溢油设备配置点。溢油应急设备库布局见图 6–1。

根据《中华人民共和国船舶污染海洋环境应急防备和应急处置管理规定》，国内达到船舶防污染清除标准要求的单位已达 125 家，其中达到一级标准要求的 94 个、达到二级标准要求的 26 家、达到三级标准要求的 3 家、达到四级标准要求的

2家。由《船舶污染清除单位应急清污能力评价导则》（试行），船舶污染清除单位应设置设备库，设备库应配置应急处置船、辅助船、收油机、消油剂、围油栏、喷洒装置等。

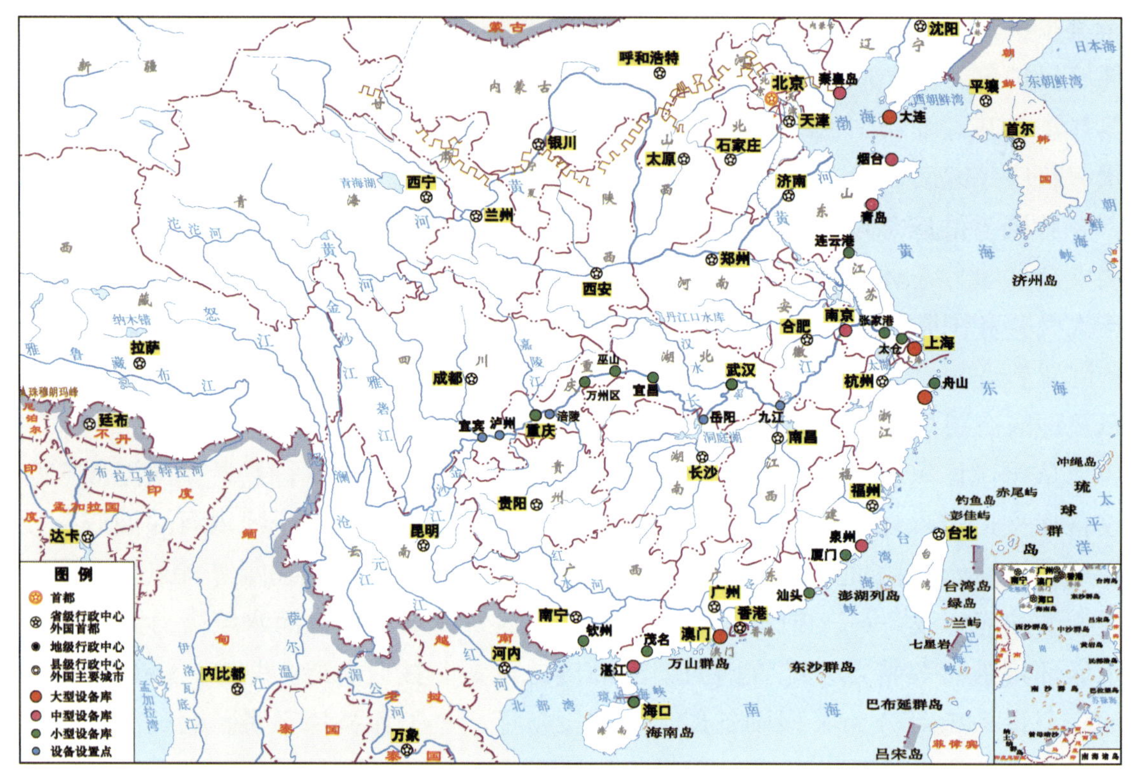

图6–1　溢油应急设备库布局[审图号：GS(2008)337号]

①沿海水域溢油应急设备库。

1998年，我国在山东省烟台市建立了第一个溢油应急设备库，现属于烟台海事局，其溢油处置能力为50t。该设备库配有各种类型的收油机、围油栏、溢油分散剂及吸附材料等溢油应急处置设备，中心还配备了专用于溢油处置教学培训的设备。根据《国家水上交通安全监管和救助系统布局规划》，烟台将在此期间对设备库进行改造，形成溢油处置能力达到500t的中型溢油应急设备库。

2004年6月，长达600m的围油栏充气后投入海上防油污任务，深圳市政府第一个溢油应急设备库正式启用，主要用于对抗重大海上溢油污染事故。此设备库主要包括2台收油机、1艘垃圾回收船、1艘污油回收船和600m充气式围油栏等。

2006年6月，湛江中型溢油应急设备库启用。该设备库有效整合了湛江海事局辖区现有的水上溢油／化救应急资源，引进了港口码头、清污单位、设备厂家等5家企业的2 000m围油栏、3台收油机、2台消油剂喷洒装置、一批吸油毡、消油剂等清污应急设备器材。

大连输油管线爆炸事故引发大面积海上溢油，暴露出溢油应急能力严重不足的问题。2012 年 6 月，我国北方最大的国家级大型溢油应急设备库在大连市棉花岛建成并通过验收。该设备库由交通运输部投资 4 220 万元建设，库内包括大型收油机、卸载泵、重型围油栏和微生物消油剂等。

2013 年 5 月和 9 月，浙江海事局宁波船舶溢油应急设备库和广东海事局珠海船舶溢油应急设备库分别通过验收并正式投入使用，两设备库均具有一次应对 1 000t 大型溢油事故的综合应急能力，极大地提升了海域船舶污染应急救助能力。设备库的主要职能包括应急指挥、应急反应和化验，主要配置常用的吸收、吸附材料，必要的清污设施设备和必备的应急防护用品。

②长江干线内河溢油应急设备库。

在长江干线内河方面，根据《国家水上交通安全监管和救助系统布局规划》各个级别设备库处置能力，将在长江干线设置 13 个溢油应急设备库，其中中型设备库 1 个、小型设备库 7 个、设备配置点 5 个，从而形成较为完善的长江干线溢油应急体系。

2010 年 12 月，包括巴东港在内的三峡库区 5 处溢油应急设备库全部建成，三峡库区已具备专业溢油应急能力。溢油应急设备库主要功能包括对三峡库区水域以油污水、船舶溢油等为主的船舶污染物进行监视和监测，库区一旦发生水上船舶污染事故，设备库将提供应急反应行动决策支持和溢油控制清除的技术装备，从而实现保护三峡库区水环境、降低船舶污染损害，达到库洁水清的目标。

2012 年 4 月，国务院批准的长江干线第一个国家级中型船舶溢油应急设备库——南京溢油防控中心基本建成。该设备库具备水上溢油应急反应能力，综合溢油处置能力达到 500t，主要用于南京、镇江、扬州等长江水域溢油事故的应急处置。

③规划中的溢油应急设备库。

天津的东疆、临港、南港、南疆和北疆将建设政府主导的溢油应急设备库，使天津港达到能够抵御 2 000t 溢油事故的综合溢油应急能力。

青岛市为提高溢油应急能力，将分别在黄岛港区、大港港区、董家口港区和即墨港区建设溢油应急设备库，并探索溢油应急资源整合模式，使一次溢油综合清除控制能力达到 1 000t。

6.1.2　内河浮式防污应急设备库功能定位

国家水上交通安全监管和救助力量是政府实行行业管理，履行公共服务，维护公共安全职能的重要手段，是我国突发性公共事件应急体系的组成部分和重要的国防资源，是国家意志的具体体现。国家水上交通安全监管和救助力量对水上交通安全实施监督管理，组织协调水上突发事件的应急反应工作，承担重大险情的救助和船舶溢油的控制清除任务。[1]

应急设备库是国家水上交通安全监管和救助力量的重要组成部分，已成为我国污染防治应急体系中重点发展的对象，是我国污染应急能力保障的重要基础。

根据是否能够移动应急设备库可分为固定式应急设备库和浮式应急设备库。固定式设备库建设于陆地上，由海事部门管理和使用，浮式设备库建设于岸线水上，可在水面快速移动。现在我国所建设的设备库均为固定式设备库，由于设备库之间水域距离较远，且将设备库内的应急设备运输到应急船舶的流程复杂、时间较长，无法实现污染事故的快速处置。若增加固定式设备库的数量以减小其水域间距，则投资巨大，造成应急资源的重复和浪费。浮式设备库可在水面上快速移动到污染事故发生点，缩短污染应急处置时间，可有效提升污染防治应急能力。所以，浮式应急设备库的建设尤为重要。

《国家水上交通安全监管和救助系统布局规划》对固定式设备库的功能定位为：水上救助快速反应力量、油污清除和抢险救助装备的综合性平台；能满足救助船舶、违章待检船舶靠泊和污染应急设备储运功能，为水上安全监管、救助管理提供工作场所，具有业务培训、实操训练等功能；为污染应急防治设备提供存储、晾晒、养护等场地。

根据上述功能定位的要求，结合浮式设备库对污染快速处置的要求，内河浮式防污应急设备库是以无自航能力的趸船为承载平台，并根据设备库的功能定位进行船体和应急设备配置的设计，以具备快速围控和回收污染的能力。

内河浮式防污应急设备库需具备三大功能：平台承载功能、污染应急处置功能和辅助功能。

①平台承载功能。

平台承载功能是指以趸船为承载平台，将污染围控设备、回收设备、油水分离设备、临时储存设备等合理布置于平台上，在污染事故发生后，浮式设备库在拖船的拖带下快速航行至事故发生点，再应用设备库上锚定装置使设备库安全稳固地停泊在水面特定位置。同时，承载平台也可临时作为污染应急处置作业的现场指挥平台和围油栏的水上固定装置。

②污染应急处置功能。

污染应急处置功能是浮式设备库的主要功能，是决定设备库污染应急处置能力的关键所在，实现了污染围控、回收、处理的整个应急处置过程，其主要包括污染应急卸载功能、污染围控功能、污染回收功能、分散剂喷洒功能、污染临时储存功能及移驳过驳功能等。

③辅助功能。

辅助功能是指设备库内污染应急处置设备的快速布放、快速吊装、动力驱动功能、油水分离功能和通信指挥功能。动力驱动功能是指污染处置设备的布放、吊装和设备库照明及基本用电所需的动力驱动。

6.1.3 固定式设备库与浮式设备库的匹配作业及工艺方案

固定式设备库和浮式设备库并非互相独立存在的个体，两者应是互相匹配和补充的有机体。

在浮式设备库被拖带前往事故现场的同时，应利用远离码头或岸边的固定式设备库自有的应急运输车或征用已签约社会应急车辆将防污应急设备运输至码头或岸边，利用起重设备将防污应急设备吊装到应急防污作业船舶，以此作为浮式设备库的补充。

针对离岸较近，且采用缆车斜坡道运输应急设备至码头的固定式设备库，由于浮式设备库是基于无自航能力的趸船建造的，且配置了小型起重设备，可将浮式设备库作为应急设备的中转平台使用，利用起重设备将部分小型应急设备快速吊运至应急船舶上。

以一次内河船舶溢油污染事故为例，海事部门的溢油应急反应中心接到事故警报后，组织相关人员制定应急反应行动方案，协调各种清污力量，全面展开应急行动。浮式设备库在内河船舶溢油污染事故中有以下 3 种作业工艺方案。

（1）工艺方案一：浮式设备库到溢油事故现场实施溢油应急处置

调配满足拖带浮式设备库能力的拖轮将浮式设备库快速拖带到溢油事故发生现场，根据应急反应行动方案，浮式设备库拖带过程中操作人员可将设备库内的溢油应急设备吊运出库房，并进行必要的布放前期准备工作。

浮式设备库到达事故现场后，可作为溢油应急设备作业综合服务平台，也可作为溢油应急指挥平台，具体承担整个溢油应急反应行动方案的实施，其溢油应急处置主要包括以下步骤。

①围控卸载。使用围油栏对事故溢油进行围控，并使用卸载泵对事故船进行剩余油料的过驳卸载。

②水上收油。使用收油机、吸油毡、吸油拖栏、消油剂等对水上溢油进行回收和清除。

③岸线除油。使用岸线除油专用设备和清污工具进行岸线清污。

④浮式设备库储油舱存油转过驳。使用油污运输专用船只将浮式设备库储油舱存油转过驳到码头或岸边的油罐车或油槽车。

⑤溢油应急设备的清洗。溢油事故应急处置结束后，将作业后的溢油应急设备运输至陆上固定设备库专用的设备清洗场地，进行溢油应急设备的全面清洗和保养，再将设备重新入库于浮式设备库内，以备下次溢油应急处置。

（2）工艺方案二：浮式设备库不拖带至溢油事故现场

调配一定数量的溢油应急船舶靠泊于浮式设备库起重设备的覆盖范围，利用起重设备将库内的溢油应急设备吊运出库房，布置于溢油应急船舶上，由应急船舶将应急设备搭载至事故现场实施溢油应急处置。

与工艺方案一相比，方案二可不用调配大功率拖轮，省去了拖轮与浮式设备库的连接时间。搭载应急设备的溢油应急船舶也比用拖轮拖带浮式设备库的航速要快，但溢油应急设备的转载却降低了溢油应急处置的快速性，浮式设备库也没有起到应急设备作业综合服务平台和指挥平台的作用。

选择工艺方案一还是方案二进行溢油事故应急处置，关键取决于浮式设备库与事故现场的距离和溢油事故的规模。当浮式设备库远离溢油事故现场，可采取工艺方案二，以省去拖轮的调配与连接时间，减少拖轮的拖带时间，而当浮式设备库离溢油事故现场较近，则工艺方案一可省去应急设备的转载时间。针对小型溢油事故（只需转载和使用浮式设备库内的一部分应急设备），可采取工艺方案二，能明显减少应急设备的转载时间和船舶航行至事故现场的时间，而对于一般或中型溢油事故则需采取工艺方案一。

（3）工艺方案三：浮式设备库到溢油事故现场不实施溢油应急处置

调配满足拖带浮式设备库能力的拖轮，将浮式设备库快速拖带到溢油事故发生现场，协助溢油应急船舶进行溢油应急设备的布放和回收。工艺方案三与方案一的区别在于，方案三中浮式设备库不具体指挥和实施溢油应急处置，只作为溢油应急设备的承载、运输、协助布放和回收的后勤服务平台。

选择工艺方案一还是方案三进行溢油事故应急处置，关键取决于溢油事故的规模和是否作为指挥平台使用。针对大型溢油事故，溢油现场配备性能更高的指挥船舶，且事故应急处置需要使用大量的溢油应急设备，宜采取工艺方案三。由于浮式设备库内应急设备无法满足所处置的溢油量，需从固定式设备库内调运更多的应急设备。由于浮式设备库一次性设备运输量远大于应急船舶，所以浮式设备库被重新拖带至码头或可供设备上库的岸边，将大量应急设备运输至溢油事故现场，往复多次，最终满足溢油处置要求，实现溢油的快速处置。

浮式设备库的3种作业工艺方案适用范围总结如下。

①针对一般或中型溢油事故，浮式设备库宜采取作业工艺方案一，以充分发挥浮式设备库的溢油应急处置和现场指挥功能。

②针对小型溢油事故，浮式设备库宜采取作业工艺方案二，以节省拖轮的调配时间和减少设备库航行至事故现场的时间，提高应急反应能力。

③针对大型溢油事故，浮式设备库宜采取作业工艺方案三，其只作为溢油应急设备的承载、运输、协助布放和回收的后勤服务平台。

总之，浮式设备库是具有污染快速围控、回收、处理和事故现场应急指挥实施能力的作业综合服务平台、指挥平台和后勤服务平台，它与固定式设备库组合形成互相匹配、互相补充的有机体。

6.2　内河浮式防污应急设备库技术方案

6.2.1　内河浮式防污应急设备库设备类型和性能

（1）我国内河运输危险货物的主要品种

我国内河运输的危险货物主要包括油类、化学品、液化气。油类主要有原油、成品油、沥青等。化学品主要有苯、甲苯、二甲苯、甲醇、液碱、冰醋酸、苯乙烯等。液化气主要指液化天然气和液化石油气。

以内河长江干线为例，目前长江沿线共布局化工园区 60 余个，生产企业约 2 100 家，运输企业 208 家，船舶 3 669 艘，生产和运输的危险货物种类多达 250 种，港口危险货物吞吐量达 1.7 亿吨，运输量以年均近 10% 的幅度快速增长。危险货物主要包括原油、汽油、甲苯等易燃液体类，丙烷、丁二烯等易燃气体类，苯胺、苯酚、四氯乙烯等毒性物质类，硫酸、液碱、甲醛等腐蚀类。

目前，我国内河水域应对化学品泄漏事故的应急处置能力还严重不足，主要表现在没有针对化学品事故的应急设备，缺乏专业化的应急队伍等。由于各种化学品的理化特性、毒性、应急处置技术各不相同，加大了化学品事故的应急处置难度。所以，内河浮式防污应急设备库应主要配置油类围控、回收和处理设备，兼顾化学品处置设备。

（2）设备库主要应急处置设备类型和性能

围控、回收和油水分离设备是内河浮式防污应急设备库最为主要的污染防治与应急处置设备。设备类型及性能直接影响污染应急处置的效果。

①围控设备。

围控是污染应急反应的首要任务。其目的是阻止污染物进一步扩散和漂移，以减小水域污染范围，减轻污染损害程度。围油栏是污染围控的主要设备，起到围控和集中、污染导流、防止潜在污染等作用。

A. 围控和集中。

内河发生污染事故后，污染物在水流、风和其他外界因素的影响下迅速扩散、漂移，形成较大的污染面积。在库区、近岸水域、内河水域发生污染事故时，及时布放围控设备，能将扩散中的污染及时围控，通过围控设备拖带或缩小围拢范围，可以将污染集结于较小的范围内进行回收。

B. 污染导流。

污染事故发生后，在水流的作用下，污染物会随流扩散和漂移，为了便于回收作业或为疏导污染物流向指定区域，特别是在水流湍急的水域，为了有效控制污染的流向，便于回收或为防止污染物进入库区或敏感区，通常利用围控设备按照设定的角度进行设防。

C. 防止潜在污染。

根据内河水域情况，在可能发生污染事故或存在污染风险的水域，提前布放围控设备进行污染防控，可在真正出现污染事故时防止污染扩散，采取回收措施，将围控中的污染物及时回收。

围油栏主要由浮体、裙体、张力带、配重和接头组成。按照包布材料、浮体结构、使用水域、使用情况、使用用途，围油栏的种类较多。使用何种围油栏，一般基于以下条件（特殊用途的围油栏除外）。

a. 自身材料的强度及耐久性，维护方便。

b. 具有较好的围油效果。

c. 存储运输方便，布放回收及时迅速。

在实际应用中，每种类型的围油栏均有一定的条件限制，难以同时满足。目前，内河水域使用较为广泛的围油栏类型为江河型充气式橡胶围油栏、快速布放围油栏、固体浮子式围油栏、岸滩围油栏和防火围油栏。

江河型充气式围油栏主要由浮室、裙体、配重金属链、扣环、玻璃钢支撑架和铰接件等构成。围油栏工作还需配置动力站和充气设备。浮室的作用是布放时一边充气一边布放，形成一个一个满足浮力需求的气室。江河型充气式围油栏可轻易卷起来储存和运输，依靠动力机械进行布放和回收，尤其适用于江、河、湖等水域发生紧急污染事故时的快速紧急处理。

快速布放围油栏采用了柔性浮子，可缠绕在卷绕架上，工作时无须充气即可布放下水，既增加了围油栏的布放灵活性，又具有普通固定浮体式围油栏的可靠性，布放回收均采用液压动力，方便快捷。快速布放围油栏为目前布放速度最快的污染物围控设备。

固定浮体式围油栏是一种经济通用型围油栏，适合于水面固定、长期布放，广泛应用于河流、湖泊、港口油码头等水域。

固定浮体式围油栏布放迅速，但体积大，存储运输不便。充气式围油栏体积小，便于运输存储，但使用时需要现场充气。所以，根据现有内河沿岸船舶溢油应急设备库内所配置的围油栏种类和内河水文条件，兼顾污染应急快速处置，内河浮式防污应急设备库应尽可能多地配置快速布放围油栏和带充气装置的充气式围油栏，以提高设备库污染围控能力。

②回收设备。

污染回收是指在不改变污染物形态的情况下，利用各种手段将污染物从水面或陆面分离出来，以清除水面或陆面污染物。目前，应用较为广泛的回收设备主要包括收油机、吸油毡、吸油拖栏、卸载泵等，其中又以收油机为主。

收油机是指专门设计用于回收水面溢油、油水混合物而不改变其物理、化学特性的机械装置。收油机的基本工作原理是利用油和油水混合物的流动特性、油水的密度差及材料对油和油水混合物的吸附性，将油从水面上分离出来。

收油机主要由撇油器、传输系统、动力站和控制系统等部分组成。撇油器将水面溢油或油水混合物直接回收；传输系统包括泵、真空装置、软管和连接件，其作用是传送动力、泵出回收的溢油；动力站给撇油器和传输系统提供动力；控制系统是收油机正常工作的基础。

目前，广泛使用的收油机种类较多，在工作原理和结构上差异较大。内河广泛使用的收油机类型包括盘式、刷式、堰式、带式、真空式等。

A. 盘式收油机。

盘式收油机是指利用亲油材料制作的盘片在油水混合物中旋转，盘片旋出时，吸附的溢油被刮片刮入集油器，并泵送到储油容器的溢油回收设备。盘式收油机是最常用的一种黏附式收油机，主要由盘片、刮片、集油器、输油软管、动力站和泵等组成。

盘式收油机具有对轻质油适应性良好、回收效率高、垃圾适应性好、维护简单等优点。然而，盘式收油机的回收速率较低（一般在 10 ~ 60m^3/h），油黏度适应性较差（盘片不吸附高黏度油），水草和波浪适应性差，只适合于港口、近岸水域回收中低黏度油，不能回收乳化油。

B. 刷式收油机。

刷式收油机是利用旋转的刷子黏附溢油，并将吸附的溢油刮下导入集油器内，通过泵将溢油泵入储油装置，主要由几组或几排刷子、刮片、集油器等部件组成。刷式收油机的刷子可为桶刷（在桶上安装刷子）、辊刷（在辊子上安装刷子）或链式刷（将刷子安装在环形链上）。

刷式收油机具有回收效率和回收速率高、随波性好、操作简单、容易维护、刷子易于更换、容易维护等优点。刷式收油机在结构上体积大，刷子清洗困难，造价高，只适用于回收高黏度油。

C．堰式收油机。

堰式收油机利用特别设计的带折堰的撇油器，将水表层的溢油通过特制的泵抽吸到储油装置中，达到回收溢油的目的。

堰式收油机一般由浮体、集油器、堰边高度调整装置、动力站和传输系统等部件组成。调节撇油器的堰边刚好低于油膜表面，让油通过堰边流进集油器内，能取得较好的回收效率。

堰式收油机具有尺寸小、重量轻、结构简单、维护保养容易、回收速率高、适用范围广等优点。然而，堰式收油机对波浪和水流的适用性较差，在油层较薄或有风浪的情况下会回收大量的水，即使在静水条件下对中薄厚度的油层也会回收大量的水（通常油只占 20% ~ 30%，甚至更低），浪费现场有限的泵力资源和储存空间。除此之外，堰式收油机对水面垃圾敏感，受黏度影响大，不适用于回收高黏度油，且需起吊设备配合作业，受水深影响大，在浅水区域使用受到限制。

D．带式收油机。

带式收油机利用与水面成一定角度的动态收油带回收水面溢油或油水混合物，一般由撇油器、动力站、传输系统、导油装置等部件组成。根据撇油器的收油带工作面运行方式，带式收油机可分为上行带式收油机和下行带式收油机（动态斜面式收油机）。

上行带式收油机利用向上运行的收油带将油提升出油水表面，在收油带顶端，油和水被挤压或油被刮入集油槽内。下行带式收油机则利用向下运行的收油带牵引油水混合物至收油带底部改向滚筒处的集油槽入口，油水混合物靠重力分离，集油槽底部排水、上部集油。下行带式收油机具有能够在行进中回收溢油、抗风浪能力好、回收效率及彻底性效率高、适用溢油黏度范围宽、适用于不同厚度的油层、受漂浮垃圾的影响小等特点，适用于大规模水上污染应急处置。

E．真空式收油机。

真空式收油机利用吸入泵或真空泵在真空储油罐内建立真空并通过撇油器处的压力差回收油水混合物。真空式收油机具有操纵装置小、技术要求简单、对垃圾不敏感、维护容易、造价低廉等优点。但真空收油机回收效率较低，严重影响其应用程度。

最简单的真空式收油机是接有吸油软管的真空罐车，回收能力很强，在港口和河岸上较实用，利用较长的吸油软管能够方便地回收溢油。真空式收油机主要适用于回收中低黏度的溢油，因其对波浪非常敏感，只适用于岸滩、港口和平静水域。

③油水分离设备。

通过回收设备回收的油水混合物，根据油在水体中存在形式大致可分为浮油、分散油、乳化油和溶解油 4 类。

A．浮油。

油珠粒径一般大于 100μm，占总含油量的 70% ~ 80% 以上。此种形式的油水混合物通过静置可较快地上浮至水面，形成连续相的油膜，可采用重力分离设备分离。

B．分散油。

油珠粒径一般为 10 ~ 100μm，以微小油珠的形式分散在油水混合物中，分散油较不稳定。

C．乳化油。

油珠粒径为 0.1 ~ 10μm，油在水中呈乳化状态，表面具有双电层，使油珠难以相互凝结，体系较稳定，可稳定分散在水中，乳化油须经破乳作用转化为浮油，然后加以分离。

D．溶解油。

油珠直径比乳化油还小，有时只有几纳米，以分子状态分散于水体中，非常稳定，油在水中的溶解度很小，在油水混合物中总含量仅约为 0.5%。

油水分离设备按其作用机理一般可分为物理法油水分离设备（如重力分离法、离心分离法、膜分离法等）、化学法油水分离设备（如混凝沉降法）、生物处理法油水分离设备（如生物化学法）和物理化学法油水分离设备（如吸附法）。各种油水分离设备所具有的特点见表 6–2。

油水分离设备的特点　　表 6–2

方　法	机　　理	适用范围	处理效果	结构	投资	占地	耗能	费用	操作	缺　　点
重力分离法	油和水的密度差产生浮力作用	P、F、R	差	简	小	中	小	低	易	分离效果不佳
离心分离法	高速旋转产生的离心作用	P、F、R	一般	简	中	小	中	低	易	分离效率不高，会产生二次乳化

续上表

方 法	机 理	适用范围	处理效果	结构	投资	占地	耗能	费用	操作	缺 点
膜分离法	微孔的筛分作用及膜的表面亲和力作用	F、R、S	较好	简	小	小	小	低	易	需定时清洗膜表面，膜污染严重，更换率较高
混凝沉降法	化学破乳后油凝聚沉降	F、R、S	较好	中	中	中	中	大	中	有浮渣
生物化学法	微生物对油的吸收及氧化降解	R、S	较好	中	大	大	中	大	难	保持适当温度和营养质
吸附法	多孔固体对油的吸附作用	P、S	较好	中	中	小	中	高	中	吸附剂再生较复杂
过滤法	滤床对油的截留、碰撞及聚并作用	F、R	一般	简	小	小	中	低	易	压降易增大，需常反冲洗

注：P 为浮油，F 为分散油，R 为乳化油，S 为溶解油。

6.2.2 内河浮式防污应急设备库设备配置方案

（1）配置方案

①方案一。

根据国家溢油应急设备库的总体定位，考虑内河干线的溢油应急责任，内河浮式防污应急设备库所配设备以应急储备为主，重点应对中等规模溢油事故，兼顾日常小型溢油事故的处理。其中，溢油围控设备以充气式围油栏和快速布放式围油栏为主；溢油回收设备以中型收油机为主，适当配置小型收油机和其他类型回收设备；溢油清除设备与材料和储运设备按有关要求配置。

②方案二。

据统计，内河干线水域以小型溢油事故为主，重点考虑当前需要，内河浮式防污应急设备库所配设备以应对日常小型溢油事故为主，兼顾中等规模溢油事故的应急。其中，溢油围控设备同时考虑充气式、快速布放式和固体浮子式围油栏；溢油回收设备以小型收油机为主，适当配置中型收油机；考虑到内河干线水域沿线及库区的环境敏感性，方案二应加强岸线防护和岸线清污能力；溢油清除设备与材料和储运设备等配置与方案一相同。

（2）对抗 50t 级溢油事故的内河浮式防污应急设备库

①设备配置标准。

根据《国家船舶溢油应急设备库设备配置管理规定》（以下简称“管理规定”），对抗 50t 级溢油事故的浮式防污应急设备库设备配置类型及数量见表 6–3。其中，岸线清污设备能力不记入设备库总能力之内。

对抗 50t 级溢油事故的浮式防污应急设备库设备配置类型及数量　　表 6–3

所处水域	设备库级别	设备库面积	应急服务半径或距离	应急卸载设备	水面溢油机械回收设备	水面溢油围控设备	溢油分散剂	吸油材料	储运装置	配套设备
内河	配置点	大于 $400m^2$	100km	卸载泵，卸载速率应达到 $200m^3/h$，数量 2～3 台	收油机回收速率应达到 $80m^3/h$，2～4 台	围油栏长度应不少于 800m	不低于 5t，自身储备 1.5t	不低于 5t，自身储备 2t	适当数量的船舶储运和浮动油囊	签约相应数量的应急工作船舶（拖船）、配套设备，保养、清洗设备及场地，水上照明设备和应急人员防护设备

②设备配置方案。

根据设备配置类型及数量的要求，方案一和方案二的浮式防污应急设备库设备配置基本构成情况见表 6–4。

浮式防污应急设备库设备配置　　表 6–4

序　号	设备名称	单　位	方案一	方案二
			数量	数量
1	承载平台			
1.1	趸船	艘	1	1
2	溢油围控设备			
2.1	江河型充气式橡胶围油栏	m	500	400
2.2	快速布放围油栏	m	300	400
2.3	固体浮子式围油栏	m	0	100
2.4	防火围油栏	m	100	0
2.5	岸滩围油栏	m	100	100
2.6	围油栏清洗装置	套	1	1
3	溢油回收设备			
3.1	小型收油机	台	1	2
3.2	中型收油机	台	2	1
3.3	岩石收油机	台	1	2
4	应急卸载设备			
4.1	大型卸载泵	台	1	1

续上表

序　号	设备名称	单　位	方案一	方案二
			数量	数量
4.2	中型卸载泵	台	2	2
5	溢油清除设备与材料			
5.1	吸油毡	t	2	2
5.2	吸油拖栏	m	500	500
5.3	环保型分散剂	t	2	2
5.4	手动分散剂喷洒装置	套	2	2
5.5	船用分散剂喷洒装置	套	1	1
5.6	轻便储油罐	套	2	2
5.7	浮动油囊	套	3	3
5.8	收油网	套	3	3
6	岸线清污设备			
6.1	冷水冲洗机	套	1	1
6.2	高压温水冲洗设备	套	1	1
6.3	岸线清污简易工具	套	1	2
7	搬运车辆			
7.1	小型手动托盘搬运车	辆	1	1
8	其他设备			
8.1	动力驱动	套	1	1
8.2	个人防护装备	套	20	20
8.3	起重机	台	1	1
8.4	油水分离设备	套	1	1
8.5	储油舱	个	1	1
8.6	自转式探照灯	套	4	4
8.7	后勤保障设备	套	2	2
8.8	抽油泵	套	1	1

③设备库能力核算。

A．围控能力。

根据管理规定，50t 级溢油应急设备配置点围油栏长度应达到 800m，且岸滩围油栏等不计入总的围控能力。

浮式设备库设备配置方案一配置各类围油栏 1 000m，其中江河型充气式橡胶围油栏 500m，快速布放围油栏 300m；方案二配置各类围油栏 1 000m，其中江河型充气式橡胶围油栏 400m，快速布放围油栏 400m。因此，方案一和方案二的围控能力均能满足管理规定要求。

B. 机械回收能力。

根据管理规定，50t 级溢油应急设备配置点收油机回收速率应达到 80m^3/h，2 ~ 4 台。小型收油机回收速率为 30m^3/h，中型收油机回收速率为 50m^3/h。方案一配置小型收油机 1 台、中型收油机 2 台，回收速率达到 130m^3/h。方案二配置小型收油机 2 台、中型收油机 1 台，回收速率达到 110m^3/h。因此，方案一和方案二的机械回收能力基本符合管理规定要求。

C. 清除能力。

根据管理规定，50t 级溢油应急设备配置点溢油分散剂自身储备量应不低于 1.5t，吸油材料自身储备量达到 2t。浮式设备库配置环保型分散剂 2t、吸油毡 2t，为了进一步增强岸线防护能力和吸油效果，浮式设备库还配置吸油拖栏 500m。因此，浮式设备库的清除能力能够达到管理规定要求。

D. 应急卸载能力。

根据管理规定，50t 级溢油应急设备配置点应急卸载速率应达到 200m^3/h，数量 2 ~ 3 台。浮式设备库配置卸载泵 3 台，最大综合卸载能力可达到 300m^3/h，均配备抽油泵 1 台，最大综合卸载能力可达到 70m^3/h。因此，浮式设备库的应急卸载能力达到管理规定的有关要求。

E. 储存运输能力。

管理规定中要求各类设备库均要具有一定数量的应急作业船舶和油污储存运输船舶，要配置一定数量的浮动油囊。

浮式设备库配置 3 套浮动油囊、2 套轻便储油罐、3 套收油网。另外，设备库还配置 1 套 20m^3/h 处理能力的油水分离设备和 1 个 30m^3 的储油舱。另外，建立拖船应急调用机制，以方便将浮式设备库拖至事故现场。

然而，实际溢油污染事故应急处置时，溢油应急的效果并不简单依赖于设备库的设备类型与数量，还与事故地点的水文、气象条件，与溢油的理化特性、应急反应速度、清污方法的选择，以及与实施人员的技能等众多因素密切相关。因此，浮式设备库就清污能力而言是从对溢油快速反应（12h 内）和应急设备储备考虑的，溢油事故发生后还应根据上述各种因素做出综合评价。

（3）主要设备技术要求

浮式设备库所配置的溢油围控、回收、处理及储运设备应具备可操控性强、易于装卸和结实耐用的特点，具体要求如下。[5]

①围油栏最重要的功能是限制溢油扩散和漂移，因此应选用适合于快速运输与布设、储存方便、耐拉强度高、滞油性好的围油栏。围油栏还要配有相应的动

力装置、拖头和清洗装置等必需的辅助设备。江河型充气式围油栏一般为橡胶材质，应配有动力站和卷绕设施等配套设备，正常使用年限大于 3 年，正常存储年限大于 6 年。固体浮子式围油栏应选用抗拉能力强、耐用性好的材质，正常使用和存储年限同充气式围油栏。防火围油栏应采用耐高温的浮体和瓷质柔性材料制成，可在 1 000℃的高温下连续作业 2h 以上而无损害，并保证防火围油栏具备较高的抗拉强度，能经受高速拖拽和较差的水流条件，其正常使用年限大于 8 年，正常存储年限大于 10 年。快速布放围油栏应选用固体浮子式或自充气式，采用橡胶或 PU 材质，每 200m 的布放时间应不超过 20min。浮式设备库选配的各种型号的围油栏主要技术要求见表 6–5。

围油栏主要技术要求 表 6–5

类　型	全高 (mm)	最大允许拉力 (kN)	耐风 (m/s)	耐流 (m/s)	200m 布放时间 (min)
江河型充气式围油栏	≥ 1 000	≥ 150	≥ 12	≥ 2	≤ 45
快速布放式围油栏	≥ 800	≥ 100	≥ 12	≥ 1.5	≤ 20
固体浮子式围油栏	≥ 900	≥ 100	≥ 12	≥ 1.5	≤ 45
防火围油栏	≥ 600	≥ 60	≥ 15	≥ 1.5	≤ 45
岸滩围油栏	≥ 700	≥ 150	≥ 15	≥ 2	≤ 45

②回收设备应尽量选择回收效率高，适用范围广的产品，使用过程中根据水域特点和油品不同而有所区别。浮式设备库所配收油机将收油品种定位于中低黏度成品油、较高黏度的原油以及中高黏度的船舶燃料油。不同类型收油设备主要技术要求见表 6–6。

收油设备主要技术要求 表 6–6

类　型	回收速率 (m^3/h)	回收效率 (%)	适应流速 (m/s)	适 用 油 品	设 备 类 型
小型收油机	10 ~ 30	≥ 80	0 ~ 3	中质、重质原油和燃料油	刷式、盘式、堰式
中型收油机	30 ~ 80	≥ 80	0 ~ 3	轻质、中质、重质原油和燃料油	盘式、刷式或带式
岩石收油机	10 ~ 30	≥ 85	—	适用于岸滩，可回收上岸残油、油渣、固体小颗粒等	真空式或其他类型

③应急卸载泵需耐腐蚀，受垃圾影响小，防爆性能强，适用于高中低黏度的液体，可用于浅水和深水作业，最大卸载能力介于 100 ~ 200m^3/h 之间，最大扬程大于 20m，允许泵送的液货温度不低于 80℃，泵送液体最大黏度应大于 10 万 cst；

抽油泵的最大抽油能力必须达到 100m^3/h 以上。

④浮动油囊要求装卸快速，维护简便，可在浮式设备库上拖带；所配小型浮动油囊要求能够相互连接，并可起吊；质量要求可靠，耐用性高，能够重复利用；容积为 5 ～ 10m^3，最大允许拖动速率大于 3m/s，存储和使用年限不小于 8 年。

⑤轻便储油罐可快速装配，耐腐蚀，能储存一定的溢油和大多数液体化学品；容积大于 5m^3，存储和使用年限不小于 8 年，便于清洗和修理。

⑥环保型分散剂要求是低毒、无害的环保产品，存储期应大于 3 年，并满足交通运输部和国家海洋主管部门对分散剂的有关规定。

⑦喷洒装置可根据油膜厚度调节分散剂的用量和喷洒速度，耐腐蚀，具有高浓缩型搅拌功能。手持式喷洒装置喷洒速率不小于 40L/min，方便灵活，射程大于 10m；船用喷洒装置喷洒速率不小于 100L/min，能够显示流量，使用范围广。

⑧吸油材料的吸重油倍数不小于 6，吸水倍数不大于 1.5。吸油拖栏的吸油量大于自重的 10 倍，能吸附中低黏度原油和成品油，存储使用年限大于 5 年。

⑨岸线清污简易工具包括岸线清污常用的铁锹、镰刀、水草割除设备等。岸线冲洗设备要求高压、高效，对岩石、岸滩等都能够进行清洗，还可用于清洗围油栏和机械回收设备。

6.2.3　内河浮式防污应急设备库设计方案

随着经济建设的快速发展，我国内河危险品运量呈现快速增长的趋势，航运市场发展迅猛的同时，危险品污染也日益严重。内河浮式防污应急设备库建设于岸线水上，可在水面上快速移动到污染事故发生点，缩短污染应急处置时间，有效提升污染防治应急能力。

（1）内河浮式防污应急设备库设计

根据设备库的相关功能要求，结合设备库污染快速处置和设备配置方案，浮式应急设备库需具备平台承载功能、污染应急处置功能和辅助功能，以使其具有污染物快速围控和回收的能力。

内河浮式防污应急设备库设计主要包括船体的整体设计及防污应急设备的配置及布置。根据《国家船舶溢油应急设备库设备配置管理规定》中对设备配置点的技术要求，以尺寸 60m（船长）×12m（型宽）×2.5m（型深）×1m（吃水深度）的趸船为基础，按设备配置方案二的要求，进行对抗 50t 级溢油事故的内河浮式防污设备库的设计，见图 6–2。

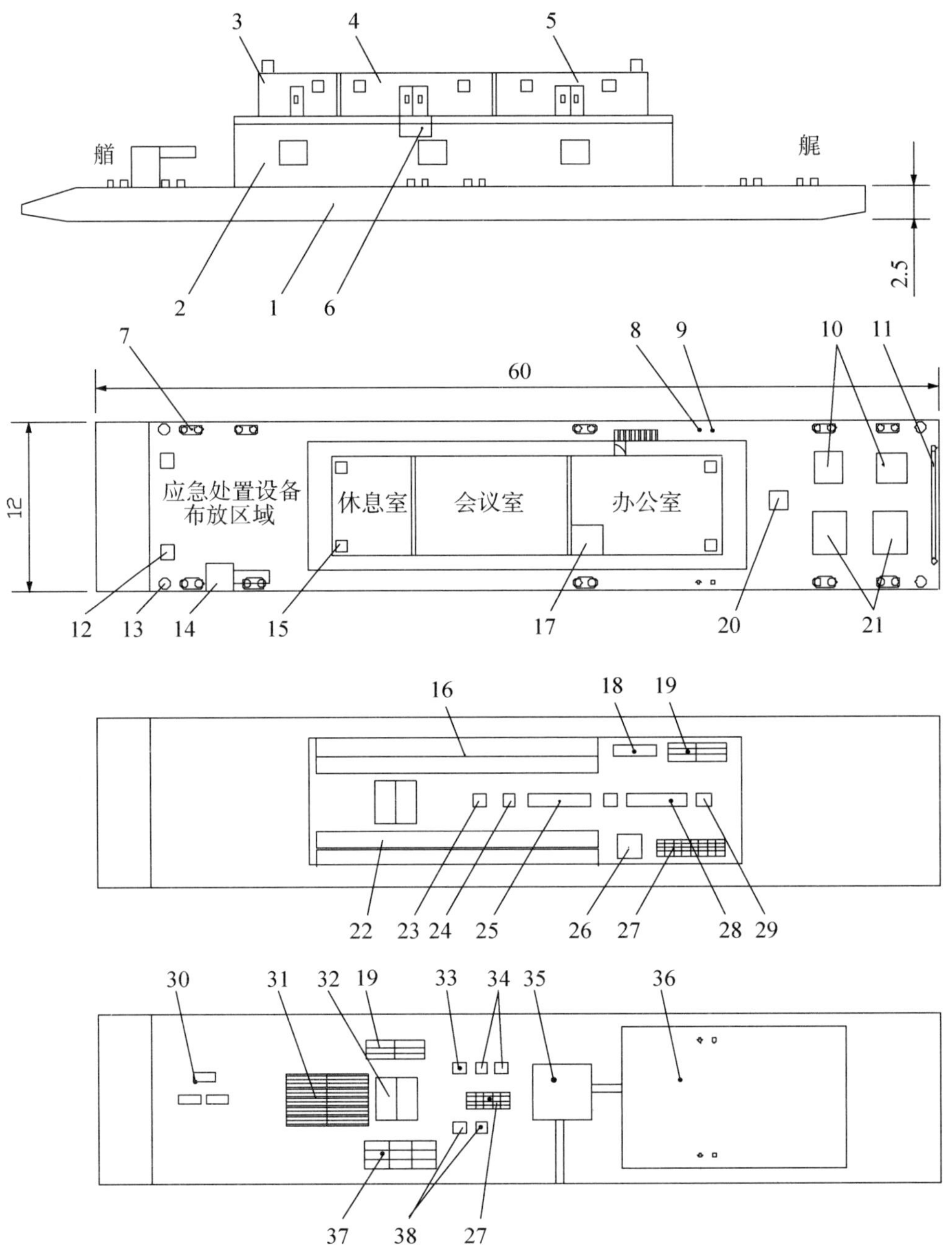

图 6–2　对抗 50t 级溢油事故的内河浮式防污应急设备库设计方案

1– 底舱；2– 设备库房；3– 休息室；4– 会议室；5– 办公室；6– 小型起重机；7– 拖带装备；8– 进油口；9– 出油口；10– 充气式围油栏集装箱；11– 围油栏布放滑轮；12– 卷扬机；13– 锚泊装备；14– 固定式回转起重机；15– 自转式探照灯；16– 岸滩围油栏；17– 网络及通信设备；18– 分散剂及其喷洒装置；19– 浮动油囊；20– 快速布放围油栏动力站；21– 快速布放围油栏集装箱；22– 固定浮子式橡胶围油栏；23– 小型手动托盘搬运车；24– 岩石收油机；25– 中型收油机；26– 岸线清污设备；27– 吸油毡；28– 小型收油机；29– 围油栏清洗装置；30– 柴油发电机组；31– 吸油拖栏；32– 甲板通道；33– 大型卸载泵；34– 中型卸载泵；35– 油水分离设备；36– 储油舱；37– 后勤保障设备；38– 抽油泵

浮式设备库设计的基本原则为：设备库需具备平台承载功能、污染应急处置功能和辅助功能。整体设计方案如下。

①设备库采用钢质、单甲板、单底，全船船体机构使用的板材、型材均采用CCS–A 船用钢材。在船首设计具有一定角度的斜甲板，并设计应急处置设备布放区域，便于设备的快速布放。在船甲板上设计设备库房，材料使用轻钢结构，库房两端采用卷帘门结构，且在库房内设置电气设备及柴油发电机组的控制箱，便于在库房内直接控制各操作系统。库房的顶部安装照明系统、小型起重机及两组工字形导轨，导轨与设备库房通长，起重机可在设备库房内任意位置起吊设备，起重机采用 3t 级别的电动葫芦，主要用于设备库房和底舱内小型应急处置设备的起升和移动。

②在设备库房内的船甲板面上开设 1 个 3m×3m 的甲板通道，用于底舱应急处置设备的起吊和搬运。甲板表面安装 1 台 3t 级别的固定式回转起重机，其臂下高度为 3.5m，用于搬运设备库房内的应急处置设备和吊运收油机下水。在距离船首安装 2 台卷扬机，用于拖带设备库房内的每节 20m 的岸滩围油栏和固定浮子式橡胶围油栏。在甲板两舷设置进油口和出油口，一共两组，均与储油舱相连接，收油机回收的污油通过进油口到达储油舱，储油舱内的油利用抽油泵通过出油口转驳过驳到专用运油船只，进油口、出油口均采用快速接头方式。在两舷设置拖带装备及锚泊装备。

③在船尾布置两套充气式围油栏集装箱、两套快速布放围油栏集装箱及其动力站，充气式围油栏集装箱和快速布放围油栏集装箱分别布置于船体两侧，第二个集装箱放于第一个集装箱后边，中心线对齐，集装箱间距应满足开箱、人员通行和操作的要求。在船尾端部设计围油栏布放滑轮，便于充气式围油栏和快速布放围油栏的下水布放。

④在设备库房内布置浮动油囊、吸油毡、分散剂及其喷洒装置、小型收油机、中型收油机、小型手动托盘搬运车、岸线清污设备、岩石收油机等设备。

⑤在设备库房上设计工作人员休息室、会议室和办公室，办公室内设计布置网络及通信设备，并在休息室、会议室、办公室设计安装 4 组自转式探照灯，用于夜间污染事故的应急与处置。

⑥底舱设计布置柴油发电机组、大型卸载泵、中型卸载泵、抽油泵、吸油拖栏、浮动油囊、吸油毡、后勤保障设备（个人防护装备）、30t 储油舱、20m^3/h 处理能力的油水分离设备。

对抗 50t 级溢油事故的内河浮式防污应急设备库是以趸船为基础，设有设备库房、会议室、办公室和休息室，完全具备设备和人员的平台承载功能。设备库房和底舱内所配置的污染应急处置设备满足污染物卸载、围控、回收、储存、分离及转驳过驳等功能，共同组成了污染物从围控、回收到处理的整个处置过程。设备库配置小型起重设备、卷扬机和小型手动托盘搬运车，实现应急处置设备的快速布放和吊装。底舱安装柴油发电机组，为应急处置设备的布放、吊装和设备库照明提供动力驱动。对抗 50t 级溢油事故的内河浮式防污应急设备库设计方案完全满足设备库平台承载、污染应急处置和辅助三大设计功能。

（2）设备库稳性研究

航区（航段）级别根据航行水域的水文和气象条件，可划分为 A、B、C 三级，其中某些区域依据水流湍急情况，又划分为急流航段，即 J_1、J_2 两级。我国内河水系主要包括长江水系、珠江水系、黑龙江水系、黄河水系、淮海水系、海河水系、钱塘江水系、京杭运河水系及独自入海水系等。各大水系航区级别主要为 B 级和 C 级，极少数水系干线为 A 级航区。以长江水系为例，在不同的流经区域具有不同航区级别，涪陵李渡长江大桥以上为 C 级航区：其中，145m 水位时，自宜宾合江门至涪陵李渡长江大桥为 J_2 级航段，155m 水位时，自宜宾合江门至鱼嘴长江大桥为 J_2 级航段，170m 水位及以上时，自宜宾合江门至重庆马桑溪大桥为 J_2 级航段。自涪陵李渡长江大桥至江阴长江大桥为 B 级航区。自江阴长江大桥至吴淞口，包括横沙岛以内水域，为 A 级航区 [6]。

内河浮式防污应急设备库的承载平台是无自航力的趸船，需拖轮或辅助工作船拖带航行于内河航区。所以，内河浮式防污应急设备库的稳性分析应为趸船停泊和避风两种状态下的稳性分析。

①停泊状态下的稳性。

运行于 A 级、B 级和 C 级航区的设备库停泊状态下的稳性参数主要包括初稳性高度、复原力臂曲线和风压稳性衡准数 K_f。在 J 级航段还应包括急流稳性衡准数 K_J。其具体要求如下。

A．初稳性高度应不小于 0.2m。

B．当设备库运行于 A 级或 B 级航区，其复原力臂曲线应符合下列要求：

a．当最大复原力臂所对应的横倾角 θ_m 或进水角 θ_j 中较小者大于或等于 20° 时，至最大复原力臂所对应的横倾角 θ_m 或进水角 θ_j 或 30° 中较小者的复原力臂曲线下的面积（也可取相应的动稳性力臂 l_d 值）应不小于按式（6–1）计算所得之值 A：

$$A=0.052C_KC_L \tag{6–1}$$

式中：C_K——系数，A 级航区 C_K=1，B 级航区 C_K=0.9；

C_L——系数，按 C_L=0.7+0.15L，当 C_L>1 时，取 C_L=1，L 为趸船长度（m）。

b. 当最大复原力臂所对应的横倾角 θ_m 或进水角 θ_j 中较小者小于 20° 时，至该角度的复原力臂曲线下的面积应不小于按式（6–2）计算所得之值 A：

$$A=C_K[0.052C_L+0.0015(20-\theta)] \tag{6–2}$$

式中：C_K、C_L——同上；

θ——θ_m 或 θ_j，取小者。

c. 运行于 A 级航区的设备库最大复原力臂所对应的横倾角 θ_m 应不小于 15°。

C. 当设备库运行于 A 级、B 级和 C 级航区，其风压稳性衡准数 K_f 应符合下式：

A 级或 B 级航区：

$$K_f=\frac{M_q}{M_f}\geqslant 1 \tag{6–3}$$

或

$$K_f=\frac{l_q}{l_f}\geqslant 1 \tag{6–4}$$

C 级航区：

$$K_f=\frac{M_{q_0}}{M_f}\geqslant 1 \tag{6–5}$$

或

$$K_f=\frac{l_{q_0}}{l_f}\geqslant 1 \tag{6–6}$$

式中：M_q、M_{q_0}——计入摇摆影响的最小倾覆力矩，kN · m；

M_f——风压倾侧力矩，kN · m；

l_q、l_{q_0}——计入摇摆影响的最小倾覆力臂，m；

l_f——风压倾侧力臂，m。

当设备库运行于 A 级或 B 级航区，最小倾覆力矩或力臂应计入横摇的影响，当采用动稳性曲线来确定最小倾覆力矩或力臂时，可用下列方法计算：

将动稳性曲线向 θ 轴负值方向延伸，自原点向 θ 轴负值方向取等于所算得横摇角 θ_1 的一点，经此点向上作 θ 轴的垂直线与动稳性曲线交于 A 点，由 A 点作动稳性曲线中断处的割线或作与动稳性曲线的切线，视割线或切线对应角何者为小，取其较小值。另外，经过 A 点作一直线平行于 θ 轴，自 A 点起，在此直线上量取等于 1rad（57.30°）的一段长度得 B 点，由 B 点向上作 AB 线的垂线，与上述割线（或切线）相交于 C 点，当纵坐标为力矩 M_d 时，线段 BC 即为最小倾覆力臂（图 6–3）。

当设备库运行于 C 级航区或 J 级航段，最小倾覆力矩或力臂不计入横摇的影响，也采用动稳性曲线来确定最小倾覆力矩或力臂时，可用下列方法计算：动稳性曲线可不向 θ 轴负值方向延伸，作图仅在坐标原点右侧进行，其方法同上（图 6–4）。

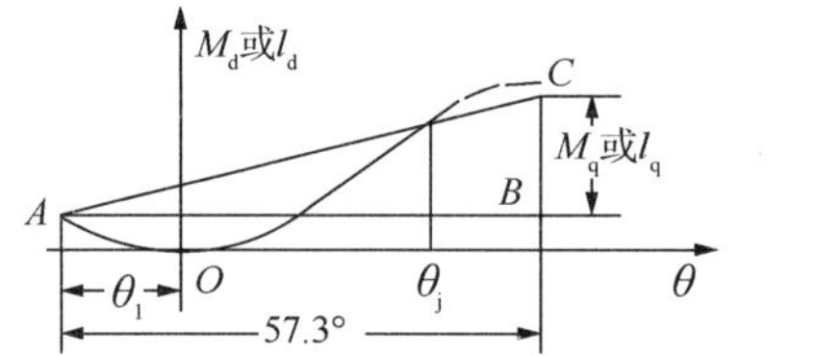

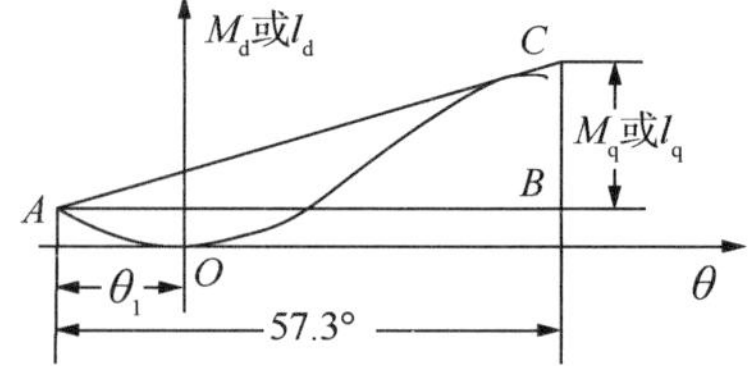

图 6–3　A 级或 B 级航区动稳性曲线

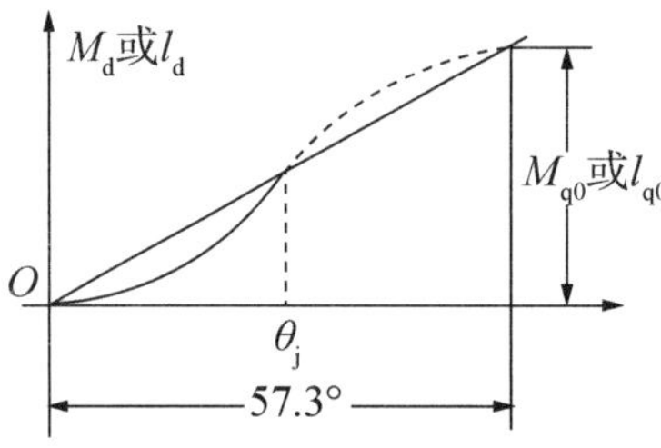

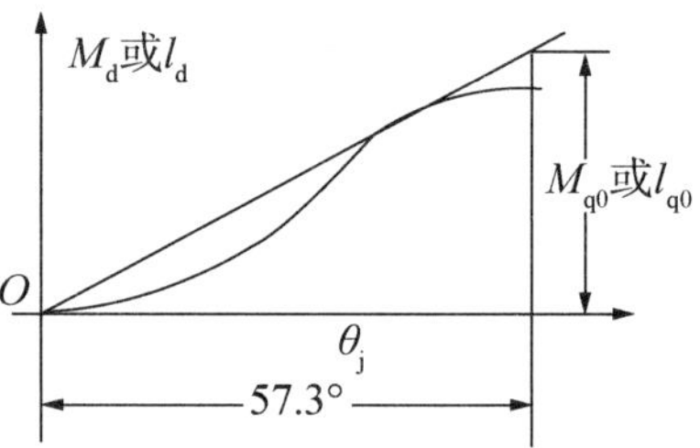

图 6–4　C 级航区或 J 级航段动稳性曲线

D.J 级航段的附加要求。

a. 复原力臂曲线。

当设备库运行于 J 级航段，最大复原力臂所对应的横倾角 θ_m 或进水角 θ_j 或 30° 中较小者的复原力臂曲线下的面积应不小于按式（6–7）计算所得之值 A：

$$A=0.05C_L \tag{6–7}$$

式中：C_L——系数，按 $C_L=0.7+0.15L$，当 $C_L>1$ 时，取 $C_L=1$。

b. 急流稳性衡准数 K_J。

$$K_J=\frac{M_{q_0}}{M_J}\geqslant 1 \tag{6–8}$$

或

$$K_J=\frac{l_{q_0}}{l_J}\geqslant 1 \tag{6–9}$$

式中：M_{q_0}——不计横摇影响的最小倾覆力矩，kN · m；

M_J——水流倾侧力矩，kN · m；

l_{q_0}——不计横摇影响的最小倾覆力臂，m；

l_J——水流倾侧力臂，m。

E. 对于双体趸船承载平台的设备库可不进行初稳性高度和复原力臂曲线分析。

②避风状态下的稳性。

设备库避风状态下的稳性应满足如下关系：

$$GM_1\geqslant\frac{M_f}{0.172\theta_r\Delta} \tag{6–10}$$

式中：GM_1——装载情况下经自由液面修正后的初稳性高度，m；

θ_r——装载情况下设备库的极限静倾角，其值应为0.8倍甲板边缘出水角或0.8倍舷部中点出水角或8°中的最小值；

Δ——装载情况下设备库的排水量，t；

M_f——避风状态下的风压倾侧力矩。

$$M_f=pA_f(Z_f-a_0d)\times10^{-3} \tag{6-11}$$

式中：p——单位计算风压（Pa），A级航区p=1 079，B、C级航区p=666；

A_f——装载情况下设备库的受风面积，m^2；

Z_f——装载情况下设备库受风面积中心至基线的垂直高度，m；

d——装载情况下设备库的型吃水，m；

a_0——风压倾侧力矩修正系数，$a_0=1.4-0.1\frac{B_s}{d}$，B_s为装载情况下设备库的最大水线宽度（m），当$\frac{B_s}{d}\leqslant4$时，取a_0=1，当$\frac{B_s}{d}\geqslant9$时，取a_0=0.5。

（3）设备库干舷分析

内河浮式防污应急设备库的干舷是指在承载平台中两舷自甲板线上缘量至载重水线上缘的垂直距离，平台干舷越大，则储备浮力也越大，平台运行也越安全，但干舷过大会造成不必要的舱容，使得造价增加。因此，应根据平台的具体情况合理设计干舷。

在任何情况下，设备库平台承载量都不应使干舷小于规定的船舶最小干舷，船舶的最小干舷可按式（6–12）计算：

$$F=F_0+f_1+f_2+f_3 \tag{6-12}$$

式中：F_0——船舶的基本干舷，mm；

f_1——型深对干舷的修正值，mm；

f_2——舷弧对干舷的修正值，mm；

f_3——舱口围板高度及舱室门高度对干舷的修正值，mm。

①基本干舷。

由于设备库的干舷甲板（含首、尾升高甲板）上露天部分的设备库房舱口及其他舱口设有风雨密舱盖，所以设备库属于B型船舶，其对应的基本干舷见表6–7。

针对尺寸60m（长）×12m（型宽）×2.5m（型深）×1m（吃水深度）的设备库，其基本干舷F_0=410mm。

②型深对干舷的修正值。

基本干舷值（mm）　　表 6–7

航区级别 航区长度（m）	A 级	B 级	C 级	J_1 级	J_2 级
20	270	260	125	350	300
40	390	340	175	470	470
60	500	410	200	550	400
80	600	460	200	550	500
100	670	485	200	550	500
120 及以上	700	500	200	550	500

设备库长度与型深的比值 $L/D_1 \geqslant 15$，不作干舷修正。若 $L/D_1 < 15$，则应按式（6–13）对干舷进行修正：

$$f_1=60(D_1-L/15) \tag{6-13}$$

式中：D_1——型深，m。

③舷弧对干舷的修正值和舱口围板高度及舱室门槛高度对干舷的修正值可参考《内河船舶法定检验技术规则》（2011）的相关要求。

内河浮式防污应急设备库的干舷可按式（6–14）计算：

$$\bar{F}=1000(D_1-d) \tag{6-14}$$

式中：D_1——型深，m；

d——有关载重线对应的型吃水，m。

综上所述，内河浮式防污应急设备库的干舷要求为：

$$\bar{F} \geqslant F$$

（4）设备库其他主要设计要求

①储油舱的布置及结构。

A. 储油舱应设置于船中部，与柴油发电机组和休息室、会议室、办公室隔开。储油舱的所有开口（测深管、放置手提式泵及软管的舱口）应位于开敞甲板上。

B. 储油舱应在开敞甲板上有适当的开口，供洗舱和除气用，或设置专用的洗舱小舱口。

C. 当储油舱的宽度超过 0.5B（B 为设备库宽度）、长度超过 0.1L（L 为设备库长度）或 10m 时，储油舱应设置制荡舱壁。

②通道与开口。

A. 休息室、会议室、办公室与气体危险区域之间一般不设通道或其他开口。

B. 休息室、会议室、办公室的出入口、通风开口（进口和出口）及其他开口，在设备库经常使用，且不设风雨密闭装置，则其应位于气体危险区域之外。

C. 在甲板溢油处置设备布放及回收区域，泵、传输系统的法兰和其他接头四周应设置舱口围板。

③防火与灭火。

A. 环围休息室、会议室、办公室的上层建筑和甲板室的外部限界面，以及支承休息室、会议室、办公室的任何悬架甲板，其面向气体危险区域的部分和该部分的前或后 3m 之内，应隔热至 A–60 级标准。

B. 在设备库的甲板附近应配备的灭火设备主要包括：2 台干粉灭火器，每台容量至少为 50kg，并应配备输出软管，其长度足以达到溢油处置设备处；1 具泡沫灭火设备，配备的泡沫枪数量应不少于 1 支；2 套消防员装备。

④泵及管路的布置。

A. 为了可携式分离设备的连接，应在甲板上布置 1 个或最多 2 个带有支管的通向储油舱的注入接头。

B. 储油舱应设有 1 个透气管或其他等效的透气装置。

C. 储油舱应安装高液位听觉和视觉报警，其报警装置应为认可型，其报警信号应在驾驶室和控制室显示。

D. 用于溢油回收的泵和管系应独立于其他的泵和管路系统。

⑤可燃气体检测与报警系统。

A. 为了防爆，设备库应装设固定式气体检测系统，而且该系统应在休息室、会议室和办公室或其他合适部位设置听觉和视觉报警。

B. 检测点可根据具体情况进行设定，一般可位于通风管进气口附近、气闸及主甲板上（至少在船首和船尾各设 1 个）。

C. 设备库至少还应配备 1 套可携式气体测爆仪。

⑥气体危险区域中的电气设备。

A. 储油舱是设备库的重要组成部分，是溢油连续或长时间存放的空间。根据《内河船舶法定检验技术规则》中关于浮油回收船储油舱气体危险区域的定义可知，设备库的气体危险区域可分为两类：

0 类危险区域，即可燃气体、爆炸性气体、蒸气与空气混合物连续或长时间存在的区域；

1 类危险区域，即可燃气体、爆炸性气体、蒸气与空气混合物在正常作业中可能出现的区域。

在上述气体危险区域中，仅可使用的电气设备类型见表 6–8。

B. 电源插座应具有联锁功能，以确保当插座有电时，不能插入或拔出插头。电源插座应作为一个独立的最后分路，应采用能同时分断所有绝缘极的断路器作为过载和短路保护。至电源插座的馈电电缆应固定安装，电源插座应布置在易于到达之处，并确保软电缆不会穿过甲板和设备库房之间的门或舷窗。

气体危险区域可使用的电气设备类型　　表 6–8

<table>
<tr><th>危险区域类别</th><th>电 气 设 备 类 型</th><th>电　缆</th></tr>
<tr><td>0</td><td>本质安全型 Ex"ia"</td><td>该区域中本质安全型设备的有关电缆</td></tr>
<tr><td rowspan="5">1</td><td>本质安全型 Ex"ia"、Ex"ib"</td><td rowspan="5">该区域中设备的有关电缆、路过电缆</td></tr>
<tr><td>隔爆型 Ex"d"</td></tr>
<tr><td>增安型 Ex"e"</td></tr>
<tr><td>正压型 Ex"p"</td></tr>
<tr><td>充砂型 Ex"q"
浇封型 Ex"m"</td></tr>
</table>

⑦内河浮式防污应急设备库的设计建设还应符合《内河船舶法定检验技术规则》等相关规定。

6.3　内河浮式防污应急设备库的应用

污染应急与处置技术及对策是针对污染事故的不同阶段，为尽可能预防和减缓其不利影响，而需要采取的各类适当而有效的应对措施，主要包括以下方面。

①在污染事故发生之前，进行系统科学的污染损害风险评估，制定并完善相应等级的污染应急预案，配备污染遥感监视监测设备和适当数量的污染应急处置装备；完善污染应急预警与处置机制，一方面尽可能降低污染事故发生概率，另一方面积极做好应急准备，一旦发生事故，能够有效地减小污染损害程度。

②在发生污染事故时，根据相应预案启动污染应急反应，进行应急反应决策和开展应急处置与清污行动，包括：快速封堵污染源，对水上污染的位置、范围、漂移趋势等进行实时监视监测，协助污染清污计划的制订与执行，快速及时地对水上污染进行围控、回收、处理、储存及运输等，有效控制事故范围，最大限度降低事故损失。

③在污染事故处置后，对事发地点及周边水域进行日常遥感监视监测与巡航，及时发现并清除残余污染物，开展合理有效的评估，包括污染损害评估和生态环境影响评价，及时开展生态环境修复及损害赔偿等工作，总结事故防范技术、对策、装备等的作用和不足，完善相应的体制、机制、预案、技术、装备、科研、教育、培训、演练以及相关标准、法规等，以提升后续事故防范和应急处置的效率和水平。

综上所述，快速及时地对水上污染进行围控、回收、处理是污染应急与处置技术及对策最为关键的环节之一，是减少污染事故危害的重要手段，对有效实施污染应急反应极其重要。

根据内河浮式防污应急设备库的污染应急处置功能要求，配备围油栏作为污染围控设备，配备卸载泵、收油机、吸油毡、吸油拖栏和收油网作为污染回收设备，配备轻便储油罐、浮动油囊、油水分离器和转驳过驳设备作为污染处理设备。

6.3.1　围控技术

围油栏是处理污染事故中一种常用的围控设备，污染事故发生后，布放围油栏进行污染物拦截和围控，防止污染物进一步漂移和扩散。

国际海事组织（IMO）制订的《溢油应急培训示范教程》，将围油栏分为三类，即帘式围油栏、栅栏式围油栏和岸滩式围油栏。内河浮式防污应急设备库配置方案中的充气式围油栏和固体浮子式围油栏属于帘式围油栏，而快速布放围油栏则属于栅栏式围油栏。

（1）围油栏的连接技术

作为污染应急处置的内河浮式防污应急设备库，到达事故现场后，围油栏的连接主要包括围油栏之间的连接和围油栏与设备库之间的连接。

由于固定浮子式围油栏和岸滩围油栏均为 20m 一节，形成 100m 长的围油栏需连接 5 节。两节围油栏之间通过两个快卸销和插销将两对钩接头上部和中部固定在一起，以达到围油栏要求的长度。围油栏下水后，还需采用磁铁式连接器将围油栏连接于船体上。设备库工作人员根据设备库吃水高度，手工调整围油栏的实际高度，达到围控污染物的目的。

一套集装箱式充气式围油栏（200m 长）和快速布放围油栏（200m 长），整体固定于集装箱内的卷绕架上，围油栏内部无须连接。在内河浮式防污应急设备库设计方案中，第二个集装箱放在第一个集装箱后边，中心线对齐，当第一个集装箱围油栏全部从卷绕辊上放下后，继续使卷绕绳放下，直到末端铰链接头放到甲板上，用一根固定绳和卸扣将围油栏端部的配重链拉在集装箱框架上或其他系固点；继续放下卷绕绳，使围油栏被固定绳拉紧，卷绕绳松弛；再将卷绕绳与围油栏末端的对钩接头脱离；将第一个集装箱上的液压胶管换接到第二个集装箱上，用 2 根绳系在第二个集装箱围油栏的端部，并将 2 根绳在第一个集装箱卷绕辊和前导辊的上方穿过第一个集装箱；操纵动力站，驱动后面集装箱的围油栏卷开，用人工将围油栏端部通过第一个集装箱卷筒和滚轮的上方放到甲板上，直到 2 个铰链接头相接；用连接销将 2 个铰链接头连在一起；当第二个集装箱的围油栏离开卷绕棍，端部将固定于一侧船舷的绞缆桩上。

（2）围油栏的布放技术

不同种类的围油栏，其布放技术也不同。固体浮子式围油栏和岸滩围油栏布放技术基本相似。两者布放前，均先整理裙体，避免扭曲和缠结，整理后用人工辅助由拖船缓慢把围油栏拖送布放，确保围油栏布放流畅，不同之处在于岸滩围油栏需在布放过程中进行栏体的充气和注水。防火围油栏布放时，先连接围油栏储存架中间两段围油栏的接头，再利用起重设备将存有围油栏的存储架吊放（半沉）至水中，解开存储架两端的缆绳，将已漂在水面的防火围油栏从存储架端部（横向放置的那端，连接好拖头后）牵出下水。充气式围油栏和快速布放式围油栏均为集装箱化，内部配置液压绞盘，由液压绞盘驱动卷绕机转动，将围油栏导出，实现围油栏的布放。两者不同之处在于充气式围油栏需在布放过程中进行栏体的充气。

（3）围油栏的围控布设

围油栏对污染物的围控、导流和防范作用，要通过适当的围控布设来实现。根据内河浮式防污应急设备库是否与其他船舶配合实施围油栏的围控布设，可将基于设备库的围油栏围控布设方式分为设备库独立围控布设、单船辅助围控布设和双船辅助围控布设。设备库独立围控布设是将围油栏分别与设备库和伸出臂的顶端连接，形成“V”形设备库独立围控布设。“V”形一侧围油栏长度通常从10m到50m不等。此种方式只能形成一个污染物回收区，因此只需将收油机或其他回收设备布置于“V”形底部。单船辅助围控布设通常是由一艘拖船配合设备库实施围油栏的围控布设，形成“J”形布设。设备库作为主体，用于固定围油栏的较短一端，拖船用于固定围油栏的较长一端，围油栏尽可能紧靠在设备库的一侧，以便于收油机或其他回收设备的操作。双船辅助围控布设则是设备库在两艘拖船的配合下形成“U”形布设。围油栏的两端分别固定于两艘拖船上，设备库始终处于“U”形的底部，利用回收设备进行污染物回收作业。

6.3.2 回收技术

不同水域环境和不同种类污染物应运用不同的污染物回收技术及设备，只有在其适用范围内工作，才能充分发挥和提高其回收速率和回收效率。因此，在污染应急处置中，要根据污染事故发生地点、水文条件、污染物种类及其泄漏量等因素，运用适宜的污染物回收技术及设备。

目前，应用较为广泛的回收技术及设备主要包括收油机、吸油毡、吸油拖栏、卸载泵等，其中又以收油机为主。内河广泛使用的收油机技术主要为盘式、刷式、堰式、带式和真空式。表6–9为5种收油机的技术性能对比。

收油机的技术性能对比　　表 6–9

收油机类型		盘式收油机	刷式收油机	堰式收油机	带式收油机		真空式收油机
					下行带式	上行带式	
回收效率		高	高	低	高	高	中
回收速率		低	低	高	高	中	低
彻底性效率		低	中	低	高	高	中
行进速度		0	0	0	0 ~ 5kn	1kn	0
适合水域	开敞	▲	▲	▲	▲	▲	
	浅水	▲		▲			▲
	岸滩						▲
适合油品	高黏度油		▲		▲		
	中黏度油	▲		▲	▲	▲	▲
	低黏度油	▲		▲	▲		▲
对油层厚度的敏感度		高	高	高	低	中	高
对水面漂浮物的敏感度		中	中	高	低	低	低
对水流的敏感度		中	中	高	低	低	中
适波性		中	中	差	好	好	差
布放方便性		中	中	差	中	好	好
结构复杂性		低	中	中	高	高	低
维护性		中	中	中	高	高	好

注：1kn=1.852km/h。

堰式、盘式、刷式收油机具有价格低廉、结构简单、维护性好、耐用性好、运输方便、布放简易、占地面积小等优点，但较堰式收油机，盘式和刷式收油机具有更好的适波性和操作性，堰式、盘式、刷式收油机在内河沿岸应急设备库中均有配备。真空式收油机回收的油水混合物中含水量较大，在现场储油能力较小时应避免使用，可应对水上少量的小块漂浮垃圾，但在有水流的情况下应避免使用。与堰式、盘式、刷式收油机相比，带式收油机具有受波浪的影响更小，对油层厚度不敏感，对油的种类不敏感等优点，但其存在价格昂贵、结构复杂、操作烦琐、维护性差、不易运输和布放、占地面积大等诸多缺点，在我国内河沿岸小型应急设备库内配备较少，而在沿海大中型应急设备库中有一定数量的配备。

为充分利用设备库布置空间，增大污染防治设备的配置数量，提高设备现场布放和污染物回收的快速性，内河浮式防污应急设备库应主要配置反应速度快、占用面积小、操作简单的盘式和刷式收油机，堰式和带式收油机辅之。

6.3.3　处理技术

在内河浮式防污应急设备库的空舱内设计储油舱，用于污染事故现场回收污染物的临时储存。储油舱需具备防火防爆和油水分界定位功能。针对我国内河污染回收效率较低的现状，浮式设备库配置了与储油舱相连共同工作的油水分离器，以提高储油舱的储油能力。

在污染物回收作业过程中，通过收油机和输油管道回收至储油舱的油水混合物可能是浮油、分散油、乳化油和溶解油中的一种或多种。考虑设备库内空间有限、电源容量不足，根据各种油水分离设备的特点，可综合应用重力分离法和膜分离法。利用设备库内的储油舱作为油水混合物的重力分离装置，将油水混合物进行初步分离，油水分层，上层为油珠粒径较大的浮油，下层为含水量较大的油水混合物（此油水混合物主要为分散油、乳化油和溶解油）；再将下层油水混合物抽取输送至膜分离装置，进行下层油水混合物的分离；分离后的油直接输送回储油舱内，而分离后的水则直接外排。储油舱设计有两组进出油口，一组进出油口与油水分离器相连，而另一组进出油口的进油口与污染回收设备相连，出油口则与卸载泵相连；与油水分离器进油口相连的储油舱出油口设置于储油舱底部，利用储油舱重力油水分离的原理，根据储油舱内油水分界面，将储油舱底部的含油量较小的油水混合物抽吸至膜分离装置内进行油水分离。分离出的油分再通过膜分离装置的出油口输送回储油舱的进油口，而水分（符合国家直接外排的标准）则直接外排，从而减小储油舱内水分所占容积，提高储油舱的储油能力。

储油舱作为油水混合物的重力分离装置，提高了设备库空间利用率，且重力分离和膜分离的能耗小、费用低、操作简单。所以，内河浮式防污应急设备库综合应用重力分离法和膜分离法，可保证在一定处理能力的条件下具有较好的处理效果。

6.3.4 围控、回收和处理集成技术

内河污染事故应急处置是内河生态与环境保护领域面临的重要问题。污染物围控、回收和处置集成技术是采用事故现场的污染物快速围控技术、快速回收技术、油水分离处理技术及污染物临时储存与运输的系统集成化处置工艺，可有效提高污染事故应急处置效率。污染物事故处置具体工艺流程见图 6–5。

在内河发生污染事故后，内河浮式防污应急设备库在第一时间内快速地由拖轮拖带至污染事故发生现场，根据污染事故状况及严重程度，在设备库拖带至现场的过程中将设备库内的应急设备吊运出库房，并进行必要的布放前期准备工作。在设备库到达及锚定于污染事故发生点附近后，综合应用围油栏连接和布放技术，配合设备库和围油栏拖船快速布放围油栏，以形成“V”“U”或“J”形围油栏布设形状。

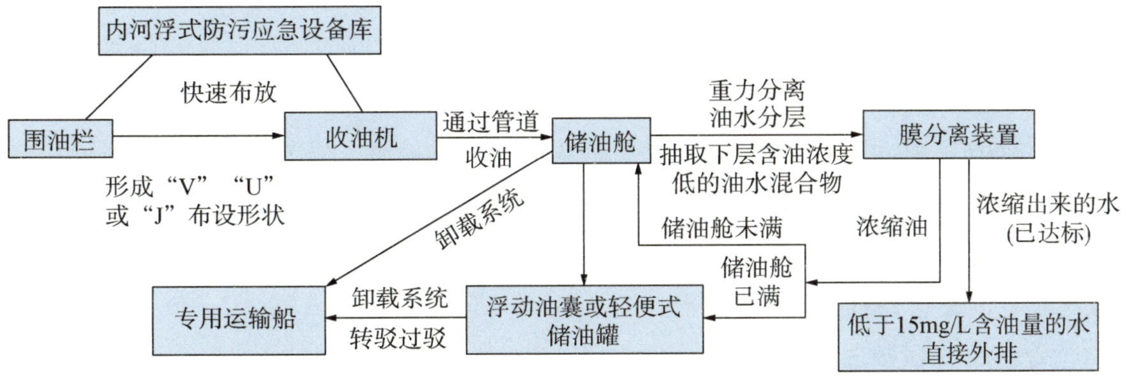

图 6–5　污染物围控、回收和处置集成技术与工艺流程

与围油栏布放同步进行的是将收油机快速搬运或吊运出库房至浮式设备库的设备布放区域，并做好收油机下水前的准备工作，如管道连接是否牢固，泵是否运行正常等。在围油栏布设完毕后，利用浮式设备库的起重设备将收油机吊运至布设形状的底部（污染物聚集区域）。根据污染物厚度，调节收油机输油泵转速，提高回收效率。

收油机所回收的油水混合物通过输油管道进入储油舱。油水混合物在储油舱内通过重力分离，将油水混合物进行初步分离，油水分层，上层为油珠粒径较大的浮油，下层为含水量较大的油水混合物；再将下层油水混合物抽取输送至膜分离装置,进行下层油水混合物的分离。分离后的浓缩油输送至储油舱（储油舱未满）或浮动油囊及轻便式储油罐（储油舱已满）内，而分离后的水则直接外排。最后通过设备库内卸载系统将储油舱、浮动油囊及轻便式储油罐内污染物移驳过驳至专用运输船上。

6.3.5　依托工程和应用

内河浮式防污应急设备库依托工程建设于三峡库区重庆巫山辖段，以 30m（长）×7m（宽）无自航能力的趸船为承载平台，并依据内河浮式防污应急设备库的平台承载功能、污染应急处置功能和辅助功能，进行船体的整体改造及设备配置，用于三峡库区相关水域溢油污染物的应急处置。

（1）船体改造

①趸船结构及主要参数：

总长 L=30.0m；

型宽 B=7.0m；

型深 D=1.5m；

设计吃水 0.8m；

排水量 278t；

肋距 0.6m。

主船体采用钢质、单甲板、单底，设 4 道水密横舱壁，分为尾舱（#0 ~ #13，放置锚链）、空舱（#13 ~ #25,）、空舱（#25 ~ #37，设有舱底泵等设备）首舱（#37 ~ #50，放置锚链）。主船体主甲板上首尾布置锚泊设备，主甲板两侧为外走道，设有栏杆及带缆桩。

②建设内容和总体布置。

内河浮式防污应急设备库的建设内容主要包括主体部分、上层建筑、电气改造、轮机改造和船体其他改造。总体建设改造（图 6–6）主要包括如下 3 个部分：

A. 主甲板及上层甲板调整。

原来的顶层甲板及遮阳蓬取消，上甲板作为顶蓬甲板保留，上甲板的 4 艉部不作变动，艏部缩短，层高提高，主甲板至顶蓬甲板层高增至 3.40 ~ 3.50m。

主甲板横舱壁打通，在 #8 ~ #13 左右设纵壁，作为岸电间、卫生间、充放电间分隔壁（具体以实际为准，中途有可能改造过），其余原舱壁打通作为设备库舱。

主甲板艉部至艏部具体布置如下。

a. 布有艉锚泊系泊区、岸电间、下泵舱梯口、卫生间、充放电间、设备库舱、艏部施放作业区等，艏部设有 1 台吊机，方便除围油栏外的清污设备吊运入水。

b. 艉～ #8，艉部锚泊系泊区基本维持不变，原布置于中间的 30kN 系缆绞盘、带缆桩、锚链、铡刀制链器、导链滚轮仍维持不变，以方便作业。

c. #8 ~ #13，布置岸电间、下泵舱梯口、卫生间、充放电间等。

d. #8 ~ #40，布置设备库舱。设备布置原则基于三点：一是考虑左右重量尽量均衡；二是中间留有通道和空间，便于运输；三是满足运输和起吊要求。左侧从艉至艏依次布置卸载泵动力站、卸载泵、喷洒装置、中型收油机动力站、中型收油机撇油器、小型收油机动力站、小型收油机撇油器、小型收油机输油泵等；右侧从艉至艏依次布置浮动油囊充气机、收油网、吸油毡、吸油拖栏、浮动油囊、柔性快速布放围油栏、围油栏动力站等。设备库舱布置应预留一定空间，便于未来使用调整。设备库舱配置 DF30 液压手动搬运车，运载重量可达 3t。

e. 设备库舱艏部设卷帘门，艉部设双扇铝合金移门，左右两侧各设 1 套双扇铝合金移门，以方便物件从艏艉和两侧进出。

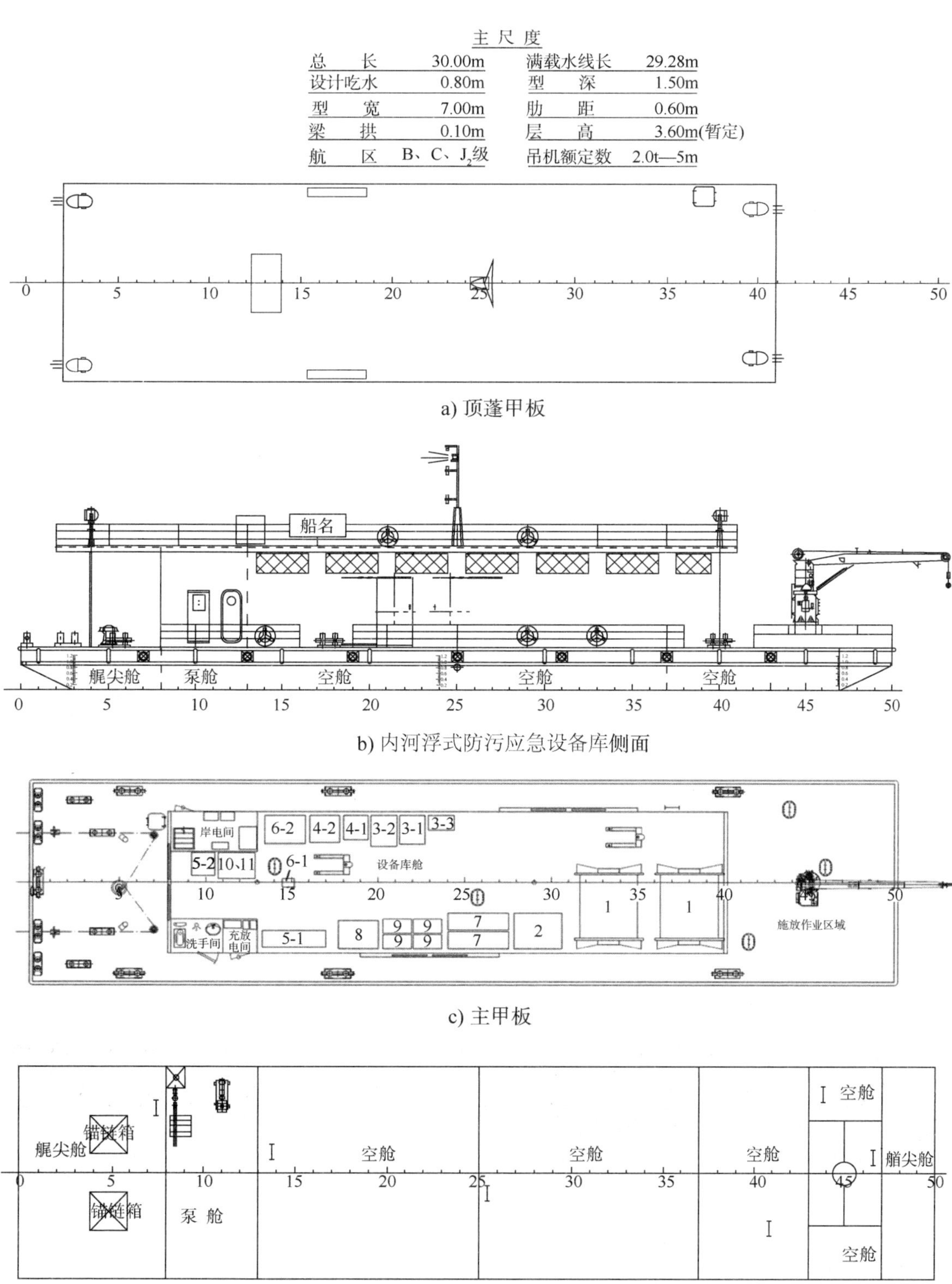

a) 顶蓬甲板

b) 内河浮式防污应急设备库侧面

c) 主甲板

d) 底舱

图 6–6　内河浮式防污应急设备库总布置

注：c）主甲板 1 ～ 11 区域布置的设备名称见表 6–10。

f.#40 ~艏，原艏部锚泊系泊区功能改为施放作业区域，重新考虑系缆设置。原人力系缆绞盘取消，相应导链轮、铡刀制链器、锚链舱取消，带缆桩作相应调整，移位至 #40 左右两侧，以便于拖带；主甲艏部 #45 增设 1 台全回转液压吊机。

g.艉部锚泊系泊区功能改为施放作业区域，主甲艉部 #5 增设 1 台配置 SWL 2.0t—5.0m 全回转液压起重机，可以满足除快速布放围油栏以外的设备转运或下水清污设备吊装要求。

B.舱底。

原舱底布置不做大的调整，按相关要求适当分隔，增加艏部 #8 和艉部 #43、#47 等 3 道横舱壁，设置泵舱，配有 1 台消防泵兼舱底泵，铺设全船消防和舱底水管系，江水箱等设在泵舱。

从艉~艏依次布置：

#0 ~ #8，艉尖舱；

#8 ~ #13，泵舱；

#13 ~ #25，空舱；

#25 ~ #37，空舱；

#37 ~ #43，空舱；

#43 ~ #47，空舱；

#47 ~ #50，艏尖舱。

在空舱建设储油仓，用于临时储存溢油事故现场回收的溢油。储油仓应具备防火防爆功能。根据储油仓的储存容积及卸载过驳速率，配置相应传输容量的传输泵及输送管道。

C.顶蓬甲板。

艏艉分别设有探照灯、工作灯，用于作业照明，增设日用生活水箱。原船船名、桅杆、航行灯及信号灯尽量继续利用。

内河浮式防污应急设备库实物见图 6–7。

图 6–7　内河浮式防污应急设备库实物

（2）应急处置设备配置（表6–10）

内河浮式防污应急设备库防污设备配置　　表6–10

<table>
<tr><th>序　号</th><th colspan="3">名　　称</th><th>规格／型号</th><th>数　量</th></tr>
<tr><td>1</td><td colspan="3">柔性快速布放围油栏</td><td>WGU1000R</td><td>2套</td></tr>
<tr><td>2</td><td colspan="3">围油栏动力站</td><td>PK1650C2</td><td>1套</td></tr>
<tr><td rowspan="3">3</td><td rowspan="3">小型收油机</td><td>3–1</td><td>撇油器</td><td rowspan="3">Canadyne Model 1218/1</td><td rowspan="3">1套</td></tr>
<tr><td>3–2</td><td>输油泵</td></tr>
<tr><td>3–3</td><td>动力站</td></tr>
<tr><td rowspan="2">4</td><td rowspan="2">中型收油机</td><td>4–1</td><td>撇油器</td><td rowspan="2">SLICKDISC MK13</td><td rowspan="2">1套</td></tr>
<tr><td>4–2</td><td>动力站</td></tr>
<tr><td rowspan="2">5</td><td rowspan="2">浮动油囊</td><td>5–1</td><td>浮动油囊</td><td rowspan="2">FN6</td><td rowspan="2">1套</td></tr>
<tr><td>5–2</td><td>充气机</td></tr>
<tr><td rowspan="2">6</td><td rowspan="2">卸载泵</td><td>6–1</td><td>卸载泵</td><td rowspan="2">TDS200</td><td rowspan="2">1套</td></tr>
<tr><td>6–2</td><td>动力站</td></tr>
<tr><td>7</td><td colspan="3">吸油拖栏</td><td>XTL–Y220</td><td>6套</td></tr>
<tr><td>8</td><td colspan="3">收油网</td><td>SW3</td><td>1套</td></tr>
<tr><td>9</td><td colspan="3">吸油毡</td><td>PP–1</td><td>64kg</td></tr>
<tr><td>10</td><td colspan="3">溢油分散剂</td><td>GM2</td><td>1t</td></tr>
<tr><td>11</td><td colspan="3">喷洒装置</td><td>PSC60S</td><td>1套</td></tr>
</table>

6.3.6　使用指南和保养维修规定

（1）使用指南

以内河浮式防污应急设备库应对小型溢油污染事故为例，阐述设备库的使用方式。

①溢油应急预案启动。

溢油应急反应指挥中心接到溢油污染事故报告后，迅速收集事故和环境条件的有关信息，通过运行事故模拟预测与预警模型系统，预报事故源火灾爆炸趋势、溢油扩散轨迹和归宿，分析保护目标受威胁或危害的范围和程度，由溢油应急反应指挥中心发出有关环境危害、人员疏散、敏感资源防护、开展事故救援的预警信息，并决定启动溢油应急预案，指令现场指挥派遣各行动组现场施救。

②溢油应急处置。

溢油应急反应指挥中心调配具备拖带内河浮式防污应急设备库能力的拖轮将设备库快速拖带到溢油事故发生现场，根据溢油事故初步评估结果。在拖带过程中将浮式防污应急设备库内的溢油应急设备吊运出库舱，并进行必要的布放前期准备工作。

设备库到达事故现场后，可作为溢油应急设备作业综合服务平台，也作为溢油应急指挥平台，具体承担整个溢油应急方案的实施，其溢油应急处置主要包括以下 4 个步骤。

A．围控过驳。

围控过驳时，使用围油栏对事故溢油水域进行围控，围油栏存储于特定规格的集装箱内；使用卸载泵对事故船进行过驳（将事故船舶剩余的油料驳出）；利用液压手动搬运车将卸载泵、动力站及其相关附件搬运出设备库舱，放置于设备库船尾的溢油应急设备布放区域；对卸载泵进行必要的装配和连接。

B．水上清油。

水上清油时，使用收油机、吸油毡、吸油拖栏、收油网、分散剂等对水上溢油进行清除；利用液压手动搬运车将小型收油机、中型收油机及其相关输油泵和动力站搬运出设备库舱，放置于设备库船尾的溢油应急设备布放区域，然后将收油机、输油泵和动力站进行必要的装配和连接，再利用液压回转起重机将装配完成的收油机吊入设备库船尾后方水中，启动收油机进行收油。

针对水面上乳化的溢油、受垃圾污染的溢油和高黏度溢油，用收油机难以回收，而收油网则可以达到较好的收油效果。在此过程中，先利用液压手动搬运车将收油网整包搬运出设备库舱，放置于设备库船尾的溢油应急设备布放区域，进行收油网的网口架、引领网和集油网的装配和连接，再将收油网吊入水中，由拖船拖带前行。

在收油机和收油网收油之后，溢油水域还有很薄的油层，此时利用适合于吸附很薄油层的吸油毡和吸油拖栏进行溢油回收。在此过程中，利用液压手动搬运车或人工将吸油毡和吸油拖栏整包搬运出设备库舱，吸油毡可直接投放在溢油上，且加以人工搅动以便吸油量最大，而吸油拖栏则需拖船拖带，横扫水面清除溢油。

针对水上很薄的油膜，吸附材料也无法处理时，可使用溢油分散剂和凝油剂，使溢油分散或聚集增厚或凝固，改变溢油在水环境中存在的形态。由于分散剂和凝油剂为桶装形式，可通过人工搬运出设备库舱，再利用液压手动搬运车将喷洒装置搬运出设备库舱，两者均布置于设备库船尾的溢油应急设备布放区域。

C．储油仓存油转过驳。

当设备库上的储油仓储油量已接近最大值时，收油机停止工作，利用输油管道将储油仓的出油口、卸载泵、油污运输专用船只的进油口快速顺序连接，启动卸载泵，将储油仓内回收的溢油转过驳到油污运输专用船只上。将回收油污运输至码头或可供设备上库的岸边，再利用一定数量的油罐车或油槽车对回收油污进行陆上转运。

D. 溢油应急设备的清洗。

溢油事故处理后，将与溢油直接接触过的应急设备重新回收到设备库船尾的溢油应急设备布放区域，运输至陆上固定设备库专用的设备清洗场地，进行溢油应急设备的全面清洗和保养，之后再将设备重新入库于浮式设备库，以备下次溢油应急处置使用。与溢油无接触的应急设备则利用相关搬运设备或人工搬运回原设备布置点，再加以固定。

③后期评估与赔偿。

溢油污染事故处置完毕后，溢油应急反应指挥中心对事故造成的损伤、损害等情况进行全面的取证和评估，组织溢油事故善后的人员安置及补偿、征用物资补偿、灾后重建、油样收集、清理与处理等事项，尽快消除事故影响，妥善安置受害及受影响人员，保证社会稳定，尽快恢复正常秩序。

（2）保养维修规定

①溢油应急设备由受托保管单位进行保管及维修，按照“保修并重，预防为主”的方针，根据作业环境和保养周期强制保养。对应急设备必须做到技术状态良好、附件齐全，放净存水、涂油防锈、防腐。在应急行动中使用过的设备必须进行全面的检修和保养，确保设备良好的状态，以备下次行动使用。

②受托保管单位应定期组织有关人员对运转的设备进行技术状况的检查，以便按“清洁、紧固、调整、润滑、防腐”要求，及时进行保养和维修。

③要坚持月度、季度、年度三级设备保养制度。设备管理者根据不同设备的维护保养标准，制订完善的月度、季度、年度设备维护保养计划。按计划，每月组织对设备的日常维护和保养，每年组织一次或几次对设备的集中保养，主要解决设备保养和检修中的疑难问题，并做好相关记录。

7 船舶污染赔偿概况

航运业是高风险行业，内河船舶发生污染事故的风险较高。本章通过对国内外现有船舶损害赔偿机制进行研究和分析，对不同赔偿机制进行对比评价，寻找适合我国具体情况的内河船舶污染赔偿的机制模式和建立方法。

国际海事组织和成员国通过《1969 年国际油污损害民事责任公约》（简称《CLC 公约》）、《1971 年国际油污损害赔偿基金公约》（简称《FUND 公约》）与《2001 国际燃油污染损害民事责任公约》（简称《BUNKER 公约》）等，建立了一个较为完善的船舶污染损害民事责任与赔偿的国际法律制度体系。该机制已被国际上大多数国家接受和实施[40]。但由于法规的限制，适用于沿海的法规制度不能为内河使用，而针对我国内河船舶的污染损害赔偿机制尚未建立，内河船舶污染事故风险不能得到良好的缓冲。近年来，我国相关部门尝试用“责任险”的方式，引进市场力量加强对企业环境行为监管，同时分担和降低企业风险，保障污染受害人的合法权益。2015 年实施的《中华人民共和国环境保护法》第五十二条规定：“国家鼓励投保环境污染责任保险。”2013 年环境保护部与中国保险监督管理委员会联合发布文件《关于开展环境污染强制责任保险试点工作的指导意见》（环发〔2013〕10 号）。从以上法规和文件的颁布可以看出，我国政府对环境污染责任保险方面的制度建设和市场建设相当重视。

7.1 国际现行赔偿机制

国际海事组织制订一系列船舶污染损害赔偿的国际公约，通过公约建立了一套完整的船舶污染损害赔偿机制，船舶类型涵盖油轮、非油轮，污染损害包括油类物质和其他有毒有害物质泄漏造成的损害，赔偿范围包括由于油类和有毒有害物质泄漏引起的人身、财产、环境的损害。

7.1.1 由《CLC 公约》和《FUND 公约》构成的损害赔偿机制

（1）适用于运输油类的船舶油污损害赔偿的国际公约

IMO 制订的有关运输油类船舶（主要指油轮）油污损害赔偿的公约有《1969

年国际油污损害民事责任公约》(简称《CLC 公约》)及其 1992 年议定书和《1971 年国际油污损害赔偿基金公约》(简称《FUND 公约》)及其 1992 年议定书。

《CLC 公约》规定，为了使受害人得到充分的补偿，船舶所有人可以选择实行强制保险制度或财务保证制度；在缔约国登记的载运 2 000 总吨以上散装货油船舶的所有人必须进行保险或取得其财务保证；缔约国的有关当局在确信上述要求已获得满足之后，应向每艘船舶颁发一份证书，证明保险或其他财务担保根据该公约的规定确属有效[41]。

(2)适用于非运输油类的船舶燃油污染损害赔偿的国际公约

依据《BUNKER 公约》，1 000 总吨以上的外国籍船舶，必须持有缔约国主管机关或其授权机构签发的“燃油污染损害民事责任保险或其他财务保证证书”(简称证书)后，才准进出我国港口；1 000 总吨以上的中国籍国际航行船舶和 1 000 总吨以上的沿海运输船舶必须持有直属海事局签发的证书。适用于《1992 年国际油污损害民事责任公约》的船舶(即载运持久性油类的船舶)不需要持有上述证书。

1 000 总吨以上的中国籍国际航行船舶和沿海运输船舶必须进行保险或取得其他财务保证。沿海运输船舶的保险金额不得低于《中华人民共和国海商法》规定的有关船舶民事责任限额。国际航行船舶的保险金额根据所经营的航线和所到达缔约国的法律规定投保相应的保险，以保障不会因违反缔约国的法律规定而被拒绝进港或滞留，但最低不得低于《中华人民共和国海商法》规定的有关船舶民事责任限额。

《CLC 公约》《FUND 公约》《BUNKER 公约》等一起构成一个较为完善的船舶污染损害民事责任与赔偿的国际法律制度体系，该机制已被国际上大多数国家接受和实施。到 2014 年年底，已有 134 个国家加入了《CLC 公约》，114 个国家加入了《FUND 公约》,几乎囊括了所有的石油进出口大国。我国已加入《CLC1992 公约》和《FUND1992 公约》(后者仅限于我国香港特别行政区)。

这个机制是限制赔偿责任的国际公约。一方面，《CLC 公约》《FUND 公约》通过逐步提高赔偿责任限额保护受害人的利益，另一方面，从“适当的赔偿”和公约制订的船舶责任限制表明，赔偿是有限度的，油轮船东都是在法定的限额内承担责任,除非船东丧失责任限制。随着世界经济的发展和索赔需求的提高,《CLC 公约》、《FUND 公约》前后三次提高了赔偿限额，并建立第三层赔偿机制，已经基本能使事故受害人得到比较充分的赔偿。

(3)适用于有毒有害物质的船舶污染损害赔偿的国际公约

为了解决有毒有害物质所致污染损害,1996 年 IMO 外交大会表决通过了《1996 年国际海上运输有毒有害物质损害责任和赔偿公约》(《HNS 公约》)草案。但由于种种原因，该公约目前尚未生效。

《HNS 公约》是迄今为止唯一的一个关于船载有害有毒物质损害赔偿及责任承担的国际公约，是继《CLC 公约》《FUND 公约》之后又一采用严格责任制的责任赔偿公约。该公约最基本的特点是采用了两层赔偿机制，将类似于《CLC 公约》的第一层赔偿机制和类似于《FUND 公约》的第二层赔偿机制置于一个公约中。形成完整的两层赔偿机制，有利于各国赔偿机制的统一，便于协调两层赔偿机制的赔偿限额。该公约的第一层赔偿机制要求船舶所有人对承运有害有毒物质的船舶进行强制保险；第二层赔偿机制要求有害有毒物质的进口商／收货人分摊基金，设立国际有害有毒物质基金。当船舶所有人对产生的损失免除赔偿责任或因财务原因无力满足受损方的赔偿要求，或者损害超出船舶所有人的责任限额时，基金对受损方予以补偿。

《HNS 公约》第十二条规定：在一当事国中登记并实际运输有害有毒物质的船舶的所有人，须按适用第九条第一款中所述责任限额确定的金额进行保险或取得其他经济担保，如银行或类似金融机构的担保，以担保本公约规定的损害责任；当事国有关当局确定第 1 款的要求已得到符合后，应向每一船舶颁发一份强制保险证书，证明保险或其他经济担保按本公约的规定是有效的[42]。

7.1.2　美国的赔偿机制

美国是至今未加入《CLC 公约》《FUND 公约》的少数国家之一。它通过制定《1990 年油污染法》，建立了国内船舶油污损害赔偿机制，成为世界上船东责任限制最高、基金补充最多的国家，其所规定的船东责任限额大大高于《CLC 公约》，对非油轮和石油设施同样实行强制保险。

美国实施油污基金制度，其应对海上溢油事故的资金主要由国家的专项救助基金以及联邦和地方政府的补偿提供。联邦政府建立 20 亿美元的油污基金，各州政府也通过立法建立了 1 亿美元油污基金。油污基金的建立可以保证迅速调集溢油应急力量，及时采取措施进行清除，将溢油的污染损害控制在一定的范围。

同时，美国基金的赔偿范围更为广泛，可用于对自然资源的评估和恢复自然生态平衡所产生的费用。

7.1.3　加拿大的赔偿机制

1971 年 6 月 30 日，加拿大政府在修订后的《航运法》中增加了关于溢油的条款，使其成为发达国家中最早的有关溢油责任的国家级综合性法规。1987 年，加拿大成立国内船舶油污赔偿基金，并在建立了国内油污赔偿基金的情形下，又选择加入国际油污损害赔偿基金公约，形成国际基金和国内基金相结合的赔偿机制。通过这种机制，在国际油污基金赔偿的基础上，可通过国内基金弥补国际基金的不足。

加拿大的国内油污基金在考虑与国际公约统一协调的同时，也考虑到扩充国际油污基金未涵盖的部分，如将船舶溢油中船舶的范围由油轮扩大到所有船舶，并且具有先垫付清污费等溢油应急反应费用功能。发生溢油事故后，国内基金作为第一支付手段先行垫付应急清污费，弥补了国际油污损害赔偿基金事后补偿的缺憾，保障了清污行动的快速高效。

7.1.4 英国的赔偿机制

英国实行严格限制污染损害赔偿范围制度，在普通法下，油污受害方只能索赔油污造成的实际损失，对于海洋环境损害、捕捞损失以及旅游业等损失，均难以得到补偿。英国模式偏重于保护航运业利益。英国作为依靠海洋航运强盛并称霸一时的航运大国，为现代海商法律体系的发端国。尽管现在航运业已经不复当年的辉煌，但仍然是保险、海商法律服务等国际海事服务业的中心，在 IMO 中具有决定性的影响。作为《CLC 公约》《FUND 公约》的缔约国之一，英国也突破了国内法的限制，依照国际公约的赔偿规定。

7.1.5 对国际不同赔偿机制体系和模式的分析

概括起来，国际上的赔偿机制可以分为两大体系、三种模式。

（1）两大体系

两大体系是以《CLC 公约》《FUND 公约》为代表的船东在一定责任限制下的赔偿体系和以美国为代表的船东几乎承担无限责任的赔偿体系。

美国基金更加偏向于保护环境和油污损害方利益。美国的赔偿机制无论从赔偿额度和赔偿范围上都高于国际赔偿的一般水平。

《CLC 公约》《FUND 公约》比较好地兼顾了船东、石油货主、受害人三方利益，在船东、石油货主有能力承担的情况下，不断提高赔偿限额，提高保险和基金的赔付能力，以保障受害人的利益。为了不影响航运业的发展，也不能使石油货主负担过重，对赔偿的范围和最高赔偿额度作出了一定的限制，主要是赔偿受害人的财产损失、经济损失，对环境损害的赔偿，只限于实际采取或行将采取的合理复原措施的费用。

（2）三种模式

两大赔偿体系在实际运作时，有 3 种不同的运作模式。

①依照《CLC 公约》《FUND 公约》的运作模式。

世界上大多数国家的船舶油污损害赔偿机制依照《CLC 公约》《FUND 公约》的运作模式，采取船舶强制保险，并向国际油污基金缴纳摊款。

②加拿大运作模式。

加拿大是《CLC 公约》《FUND 公约》的缔约国之一，但是加拿大根据国情，同时建立了国内油污基金，两套机制并存，同时运作。发生油污事故后，国内基金先行赔付，再向国际油污基金申请索赔。国内基金用于对国际油污基金赔偿的补充，例如在国际基金的赔偿限额之上再补充赔付，还可用于某些不属于国际油污基金赔偿范围内的赔偿。

加拿大模式在接受了国际油污基金模式的基础上，通过建立国内基金的方式，扩大基金赔偿范围和运行机制的灵活性，向环境和油污损害方倾斜，在一定程度上弥补了国际基金模式偏重于保护航运业的不足。同时，与美国基金模式相比，在保护环境和油污损害方利益方面没有那么极端。

③美国运作模式。

美国没有加入《CLC 公约》《FUND 公约》，而是通过国内立法，建立国内基金的形式建立单独的赔偿机制。美国根据国情，采取的是高保险、高摊款、高赔偿运作模式。美国的基金中还包括了对有毒有害物质的赔偿。

7.2 我国船舶污染损害赔偿机制现状

我国政府高度重视水域环境保护和船舶污染防治工作，并长期致力于建立“预防、应急和赔偿”三位一体的船舶溢油应急管理模式。我国现已加入了《CLC 公约》《FUND 公约》（仅在我国香港地区适用）以及《BUNKER 公约》。另外，在短期内我国不会将《FUND1992 公约》的适用范围扩大至全国。针对《HNS 公约》，对我国而言，由于只设立了国内的船舶油污损害赔偿基金，在征收程序上由货物所有人或其代理人在向海事管理机构办理污染危害性货物申报时，按照持久性油类物质的货物到港量缴纳即可。而 HNS 基金的摊款缴纳则复杂得多，不仅涉及有毒有害物质的认定还涉及摊款货物的报告等。这对国内相关立法和主管机关职权的行使都提出了要求，应在积极参与 HNS 议题的讨论过程中加强与其他国家的信息交流，同时对我国有毒有害物质的接收情况和目前的实际统计状况进行摸底，并研究责任保险的可获得性。

国内立法方面，目前我国还没有专门的关于船舶污染损害责任与赔偿的立法，相关规定散见于《民法通则》《环境保护法》《海洋环境保护法》《海商法》《防治船舶污染海洋环境管理条例》等法律法规的一些原则性规定中。

随着《防治船舶污染海洋环境管理条例》《船舶油污损害民事责任保险实施办法》以及《船舶油污损害赔偿基金征收使用管理办法》的出台，我国海洋船舶污染损害赔偿的相关制度已经逐渐形成，赔偿制度建设方面在较短时间内得到了完善。其中《防治船舶污染海洋环境管理条例》作为国务院条例颁布，对赔偿制度的建设提供了法律方面的依据。《船舶油污损害民事责任保险实施办法》以及《船舶油污损害赔偿基金征收使用管理办法》形成了船东和货主对船舶油污损害赔偿的两个层次。

目前，我国溢油污染损害赔偿的途径是：在船舶依法享受责任限制的基础上，要求强制投保油污责任险，为索赔方提供第一层次的保障；建立油污损害赔偿基金，通过向货主摊款的方式，为索赔方提供第二层次的保障。这种海上赔偿机制所采取的形式与加拿大较为类似，但在适用范围、收费标准以及操作形式上又有自己的特点。

7.2.1 《中华人民共和国环境保护法》

《中华人民共和国环境保护法》第五十二条规定：“国家鼓励投保环境污染责任保险”。这是一条新增加的措施，表明环保法特别注重依靠经济政策和市场手段进行污染防治和风险管控。自 2007 年以来，环境保护部和中国保险监督管理委员会一直在联合推动环境污染保险的试点。2013 年年初，两个部门开始推动环境污染强制责任保险试点。

7.2.2 《中华人民共和国海商法》

近年来《中华人民共和国海商法》(简称《海商法》)的修改研究在持续进行中，新《海商法》将增加和细化船舶污染损害赔偿的内容。船舶污染损害包括持久性油类、非持久性油类、各种有毒有害物质。《海商法》修改颁布后，将使船舶污染损害赔偿问题从立法上更加完善。目前，《海商法》中规定的船舶污染损害赔偿的责任限制明显偏低，不能满足船舶污染损害赔偿的需求。

7.2.3 《危险化学品安全管理条例》

《危险化学品安全管理条例》经 2011 年 2 月 16 日国务院第 144 次常务会议修订通过，自 2011 年 12 月 1 日起施行。《危险化学品安全管理条例》针对我国境内生产、经营、储存、运输、使用危险化学品和处置废弃危险化学品作出了规定。其中关于保险的方面有：“第五十七条　……通过内河运输危险化学品的船舶，其所有人或者经营人应当取得船舶污染损害责任保险证书或者财务担保证明。船舶污染损害责任保险证书或者财务担保证明的副本应当随船携带。”

依据《危险化学品安全管理条例》(简称《危化条例》) 对危险化学品的定义以及《危险化学品名录》(2015 版)，内河运输持久性油类、非持久性油类和危险化学品的船舶应进行强制保险。该条例已经施行，但目前对内河污染保险的工作还刚起步，与条例要求尚存一定的距离。为了达到该条例的要求，所有内河运输危险化学品的船舶需要参加船舶污染损害责任保险或者进行财务担保，参保人为船舶所有人或者经营人。但依据对内河运输危险品船舶的投保情况的调研，目前海事管理部门基本上对内河船舶污染责任险没有强制性要求，船公司的投保意愿也不高，只有少数重点航段的运输危险化学品船舶投保，且此项业务在保险公司的业务中占比很小。

依据《危化条例》，内河运输危险化学品船舶参保范围参见《危险化学品名录(2015版)》的定义。但在实际的海事管理中，采取《危险货物品名表》(GB 12268)更为普遍。依据《危险货物品名表》，其规定了危险货物的品名和编号，适用于危险货物运输、生产、储存和销售。为解决这方面的矛盾，需要通过进一步的研究理顺思路，明确法律边界，避免对海事执法和保险业务操作造成迷惑。

7.2.4 《防治船舶污染海洋环境管理条例》

《防治船舶污染海洋环境管理条例》自 2010 年 3 月 1 日起施行。其中，第七章船舶污染事故损害赔偿中对责任保险和赔偿基金均进行了较为详细的规定。

第五十二条规定："在中华人民共和国管辖海域内航行的船舶，其所有人应当按照国务院交通运输主管部门的规定，投保船舶油污损害民事责任保险或者取得相应的财务担保"，针对责任保险额度"应当不低于《中华人民共和国海商法》、中华人民共和国缔结或者参加的有关国际条约规定的油污赔偿限额"。第五十三条规定："投保船舶油污损害民事责任保险或者取得财务担保的中国籍船舶……向船籍港的海事管理机构申请办理船舶油污损害民事责任保险证书或者财务保证证书"。由第五十六条可以看到，该条例明确了"船舶油污损害赔偿基金"缴纳方的适用范围是"海上运输的持久性油类物质货物的货物所有人或者代理人"，即内河运输不在基金征收范围内、"持久性油类物质货物"以外的其他货物不用缴纳基金。其次，该条例指出基金的运作方式应采取"管理委员会"的方式，由行政机关和货主组成。

首先，我国原油进口量大，且 90% 以上通过海上运输，运输持久性油类物质货物的船舶发生污染事故的风险较大，发生船舶油污事故将会带来巨额赔偿。《防治船舶污染海洋环境管理条例》建立了船舶油污损害民事责任保险制度，规定除 1 000 总吨以上在中华人民共和国管辖海域内航行的船舶（无论是否载运油类物质），其所有人应当按照国务院交通运输主管部门的规定，投保船舶油污损害民事责任保险或者取得相应的财务担保。为了保障发生船舶污染事故后，污染损害能够得到合理赔偿，同时也为了防止航运企业因船舶污染事故赔偿导致破产，该条例根据《海洋环境保护法》和我国加入的有关国际公约的规定，兼顾到了我国小型油轮多，事故率高，赔付能力差，以及 1 000 总吨以上大型非油轮发生燃油污染事故后造成的后果比较严重的情况。

其次，仅仅依靠船舶投保的船舶油污损害民事责任保险难以合理地进行赔偿。为此，该条例细化了《海洋环境保护法》有关船舶油污损害赔偿基金的制度，规定在中华人民共和国管辖水域接收海上运输的持久性油类物质货物的货物所有人或者代理人应当缴纳船舶油污损害赔偿基金。

依据该条例要求，中国船舶油污损害赔偿基金管理委员会 2015 年 6 月 18 日成立。该委员会由交通运输部、财政部、中国石油天然气集团公司、中国石油化工集团公司、中国海洋石油总公司等九家单位组成，负责处理船舶油污损害赔偿基金的具体赔偿或者补偿事务，并下设秘书处，负责具体赔偿、补偿等日常事务。同时，中国船舶油污损害理赔事务中心成立，负责开展船舶油污损害赔偿、补偿等具体日常事务以及相关的技术服务和支持保障工作。

7.2.5 《船舶油污损害民事责任保险实施办法》

《船舶油污损害民事责任保险实施办法》（简称《实施办法》）的出台满足了《CLC 公约》和《BUNKER 公约》的实施要求，并与《防治船舶污染海洋环境管理条例》的相关内容高度一致，改变了过去国际航线和国内航线船舶实行双轨制的做法。

（1）适用范围

在中华人民共和国管辖海域内航行的载运油类物质的船舶和 1 000 总吨以上载运非油类物质的船舶。

使用范围包含《CLC 公约》和《BUNKER 公约》规定的内容，并将范围扩大。将国际航线船舶扩大至全部船舶，将 2000 吨级以上持久油类船舶扩展至所有油类船舶。这样就保证了载货油 2 000t 以下的小油轮也有赔偿能力。

（2）责任归属

船舶所有人。

（3）保险限额

载运散装持久性油类物质的船舶额度与《CLC1992》相一致。载运非持久性油类物质的船舶以及 1 000 总吨以上载运非油类物质的船舶额度则另有规定。

7.2.6 《船舶油污损害赔偿基金征收使用管理办法》

2012 年 5 月，财政部、交通运输部联合颁布实施了《船舶油污损害赔偿基金征收使用管理办法》。

该办法要求：凡在中华人民共和国管辖水域内接收从海上运输持久性油类物质（包括原油、燃料油、重柴油、润滑油等持久性烃类矿物油）的货物所有人或其代理人，应按照本办法规定缴纳船舶油污损害赔偿基金。

征收的额度如下：船舶油污损害赔偿基金征收标准为每吨持久性油类物质0.3元。财政部可依据船舶油污损害赔偿需求、持久性油类物质的货物到港量以及积累的船舶油污损害赔偿基金规模等因素，并充分考虑货物所有人的承受能力，会同交通运输部确定、调整征收标准或者暂停征收。

征收的方式：船舶油污损害赔偿基金由交通运输部所属海事管理机构（以下简称海事管理机构）向货物所有人或其代理人征收。

7.2.7 《防治船舶污染内河水域环境管理规定》（征求意见稿）

为加强对防治船舶及其有关作业活动污染内河水域环境的监督管理，保护内河水域环境及资源，促进经济和社会的可持续发展，交通运输部起草了《中华人民共和国防治船舶污染内河水域环境管理规定（修订）》（征求意见稿），并于2015年9月向社会公开征求意见。

征求意见稿规定，船舶、设施或者有关作业单位造成内河水域环境污染损害的，应当依法承担污染损害赔偿费用，船舶污染事故引起的污染损害赔偿争议，当事人可以请求海事管理机构调解，也可以依法向仲裁机构申请仲裁或者向人民法院提起民事诉讼。

征求意见稿新增加了船舶污染责任保险一章，规定：通过内河运输散装液体危险化学品的船舶，其所有人应当取得船舶污染损害民事责任保险证书或者财务保证证书。

对船舶所有人投保船舶污染损害民事责任保险或者取得的财务担保的额度也做了规定。如船舶总吨位为150总吨以下的，不低于50万元，船舶总吨位为20 001总吨以上的，不低于3 000万元。

征求意见稿规定，按规定应投保船舶污染损害民事责任保险或者取得相应财务担保的船舶所有人，未投保船舶污染损害民事责任保险或者取得相应财务担保的，由海事管理机构责令限期改正；逾期不改正的，责令停航，并处以1万元以上10万元以下的罚款。

7.2.8 《关于开展环境污染强制责任保险试点工作的指导意见》

环境保护部、中国保险监督管理委员会以环发〔2013〕10号印发《关于开展环境污染强制责任保险试点工作的指导意见》(简称《指导意见》)。《指导意见》分为：充分认识环境污染强制责任保险工作的重要意义、明确环境污染强制责任保险的试点企业范围、合理设计环境污染强制责任保险条款和保险费率、健全环境风险评估和投保程序、建立健全环境风险防范和污染事故理赔机制、强化信息公开、完善促进企业投保的保障措施 7 部分。《指导意见》明确了强制投保企业的范围，国家鼓励石化行业企业、危险化学品经营企业、危险废物经营企业以及存在较大环境风险的二恶英排放企业等高环境风险企业，投保环境污染责任保险。其中第二部分“明确环境污染强制责任保险的试点企业范围”指出：鼓励下列高环境风险企业投保环境污染责任保险：……2．生产、储存、使用、经营和运输危险化学品的企业……”。危险品船舶运输在《指导意见》鼓励行业中。

据悉，目前我国已在十多个省（自治区、直辖市）开展了相关试点工作，投保企业达 2 000 多家，承保金额近 200 亿元。运用保险工具，以社会化、市场化途径解决环境污染损害，有利于促使企业加强环境风险管理，减少污染事故发生；有利于迅速应对污染事故，及时补偿、有效保护污染受害者权益。

《指导意见》规定了相应的激励和约束机制。对应当投保而未及时投保的企业，环保部门将采取相关约束措施。一是将企业是否投保与建设项目环境影响评价文件审批、建设项目竣工环境保护验收申请审批、强制清洁生产审核、排污许可证核发以及上市环保核查等制度的执行紧密结合。二是暂停受理企业的环境保护专项资金、重金属污染防治专项资金等相关专项资金申请。三是将企业未按规定投保的信息及时提供给银行业金融机构，作为客户评级、信贷准入管理和退出的重要依据。《指导意见》同时提出了促进企业投保的激励措施。如在安排环境保护专项资金或者重金属污染防治专项资金时，对投保企业污染防治项目予以倾斜；将投保企业投保信息及时通报银行业金融机构，由金融机构按照风险可控、商业可持续原则优先给予信贷支持。

目前，面对船东投保意愿较低的局面，从内河环境保护和航运业绿色发展出发，建议研究推进内河船舶污染责任保险投保积极性的激励措施，推动内河危险品运输船舶全面投保的快速完成。

7.3 内河保险机制适用性

7.3.1 内河保险机制的建立是法律法规的要求

《危险化学品安全管理条例》（简称《危化条例》）要求：“通过内河运输危险

化学品的船舶，其所有人或者经营人应当取得船舶污染损害责任保险证书或者财务担保证明”。为了达到该条例的要求，内河运输危险化学品的船舶需要参加船舶污染损害责任保险或者进行财务担保，参保人为船舶所有人或者经营人。

7.3.2 内河保险机制与沿海船舶污染赔偿制度目前应是两套机制

如果将内河船舶损害赔偿机制作为海上相关制度的补充，则只需对现有规章制度进行细节的调整或适用条件的改变，即可以加快现有制度在内河的覆盖和推进。但是，目前内河和海上的上位法不同，这种海上赔偿机制延伸的做法不能采用。今后，通过国内法律法规的完善，例如《海商法》的修改和对《防治船舶污染海洋环境管理条例》《船舶污染损害民事责任保险实施办法》的补充和完善，再通过内河船舶防污染法律法规的完善，即可形成既包括油污损害赔偿，又包括其他有毒有害物质污染损害赔偿。这样既包括沿海船舶污染损害赔偿，又包括内河船舶污染损害赔偿的一套完整的中国船舶污染损害赔偿机制便基本建立起来了。

鉴于内河航运水平、环境特征以及上位法现状等因素，目前内河污染损害赔偿制度尚不具备完全照搬沿海制度的可能。从近期来看，为了满足《危化条例》和内河船舶污染风险防范的要求，可以在内河先建立一套可行的赔偿机制，经过一段时间的运行提出修改方案，并考虑沿海内河统一的问题。

7.3.3 单纯的商业保险无法满足内河污染责任保险的建立目的

在传统商业保险投保模式下，船东处于自身利益考虑而忽视污染损害风险，在投保污染损害民事责任保险上主动意愿较低。即使参加了商业保险，但由于保险限额属于双方商定，可能存在额度较低不满足事故索赔需求的现象。商业保险市场依靠自由的商业行为进行调节。一旦污染损害赔偿保险难以实现商业保险的盈利目标，商业保险公司有可能拒绝该项业务，或者将该项业务作为主要保险的附属条款，使得保险的公益效果降低。另外，保险产品的价格和承保条件受保险公司操控，保险公司可能利用此优势获利而使船东处于被动的市场地位，这将严重影响保险保障的稳定性。并且，目前船舶污染责任保险承保公司也存在经营不规范情况，捆绑销售、产品责任不全面、费率厘定偏高、理赔无保障等因素使船东利益无法得到应有的保障。

7.3.4 需要尽快建立内河船舶污染损害强制保险制度

为满足法律法规的要求，避免内河船舶污染事故影响公众利益和内河水域环境，并增强企业的社会责任，应建立内河船舶污染损害民事责任强制保险制度。

强制保险制度不仅有利于事故受害人获得及时有效的经济保障，及时保障公众利益得到补偿，而且有助于统一污染损害民事责任保险产品、合理厘定保险费率、减轻船东的经济负担、避免因市场失灵影响保险保障，从而安全稳定地转移船东的责任风险，为内河船舶的正常运行提供良好的保障。

在《船舶油污损害民事责任保险实施办法》出台之前，我国沿海船舶投保率很低，随着其出台和全国沿海船舶油污损害民事责任保险统保示范项目的启动，在我国注册的所有 1 000 总吨以上的沿海船舶都必须投保油污责任险，这极大地保障了沿海污染事故处理资金和清污工作效率。同样地，把内河船舶污染责任保险纳入强制性保险体系中，可以更有力地依法指导和规范内河船舶污染责任保险工作,全面完善我国船舶污染事故损害赔偿机制。因此,尽早制定出台完整的、科学的、全国性的、强制性的内河船舶污染损害民事责任保险相关规定是推行内河船舶污染责任保险的重要工作。

8 内河船舶污染保险及机制

8.1 环境污染强制责任保险

近年来，我国相关部门尝试用“责任险”的方式，引进市场力量加强对企业环境行为监管，同时分担和降低企业风险，保障污染受害人的合法权益。《中华人民共和国环境保护法》（以下简称《环境保护法》）第五十二条规定：“国家鼓励投保环境污染责任保险。”2013 年环境保护部与中国保险监督管理委员会联合发布文件《关于开展环境污染强制责任保险试点工作的指导意见》（环发〔2013〕10 号）。从以上法规和文件的颁布可以看出，我国政府对环境污染责任保险的建设相当重视。

8.1.1 概述

责任保险是指以保险客户的法律赔偿风险为承保对象的一类保险。它属于广义财产保险范畴，适用于广义财产保险的一般经营理论，但又具有自己的独特内容和经营特点。首先，责任保险与一般财产保险具有共同的性质，即都属于赔偿性保险。其次，责任保险承保的风险是被保险人的法律风险。再次，责任保险以被保险人在保险期内可能造成他人的利益损失为承保基础。根据业务内容的不同，责任保险可以分为公众责任保险、产品责任保险、雇主责任保险、职业责任保险和第三者责任保险五类业务，其中每类业务又由若干具体的险种构成。船舶污染损害环境污染责任保险属于第三者责任险。

第三方责任险是责任保险险种之一，是指被保险人由于自身的过错、疏忽等给第三方造成人身伤害和财产损失，依法或依惯例须由被保险人承担的经济赔偿责任由保险人承担的保险。在责任保险法律关系中，存在三方当事人，即投保人、保险人(保险公司)和第三人。如投保人因为污染事故等原因给第三人造成损害(包括人身伤害、财产损失以及环境损害）时，依法应当承担赔偿责任。这种赔偿责任有时较为巨大，以至于投保人无力承担。保险人可以在法律和合同条款限定下承担部分责任。

第三者责任险在性质上是一种基于民事责任的分散和防范侵权损害的法律技

术，一方面可以免去被保险人支付巨额赔偿金的负担，另一方面可以使受害人能够及时获得赔偿。

责任保险是以被保险人对第三者所负的赔偿责任为保险标的的保险，责任保险应用于环境事故领域，就产生了环境责任保险。所谓环境污染责任保险，就是以排污单位（或潜在污染源）发生的事故对第三者造成的损害依法应负的赔偿责任为标的的保险。在这种保险机制中，排污单位作为投保人，向保险公司预先缴纳一定数额的保险费，保险公司则根据约定收取保险费，并承担赔偿责任，即对于排污单位的事故给第三人造成的损害，直接向第三人赔偿或者支付保险金[43]。

环境责任保险是指在发生环境事故时基于保险合同的约定由保险人代投保人向受害人支付赔偿金的制度，本质上是对环境侵权民事赔偿的社会化运作的一种具体形式。

保险可以分为商业性保险和政策性保险。一般认为，对于突发性环境侵权的责任保险应作为商业保险，对于持续性环境侵权的责任保险应作为政策性保险。突发性的环境侵权在发生前没有明显的征兆,一旦发生即造成损害，且对该损害能比较容易做出认定。持续性的环境侵权延续时间长，甚至是多种因素复合累积的结果，侵权人和受害人对侵权行为发生的具体经过常常缺乏深刻认识，以至于对侵权行为难以认定，其结果是救济的实现。

保险还可以分为强制性保险和任意性保险。强制性保险是根据法律法规或者行政命令而强制建立的，投保人必须投保，保险人也必须承保。任意性保险则是根据平等自愿原则建立的，由投保人自主决定是否参加，保险人也不负强制缔约义务。

8.1.2 环境污染强制保险的优点

当前，我国正处于环境污染事故的高发期。利用保险工具来参与环境污染事故处理，有利于分散企业经营风险，促使其快速恢复正常生产；有利于发挥保险机制的社会管理功能，利用费率杠杆机制促使企业加强环境风险管理，提升环境管理水平；有利于使受害人及时获得经济补偿，稳定社会经济秩序，减轻政府负担，促进政府职能转变；提高环境安全水平，增强企业抗风险能力，维护相关民众企业的合法权益，增强社会稳定性，取得多方共赢。

（1）分散企业风险

环境污染事故影响范围广、损失数额巨大，单一的企业很难承受。通过环境污染责任保险，可以将单个企业的风险转移给众多的投保企业，从而使环境污染造成的损害由社会承担，分散了单一企业的经营风险，也能够使企业可以迅速恢复正常的生产经营活动。高环境风险已是当前许多行业无法回避的事实，随着我国环境执法能力和水平的不断提高，企业因环保带来的经营风险也在不断增加，企业迫切需要通过合法的市场手段将责任风险转移出去或将其限制在最小程度内，以应对激烈的市场竞争。企业可以通过购买环境污染责任保险产品，用少量可确定性的支出（保费）减少未来的不确定性，保证生产、经营持续稳定进行，从而避免了侵权人因赔偿负担过重甚至破产而影响经济社会的发展。这也是环境污染责任保险能够得以应用和发展的主要原因。

众所周知，航运业是高风险行业，水上事故对航运业的打击是巨大的。连带污染责任会给大型船舶运输企业造成巨大影响，更不用说中小型船舶运输企业。例如，因“塔斯曼海”油轮原油泄漏污染渤海湾水域，2004 年天津、河北等地渔民协会等诉讼主体索赔共计 1.7 亿元。2004 年 12 月 30 日，天津海事法院做出一审判决，判令英费尼特航运公司和伦敦汽船船东互保协会连带赔偿原告天津市海洋局海洋生态损失近千万元（其中海洋环境容量损失 750.58 万元，调查、监测、评估费及生物修复研究经费 245.23 万元，共计 995.81 万元）。再如，2007 年 5 月 12 日，烟台海域发生圣文森特籍“金盛”轮和韩国籍“金玫瑰”轮船舶碰撞溢油事故。山东省海洋与渔业厅起诉“金盛”轮船主金盛船务有限公司，要求赔偿国家渔业资源损失、海洋生态损失、调查监测费用及利息。青岛海事法院全部支持了国家海洋局北海环境监测中心、农业部黄渤海区渔业生态环境监测中心评估报告认定的海洋生态和渔业资源损失费用。其中，此次溢油事故对海洋生态造成的损害 898.164 4 万元，对天然渔业资源造成的损害 722.32 万元。在此基础上，法院判决“金盛”轮船主承担相应的赔付责任。

内河航运企业一般规模较小，事故风险承担能力较弱。污染责任险的投保虽然会降低一部分利润，但对航运业健康稳步发展是有好处的。

（2）有效地保护受害者

基于我国权力构架和历史沿袭的原因，目前对于环境污染造成的人身财产损害的赔偿，国家行政机构和主管部门承担了很大的协调甚至索赔责任。利用环境污染责任保险来参与环境污染事故的处理，有利于使受害人及时获得经济补偿，稳定社会秩序，减轻政府的负担，还可以促进政府职能的转变。

由于现阶段环境污染赔偿制度不十分完善，污染事故罚款总额及污染事故赔偿总额不足以偿还事故造成的直接经济损失，国家和社会承担了大部分环境危害及相应的经济损失。通过环境污染责任保险等社会化途径，能有效分散企业风险，大大减少环境污染事故对企业经营活动的影响，同时也履行了企业的环境责任，政府在处理环境事故时也减少了环境恢复和救济等方面的支出。从长远看，环境污染责任保险是完善我国环境污染损失赔偿制度的重要途径。

（3）发挥保险的社会管理功能

保险产品和保险公司的职能之一是社会管理功能，这在环境污染责任保险上体现得尤为突出。保险公司可以利用环境污染责任保险的费率杠杆机制促使企业加强环境风险管理，提升环境管理水平，同时也能够提高企业的环境保护意识。

（4）促进高风险企业的转移和淘汰

在不断提高政府环境事故预防管理能力的基础上，必须充分利用社会各层面的监管力量，使之参与到环境事故预防体系中，有效地避免环境事故的发生。内河船舶运输公司中有许多是中小型企业，甚至有很多是单船公司或“夫妻船”。这些企业普遍存在管理不正规、相关安全防污染措施执行不到位、风险较大的特点。强制保险可以增加这些企业的安全投入成本，降低其从事危险品运输等高危行业的意愿，提高危险品运输行业的准入门槛。通过环境污染责任保险制度，保险公司出于减少自身经营风险的目的，会积极加强对投保企业的监督，这是对行政监管的重要补充，并将会为监管部门等提供更为全面翔实的信息，有利于提高预防环境事故的能力。

8.1.3 环境污染责任保险制度建设的问题

（1）采取强制性保险是否合适

美国、德国和瑞典等属实行强制保险的国家。美国针对有毒物质和废弃物处理可能引起的损害责任实行强制保险。如，美国 1970 年《清洁水法》规定，所有进入美国的船只必须投保责任保险，用以支付可能造成的水污染；1980 年的《综合性环境响应、赔偿和责任法》规定，危险物质运载工具的所有人或经营人，都必须建立和保持保险等形式的财产责任；《固体废物处置法》也有类似规定。德国在环境污染责任保险方面，起初采用强制责任保险与财务保证或担保相结合的方式，但自 1990 年《环境责任法》实施之后，德国开始强制实行环境责任保险，要求其国内所有工商企业要投环境责任险。该法附件还包含了存在重大环境责任风险的设施名录。瑞典是世界上环境管理最为严格的国家之一。依据瑞典《环境保护法》，政府或者政府指定的机构应当按照批准的条件制定环境损害保险单，被审批人和单位应按照政府或政府指定机构制定的价目表按年度缴纳保险费；缴纳通知发出 30 天后，义务人仍未缴纳环境损害保险费的，保险人应当将该情况向监督机构报告，监督机构可以责令义务人履行义务，并处以罚款。

法国和英国采用自愿与强制保险相结合的方式，以自愿保险为主、强制保险为辅。一般情况下，在法国，由企业自主决定是否就环境污染责任投保，但法律规定必须投保的，则应依法投保。英国实行的强制环境责任保险有油污损害责任保险、核反应堆事故责任保险。如，1965 年的《核装置法》要求，安装者必须负责最低限额为 500 万英镑的核责任保险。

依据我国相关法规，应在内河推行强制船舶污染保险，但内河船舶污染强制保险只针对内河运输散装液体危险化学品的船舶。由于种种原因，其他船舶的污染风险没有考虑纳入其中。

（2）责任限额的设定

因被保险人的状况千差万别，保险人要对每一承保标的进行实地调查和评估，单独确定保险费率以降低风险。同时，保险人为了自己的利益，总是设定一定的保险金额，以限定自己的最高赔偿责任。在法定强制保险中，也往往有赔付限额的规定。

一般而言，环境责任保险的赔偿范围是责任保险人依照保险单约定给付赔偿限额，主要有四种形式：保险期间的累积最高赔偿限额、每次事故赔偿限额、每次事故每人赔偿限额、被保险人自行负担的赔偿额。保险公司在因为环境污染损害不断扩大而面临巨额赔偿压力时，除采取限制保险责任范围措施之外，还会确定相应的保险赔偿范围，以降低自己的风险。各国关于环境责任保险一般采用有限赔偿制，即在保险金额范围内予以赔付，不可能赔偿被保险人损害的全部赔偿责任。

美国的环境责任保险限额主要分为两类，即环境损害责任保险和自有场地治理责任保险。前者以约定的限额为基础，承担被保险人因其污染环境造成邻近土地上的任何第三人的损失赔偿责任；后者以约定的限额为基础，承担被保险人因其污染自有或者使用的场地而依法支出的治理费用。

（3）环境污染损害赔偿责任尚不明确

我国在环境污染损害赔偿责任方面的规定并不明确，责任追究主要依靠行政处罚。环境事故的民事责任和刑事责任追究制度较不完善，而法律赋予的行政处罚额度有限，难以满足对事故损害的赔偿。许多环境事故肇事者只承担了少量的污染损失，当地社会和地方政府则承担了大部分的损害，而且受损的环境和生态系统往往并不计入污染损失当中。在环境污染损害赔偿和责任追究制度不完善的情况下，企业既缺乏环境风险防范的意识，也不承担全部污染损害的赔付责任，大多不愿意将环境风险管理纳入经营成本之中，因此也就不具有购买保险的需求，导致环境污染责任保险的推广缺乏内在推动力。

（4）缺乏对投保企业和保险公司的激励机制

目前，我国还没有专项资金支持环境污染责任保险试点工作，试点工作的主要经费依靠地方财政支出。作为国家重点推动的环境经济政策之一，环境污染责任保险的试点工作应有专项资金的支持，不仅要保证试点工作的协调、调度、统筹方面的经费，而且要有一定的资金对积极参与投保的企业和保险公司予以适度补贴。试点初期市场经营风险较大，不确定因素较多，只有确保参与试点的企业运作良好，才能吸引更多的相关企业参与到环境污染责任保险中来。此外，多数参与试点的地方希望环保部门能够发文，明确支持地方的工作，便于地方捋顺关系，协调相关部门开展工作。

以苏州市为例，2010 年，苏州市试点推行环境污染责任保险，尝试用“责任险”的方式，引进市场力量加强企业环境行为监管，降低环境污染事故，分担企业风险。到 2015 年，试点工作推行已经 5 年，目前全市参加环境污染责任保险的企业 300 余家，相对苏州全市 15 万各类工业企业来说，这个比例很小。优惠的条件并没有吸引更多的企业加入到环境污染责任保险中来。2015 年，最初投保的 66 家企业已经只剩下 40 家左右，保费数额也下降很多。

在环境污染责任保险开展初期，相关的法律和政策体系非常不完善，投保企业的风险防范预期和保险公司的盈利预期都很难确定，社会对它的了解度和认可度不高，参与的投保企业和保险公司数量不多，这不符合保险业最基本的“大数原则”的要求。在缺乏必要激励机制的情况下，保险公司的经营风险增大很多，投保企业也会因提交保费增加运营成本而降低在同类企业中的竞争力。考虑到环境污染责任保险具有较强的公益性，为了鼓励更多排污企业参与进来，在试点阶段非常有必要制定可行的优惠政策，对两类企业予以支持。

（5）环境污染责任保险缺乏相应的标准

我国应建立对保险费率的科学评估规范，评估结果应能够体现船舶污染事故风险。

目前，环境污染责任保险的推广还面临着许多技术性问题，国家尚未制定专业的环境风险评估方法、污染损害认定和赔偿标准等。由于缺乏环境风险评估方法，环境风险的识别和量化难度很大，而且行业和企业间的差异也比较大，保险公司很难根据企业的环境风险进行产品定价。此外，由于缺乏国家环境污染损害认定和赔偿标准，保险公司从保护自身利益的角度出发制定赔偿条款，导致大多保险产品出现赔偿范围窄、免责条款过多等问题，削弱了它的公益性，盈利性的特征过于明显。因此，相关环保标准的缺失已经影响环境污染责任保险的推广程度和政策目标。

8.2 内河船舶污染保险的内容

保险业是伴随着现代运输业而发展起来的，航运保险是世界上最古老的险种。传统的航运保险主要包括货运保险、船舶保险、海事责任保险和海上石油开发保险。航运保险专业技术含量要求较高，出险理赔地理位置广阔且不确定。较国外发达国家而言，我国航运险整体处于较落后状态。目前，全球海上保险市场规模约250亿美元，英、日、德、美是传统的4个海上保险大国，占据全球海上保险市场60%的份额。其中，英国伦敦占全球市场份额的23%，全球67%的船东保赔协会保费集中于伦敦。

近年来，随着我国航运业的快速发展以及各种国际公约生效和国内法规的健全，航运保险的重要性越来越显现出来。船舶污染责任保险，是以被保险人对受害人承担油污损害赔偿责任为保险标的的保险， 承保的风险主要包括由于被保险船舶上的油或化学品等泄漏而造成水域的污染、被保险人采取合理措施清除或减少污染而支出的费用、补偿政府有关部门为防止或减轻上述损害而支出的合理费用、被保险船舶上的油或化学品等泄漏而造成对第三者的污染损害被保险人在法律上应负的赔偿责任、被保险人为保险人全部或部分承保的责任或费用而支付的经保险人事先同意的有关法律诉讼费用等。该险种具有很好的公益性和社会管理功能。

8.2.1 内河船舶污染责任保险的定义

内河船舶污染责任保险全称为内河船舶污染损害民事责任保险，是指在保险期间内，被保险船舶在保险合同载明的区域范围内航行时，由于被保险船舶上的燃油、被保险船舶所运输的油品、化学品或其他有毒有害物质的泄漏，以及由于被保险船舶在可航水域碰撞其他船舶，致使被碰撞的船舶上的燃油或所运输的油品、化学品或其他有毒有害物质泄漏，导致水域遭受污染损害以及第三者财产损失的保险事故的发生，依法应由被保险人承担的经济赔偿责任，保险人在责任限额内负责赔偿。

内河船舶污染损害民事责任保险是一种责任保险，即对被保险人在保险期内可能造成他人的利益损失进行补偿的保险。我国船舶污染事故频发，给内河渔业、养殖业以及生态环境造成巨大危害。被保险人，通常是船东，通过投保船舶污染损害民事责任保险，将污染损害赔偿责任风险进行分摊，借助保险公司的经济实力，一旦发生内河污染事故，可以由保险公司第一时间保障污染损失得到赔偿限额范围内的补偿；也可以解决应急情况下清污启动资金的问题，在被污染的环境进一步恶化之前，及时、有效地对内河污染事故进行清理和修复。

8.2.2 保险损害赔偿的原则

（1）损失补偿原则

补偿原则是财产保险的核心原则。它是指在财产保险中，当保险事故发生导致被保险人经济损失时，保险公司给予被保险人经济损失赔偿，使其恢复到遭受保险事故前的经济状况。内河船舶污染损害民事责任保险制定的最终目的是为船东提供保险保障，转移赔偿责任，补偿因赔偿造成的损失，故应遵循补偿原则。

（2）近因原则

近因原则是指保险当事人处理保险案件发生的起因和确定事件责任的归属时所遵循的原则，主要是指造成损失的最直接、最有效的起主导作用或支配性作用的原因，如果该近因属于保险责任范围内，保险人就应当承担保险责任。

中国现行法律虽未直接规定近因原则，但在司法实践中，近因原则已成为判断保险人是否应承担保险责任的一个重要标准。对于内河船舶污染损害民事赔偿责任保险，由单一原因造成的损失，单一原因即为近因；由多种原因造成的损失，持续地起决定或有效作用的原因为近因。

8.2.3 保险的承保内容

（1）保险责任涵盖范围

保险责任即保险合同中约定由保险人承担的危险范围。在保险事故发生时所负的赔偿责任包括损害赔偿、责任赔偿、保险金给付、施救费用、救助费用、诉讼费用等。在保险责任范围内发生的财产损失事故，保险人均要负责赔偿或给付保险金。

内河主要指长江、京杭运河、珠江、淮河、黑龙江水系。

目前，长江沿线危化品运输量占整个内河危化品运输量的一多半，因此可先在长江水系进行试验推广。

在损害确定方面，船舶污染损害赔偿应遵循以下原则。

①任何费用、损失应该是实际上已经发生的。

②任何费用应该是与合理和公正的措施有关。

③索赔人的费用、损失或损坏仅是由污染所造成的。

④索赔人的费用、损失或损坏与因溢油造成的污染之间应该有因果关系。

⑤只有已经遭受一定数量经济损失的索赔人才有权享受补偿。

⑥索赔人须通过出示适当文件或其他证据证明其损失或损坏的程度。

保险责任涵盖范围见图 8-1。

（2）责任免除

保险责任是被保险人寻求保险保障的目的所在，也是保险人经营保险业务的首要义务，而保险人免责条款正是保险人对保险责任进行限制的方式，保险人免责条款直接关系着保险合同的目的能否实现，关系着合同双方的切身利益。保险免责条款是指保险人在保单中规定的保险人对发生事故造成的损失免于承担赔付保险金义务或其他义务的条款。参考现在全国强制施行的沿海船舶油污损害民事责任保险的保险责任范围和现行国内内河污染保险条款的相关规定，建议内河船舶污染损害民事责任保险的免责条款应包含以下几个方面。

①战争、敌对行为、内战、暴乱行为、水雷、鱼雷、炸弹、火箭、炮弹、爆炸品或其他类型的武器，或异常的、不可避免和不可抗拒性质的自然现象。

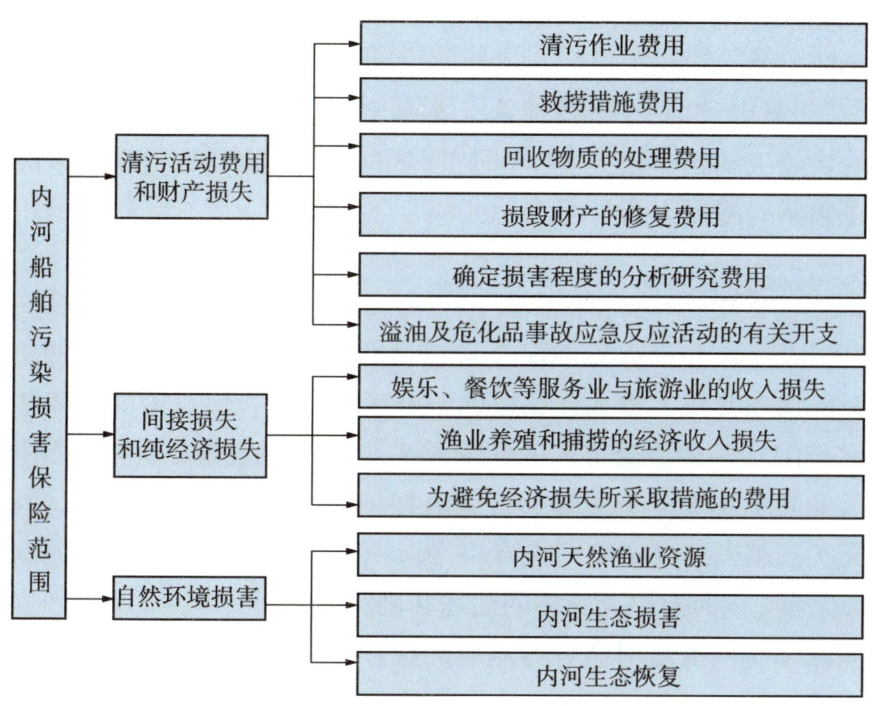

图 8−1　船舶污染损害保险范围

②完全由于被保险人、投保人、船舶所有人、船舶经营人及其代表的故意行为或者违法犯罪行为。

③船舶不适航（不适拖），包括被保险船舶的人员配备不当、技术状态、航行区域、用途不符合航行（拖航）规定或货物装载不妥。

④核反应、核辐射、核污染或其他放射性污染。

⑤完全是由于负责灯塔或其他助航设施管理的政府或其他主管当局在履行职责时的疏忽或其他过错行为所引发的事故造成的损害。

⑥被保险船舶的故意排放。

⑦被保险人应该承担的合同责任，但无合同存在时仍然应由被保险人承担的法律责任不在此限。

⑧被保险人或其雇员或第三者的人身伤亡及由此引起的责任和费用。

⑨被保险人的雇员所有或管理的财产的损失。

⑩任何运费损失、租金损失、租约解除损失、滞留损失、滞期费、船员工资等损失及相关的费用、利息，以及其他任何间接损失。

⑪精神损害赔偿。

⑫被保险人拥有、租赁或租用的船舶、货物、设备的损失。

⑬罚款、罚金、惩罚性赔款。

⑭任何船舶险或其他保险承保的责任和费用。

（3）索赔时效

我国《保险法》第二十七条规定：人寿保险以外的其他保险的被保险人或者受益人，对保险人请求赔偿或者给付保险金的权利，自其知道保险事故发生之日起二年不行使而消灭。

8.2.4 保险责任限额的设置方法及依据

责任限额是指在责任保险中保险公司承担赔偿保险金的最高限额。责任保险中，责任限额由保险双方事人在签订保险合同时依据投保标的的具体情况商定一个最高的赔偿限额。如果受害人的实际损失小于责任限额，则按实际损失赔偿；如果受害人的实际损失大于或等于责任限额，则按照责任限额赔偿，与实际损失数额大小无关。邬先江（2010）认为，"海事赔偿责任限制制度以鼓励航运的公共政策为重要宗旨，同时有更为具体的法理基础，此项制度体现了公平正义原则……海事赔偿责任限制制度是协调各方利益的杠杆，是促进投资与产业发展的重要保障，既是历史发展的产物，又是现在与未来产业发展的必要制度。因此，应当继续保留这一制度，但是可以根据社会发展的需要，进一步修改和完善这一制度的有关内容，在切实协调各方利益的基础上，促进航运投资与产业发展"[45]。

根据内河污染事故的特点，建议内河船舶污染损害民事责任保险责任限额的设置方法和依据应该从以下几个方面考虑。

①实际可能造成的损失。责任限额的设置方法和依据需要参考实际可能发生的内河污染事故损失大小。如果责任限额设置过小，受害人的损害无法得到充分的补偿，清污工作的进度也会受影响，强制船舶污染责任保险的价值和目的就无法得到实现。

②法律法规的要求。关于内河船舶的污染损害赔偿限额我国暂无明确的赔偿标准，可以借鉴沿海船舶损害民事赔偿标准。我国现行的关于船舶污染责任保险的责任限额的规定主要有《船舶油污损害民事责任保险实施办法》《海商法》和《关于不满 300 总吨船舶及沿海运输、沿海作业船舶海事赔偿限额的规定》。

(1)《海商法》

《海商法》多次提到责任限额和赔偿限额，但没有单独对污染事故责任提出赔偿限额。但提出了：

“(二)关于非人身伤亡的赔偿请求

1. 总吨位300吨至500吨的船舶，赔偿限额为167 000计算单位；

2. 总吨位超过500吨的船舶，500吨以下部分适用本项第1目的规定，500吨以上的部分，应当增加下列数额：

501吨至30 000吨的部分，每吨增加167计算单位；

30 001吨至70 000吨的部分，每吨增加125计算单位；

超过70 000吨的部分，每吨增加83计算单位。”

(2)海上油污责任民事保险

依据《中华人民共和国船舶油污损害民事责任保险实施办法》第二章“船舶油污损害民事责任保险及额度”的要求：

“第五条　在中华人民共和国管辖海域内航行的载运散装持久性油类物质的船舶，投保油污损害民事责任保险或者取得其他财务保证，应当不低于以下额度：

(一)5 000总吨以下的船舶为451万特别提款权；

(二)5 000总吨以上的船舶，除前项所规定的数额外，每增加一吨，增加631特别提款权，但是，此总额度在任何情况下不超过8 977万特别提款权。

第六条　在中华人民共和国管辖海域内航行的载运非持久性油类物质的船舶，以及1 000总吨以上载运非油类物质的船舶，投保油污损害民事责任保险或者取得其他财务保证，应当不低于以下额度：

(一)20总吨以上、21总吨以下的船舶，为27 500特别提款权；

(二)21总吨以上、300总吨以下的船舶，除第(一)项所规定的数额外，每增加一吨，增加500特别提款权；

(三)300总吨至500总吨的船舶，为167 000特别提款权；

(四)501总吨至30 000总吨的船舶，除第(三)项所规定的数额外，每增加一吨，增加167特别提款权；

(五)30 001总吨至70 000总吨的船舶，除第(四)项所规定的数额外，每增加一吨，增加125特别提款权；

(六)70 001总吨以上的船舶，除第(五)项所规定的数额外，每增加一吨，增加83特别提款权。

第七条　从事中华人民共和国港口之间货物运输或者沿海作业的船舶，投保油污损害民事责任保险或者取得其他财务保证，其额度按照第六条所规定额度的

50% 计算。”

可以看到，《船舶油污损害民事责任保险实施办法》中规定了海上船舶投保油污损害民事责任保险或者取得其他财务保证的下限。

（3）海上油污损害赔偿基金

依据《FUND 公约》，设定了赔偿责任限额：“1984 年议定书规定的国际油污赔偿基金，将每一油污事件中油污受害人的赔偿限额，包括油污受害人按照《1969 年责任公约》的 1984 年议定书得到的赔偿金额，规定为 1.35 亿特别提款权。并且，当在三个缔约国领土内收到的摊款石油总量，在前一日历年度达到 6 亿吨时，基金的赔偿限额增加到 2 亿特别提款权”。

《船舶油污损害赔偿基金征收使用管理办法》的第十八条提到，“船舶油污损害赔偿基金对任一船舶油污事故的赔偿或补偿金额不超过 3 000 万元人民币。财政部可以依据船舶油污事故赔偿需求、累积的船舶油污损害赔偿基金规模等因素，会同交通运输部调整基金赔偿限额。”而《船舶油污损害民事责任保险实施办法》没有提及责任限额问题。

（4）内河责任民事保险

依据现行的《中华人民共和国防治船舶污染内河水域环境管理规定》（交通部令 2005 年第 11 号），没有对污染事故责任赔偿进行保险要求，更不用说保险限额问题。

《中华人民共和国防治船舶污染内河水域环境管理规定》（2015 年修订，征求意见稿）提出了责任限额。第七章船舶污染责任保险要求：

“第四十三条　船舶或者有关作业单位造成水域环境污染损害的，应当依法承担污染损害赔偿责任。

第四十四条　通过内河运输危险化学品的船舶，其所有人或者经营人应当投保船舶污染损害民事责任保险或者取得财务担保。船舶污染损害民事责任保险单证或者财务担保证明的副本应当随船携带。

第四十五条　中国籍船舶的所有人或者经营人应当向在我国境内依法成立的商业性保险机构、在我国境内依法成立或者设有代表（代理）机构的互助性保险机构投保船舶污染损害民事责任保险。

从事船舶污染损害民事责任保险的保险机构应当依法履行赔付义务。拒不履行赔付义务的，海事管理机构对其签发的船舶污染损害民事责任保险单证或者其他财务保证证明不予认可。

第四十六条　船舶所有人投保船舶污染损害民事责任保险或者取得的财务担保的额度不得低于以下标准：

（一）船舶总吨位为 150 总吨及以下的，50 万元人民币；

（二）船舶总吨位为 151 ~ 300 总吨的，100 万元人民币；

（三）船舶总吨位为 301 ~ 500 总吨的，200 万元人民币；

（四）船舶总吨位为 501 ~ 1 000 总吨的，300 万元人民币；

（五）船舶总吨位为 1 001 ~ 1 600 总吨的，500 万元人民币；

（六）船舶总吨位为 1601 ~ 5 000 总吨的，1 000 万元人民币；

（七）船舶总吨位为 5 001 ~ 20 000 总吨的，2 000 万元人民币；

（八）船舶总吨位为 20 001 总吨及以上的，3 000 万元人民币。”

可以看到，新的《中华人民共和国船舶污染内河水域环境管理规定》对化学品船舶进行了强制保险的要求，并提出了责任限额最低标准，但还存在几个不足。一是，强制保险的船舶范围为“通过内河运输危险化学品的船舶”，没有把散装油船、其他危险品运输船舶纳入强制保险要求行列，也不包括船舶燃料油污染强制保险。而燃料油和油船事故造成的内河污染案例并不罕见。二是，保险额度设置较为简单，没有考虑化学品污染危害的复杂性以及船舶吨位、航线对风险的影响作用。当然，化学品风险是个复杂的计算问题，在法律法规中直接体现风险分析方式方法并非必要。这表示需要更灵活的计算方式。三是，采用人民币作为财务担保额度并不能考虑通货膨胀等因素。

(5)《关于不满 300 总吨船舶及沿海运输、沿海作业船舶海事赔偿限额的规定》

“第三条　除本规定第四条另有规定外，不满 300 总吨船舶的海事赔偿责任限制，依照下列规定计算赔偿限额：

……

（二）关于非人身伤亡的赔偿请求：

1. 超过 20 总吨、21 总吨以下的船舶，赔偿限额为 27 500 计算单位；

2. 超过 21 总吨的船舶，超过部分每吨增加 500 计算单位。

第四条　从事中华人民共和国港口之间货物运输或者沿海作业的船舶，不满 300 总吨的，其海事赔偿限额依照本规定第三条规定的赔偿限额的 50% 计算；300 总吨以上的，其海事赔偿限额依照《中华人民共和国海商法》第二百一十条第一款规定的赔偿限额的 50% 计算。”

(6) 保险公司的承保能力

责任限额的设置方法和依据还需要考虑保险公司的承保能力。我国《保险法》第 103 条规定：“保险公司对每一危险单位，即对一次保险事故可能造成的最大损失范围所承担的责任，不得超过其实有资本金加公积金总和的 10%；超过的部分应当办理再保险。”保险公司的经营风险来自不同方面，对每一危险单位所形成的风险加以管理是一个关键的环节。危险单位是指一次保险事故可能造成的最大损失所承担的责任。因为强制保险相较商业保险而言，在赔偿概率、赔偿数额上均大为提高，如果污染事故发生在保险期间内，并属于保险责任，保险公司是无条件予以赔偿的。考虑到建立强制船舶污染责任保险的目的在于为受害人提供最及时、最必要的救助，并非对受害人损失提供全面赔偿，如果责任限额设置过高，保险公司的承保压力过大，保费费率也大幅高于商业保险的费率，影响保险制度降低保费的初衷，因此责任限额不宜过大，应考虑保险公司的承保能力。

8.2.5 保险费率的影响因素及定价原则

保险费是投保人按一定保险条件，为获得保险公司提供的保障，向保险公司交付的费用。保险费率即保险价格，是保险公司按单位保险金额，向投保人收取保险费的标准。

（1）保险费率的特点

保险费率具有一些特殊性，主要表现在保险费率的厘定在承保发生之前，而一般商品的价格制定在成本发生之后。保险是根据过去的损失成本和费用成本制定现在的保险价格，而事实上，现在的价格又是用来补偿将来发生的成本。因此，为了制定准确、客观的保险费率，需要保险公司获得足够的历史资料和数据。此外，保险费率的厘定受到较严格的监管，保险监管部门不仅具有核定费率的权利，而且还通过法律规定保险企业不能随意调整保险费率。不像其他商品的价格，由市场供求关系来决定，而且随着市场状况变化随时调整。另外，在责任保险中，保险费率的高低还受保险责任大小的影响，投保人选择较低的保险责任时，支付的保费相应偏低，选择较高的保险保障时，需支付的保费相应较高。

（2）保险定价原则

针对上述保险费率的特点，结合内河污染事故自身的特点，对保险进行定价时需要遵循一些特殊的原则，主要有以下方面。

①补偿原则，即保险的基本职能是提供经济补偿，保险人收取的保费应能充分满足保险人履行保险赔偿责任的需要，以保障被保险人获得合理的补偿。建议参考内河污染事故以往的保险赔偿额度和内河污染事故造成的实际损害程度。

②公平合理原则，即根据保险标的的危险程度分配被保险人承担的保费。例如，全国沿海船舶油污责任保险的费率机制按照油污污染风险大小，即按照船舶类型分为载运持久性油类物质的油船、载运非持久性油类物质的油船、新造试航船舶和其他船舶，按照吨位分为 500 总吨及以下、501 ～ 1 000 总吨、1 001 ～ 1 600 总吨、

1 601 ～ 3 000 总吨、3 001 ～ 5 000 总吨、5 001 ～ 10 000 总吨、10 001 ～ 20 000 总吨、20 001 ～ 30 000 总吨和 30 001 以上总吨。

③稳定灵活原则。仿照我国沿海船舶油污责任保险的费率规章，在确定内河船舶污染责任保险基础保费的基础上，还需制定适应特殊情况的保费调整因子（如船龄因子、货种因子、航线因子等），以确保保费稳定的基础上又有灵活性。

（3）保险定价因素

内河船舶污染损害民事赔偿责任保险的定价，需要根据内河船舶特点，考虑多方面因素进行定价。根据补偿原则和公平合理原则，将以下因素规定为定价因素。

①船舶总吨。船舶总吨主要反映船舶的大小和收益能力，不同总吨船舶污染损害赔偿责任风险大小明显不同，且《海商法》《船舶油污损害民事责任保险实施办法》等法规中对于船舶污染赔偿责任限额的规定，均以船舶吨位指标进行划分，故船舶吨位是考虑保险定价的重要因素。

②船舶类型。不同船舶类型具有不同的作业职能，在作业过程中所遇到的风险不尽相同，所以船舶类型是费率厘定的重要因素。

③管理水平。船舶管理水平的高低直接影响船舶事故风险概率，应作为保险定价的重要参考。

④赔偿限额。赔偿限额是责任保险中保险公司最高的赔偿额度，赔偿限额越高保险公司承担的风险越大。

⑤风险程度。风险程度通过事故发生概率和损失程度两方面来反映，风险程度越高费率越高，风险程度越低费率越低。

⑥政府政策。政府政策在一定程度上影响内河船舶的发展水平和发展方向，以及内河保险制度的实施效果，是保险定价考虑的重要因素。

⑦采取投保模式。在保险市场上，不同的投保模式在一定程度上影响保险公司对费率的制定，如在自由投保模式下，投保人为单个船东，单位投保人投保规模较小，保险公司很难给予费率优惠。在统保模式下，所有船东共同投保，将投保规模捆绑，保险公司制定费率时会考虑规模效益，给予优惠费率。

另外，费率厘定还会参照已经实行的沿海船舶油污损害民事赔偿责任保险示范项目，将其定价机制作为基础，制定内河船舶污染责任保险费率机制，并经过长期的经营进行投保数据累积，再根据积累的历史数据，对费率进行不断调整，以保证费率符合内河船舶实际风险状况。

（4）评价指标设定

船舶污染事故概率风险评价指标体系的构建步骤可以按照图 8–2 所示进行。即确定评价标准，并按照相应的评价方法确定评价指标权重、隶属度并进行模糊综合评价，最后完成船舶污染事故概率风险评价指标体系的建立。

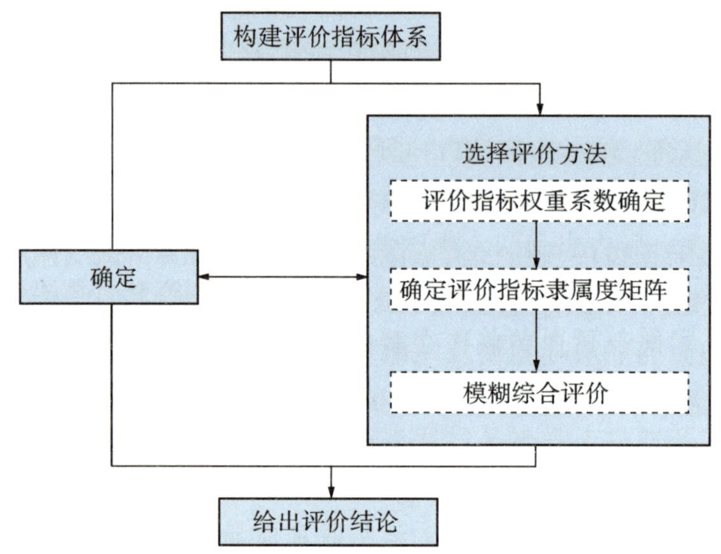

图 8−2　船舶污染保险风险指标构建的步骤

可以把船舶污染事故概率风险评价指标体系分为 4 个层次，依次是目标层、准则层、主题层、指标层，见图 8−3。

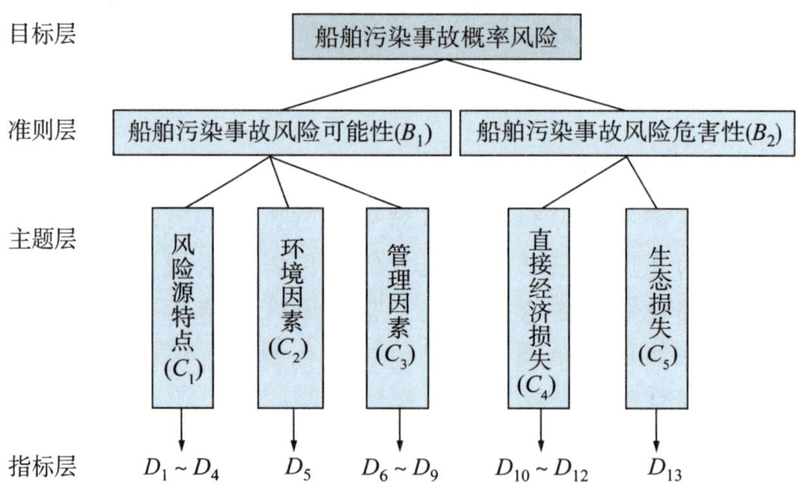

图 8−3　评价指标体系层次结构

目标层（1 级指标）：为最高一级指标，依据船舶污染事故概率风险的评价方法进行划分。

准则层（2 级指标）：有 2 个指标，从船舶污染事故风险可能性和船舶污染事故风险危害性两方面进行评价。船舶污染事故发生可能性越大、可能危害性越大，则船舶污染事故概率风险程度越高、风险等级越高。

主题层（3 级指标）：有 5 个指标，即风险源特点、环境因素、管理因素、直接经济损失、生态损失。

指标层（4 级指标）：有 12 个指标，主要分为定性指标和定量指标两种。定量指标如船舶总吨等，定性指标如船员安全素质等。

根据《水上交通事故统计办法》（交通运输部令 2014 年第 15 号）：

"第六条　水上交通事故按照人员伤亡、直接经济损失或者水域环境污染情况等要素，分为以下等级：

（一）特别重大事故，指造成 30 人以上死亡（含失踪）的，或者 100 人以上重伤的，或者船舶溢油 1 000 吨以上致水域污染的，或者 1 亿元以上直接经济损失的事故；

（二）重大事故，指造成 10 人以上 30 人以下死亡（含失踪）的，或者 50 人以上 100 人以下重伤的，或者船舶溢油 500 吨以上 1 000 吨以下致水域污染的，或者 5 000 万元以上 1 亿元以下直接经济损失的事故；

（三）较大事故，指造成 3 人以上 10 人以下死亡（含失踪）的，或者 10 人以上 50 人以下重伤的，或者船舶溢油 100 吨以上 500 吨以下致水域污染的，或者 1 000 万元以上 5 000 万元以下直接经济损失的事故；

（四）一般事故，指造成 1 人以上 3 人以下死亡（含失踪）的，或者 1 人以上 10 人以下重伤的，或者船舶溢油 1 吨以上 100 吨以下致水域污染的，或者 100 万元以上 1 000 万元以下直接经济损失的事故；

（五）小事故，指未达到一般事故等级的事故。"

根据统计方法，建立船舶污染事故概率风险分级，见表 8–1。

船舶污染事故概率风险分级表　　表 8–1

风险等级	含　义	评　级
第Ⅰ级	表明发生船舶污染事故概率极大，对环境造成特别重大的危害	特别重大
第Ⅱ级	表明发生船舶污染事故概率大，对环境造成重大的危害	重大
第Ⅲ级	表明发生船舶污染事故概率较大，对环境造成较大的危害	较大
第Ⅳ级	表明发生船舶污染事故概率较小，对环境造成一般程度的危害	一般
第Ⅴ级	表明发生船舶污染事故概率极小，对环境基本不会造成危害	小

在建立船舶污染事故概率风险分级之后，就要确定具体的船舶污染事故概率风险指标。各评价指标的具体评价标准见表 8–2。

①风险源自身特点。

A. 船舶总吨主要反映船舶的大小和收益能力，不同总吨船舶污染损害赔偿责任风险大小明显不同，且《海商法》《船舶油污损害民事责任保险实施办法》等法规中对于船舶污染赔偿责任限额的规定，均以船舶吨位指标进行划分，故船舶吨位是考虑保险定价最重要的因素。根据船型，将 5 001 ～ 20 000 总吨设为第Ⅰ级，1 001 ～ 5 000 总吨、501 ～ 1 000 总吨、301 ～ 500 总吨和 300 总吨以下的船舶分别对应第Ⅱ、Ⅲ、Ⅳ、Ⅴ级。

指标评价标准 表 8–2

指标名称	单位	评价等级				
		第Ⅰ级	第Ⅱ级	第Ⅲ级	第Ⅳ级	第Ⅴ级
船舶总吨（D_1）	t	5 001 ～ 20 000	1 001 ～ 5 000	501 ～ 1 000	301 ～ 500	≤ 300
运输货物种类（D_2）	—	100	75	50	25	0
船舶结构（D_3）	—	极差	较差	一般	较好	良好
船龄（D_4）	年	20 年以上	15 ～ 20 年	10 ～ 15 年	5 ～ 10 年	小于 5 年
敏感资源（D_5）	—	50	20	5	1	0
船舶企业分级（D_6）	—	E	D	C	B	A
安全管理制度的实施（D_7）	—	极差	较差	一般	较好	良好
船员安全素质（D_8）	—	极差	较差	一般	较好	良好
事故频率（D_9）	次	10	8	5	2	0
伤亡人数（D_{10}）	—	10	5	3	1	0
水产损失量（D_{11}）	T	2 000	500	200	50	1
水产市场价格（D_{12}）	元 /kg	15	12	10	8	5
生态损失（D_{13}）	万元	100	50	10	5	1

B. 运输货物种类。根据危险货物毒害性、污染危害性和安全风险性，将其分为一、二、三、四类进行管理，并根据装卸货物的危险类别，对码头实施同级别监管。本书以此为依据，把危险物质毒性评价标准定为 100（第一类）、75（第二类）、50（第三类）、25（第四类）、0（其他货物），分别对应第Ⅰ、Ⅱ、Ⅲ、Ⅳ、Ⅴ级。

C. 船舶结构。不同船舶结构在运输作业过程中所遇到的风险不尽相同，如双壳船比单壳船更安全，所以船舶类型是费率厘定的重要因素。根据船舶结构可以分为双底双壳船，最安全；单底双壳船，较安全；双底单壳船，一般；单底单壳船，较差；破损船舶，极差。

D. 船龄。不同船龄在船舶性能上体现差异较大。新船性能较好，而老旧船舶则面临报废的风险，根据船舶船龄分为 20 年以上、15 ～ 20 年、10 ～ 15 年、5 ～ 10 年、小于 5 年。

②环境因素。

敏感资源，指污染事故中受到污染的重要敏感资源情况，包括取水口、自然保护区、旅游度假区等。根据交通运输部海事局发布的《船舶污染海洋环境风险评价技术规范（试行）》将环境敏感资源分为 5 个级别，分别赋予非常高（50）、高（20）、中等（5）、低（1）和很低（0），分别对应第Ⅰ、Ⅱ、Ⅲ、Ⅳ和Ⅴ级。

③管理因素。

A. 船舶企业分级。根据水运企业分级分类评定标准，综合评定总分为100分。按综合得分情况评定等级，90分及以上的为A级，表示经营情况好；80～89分的为B级，表示经营情况良好；70～79分的为C级，表示经营情况一般；60～69分的为D级，表示经营情况较差，须立即整改；低于60分的为E级，表示经营情况极差，必须停顿整改。

B. 安全管理制度的实施。现在，大多数船舶航运企业都有自己的安全管理制度，但执行的力度却不尽相同，因此选取安全管理制度的实施作为评价指标之一，如船舶航运企业是否拥有安全管理证书（SMC）。按照安全管理制度实施情况分为极差（Ⅰ级）、较差（Ⅱ级）、一般（Ⅲ级）、较好（Ⅳ级）、良好（Ⅴ级）。

C. 船员安全素质。船员都需要有船员证，而油船和化学品船的船员一般还要求有船员特殊培训证书，此外大型航运公司还有船员上岗培训和船员日常培训。所以把该指标选为重要指标，可以把船员安全素质分为极差（Ⅰ级）、较差（Ⅱ级）、一般（Ⅲ级）、较好（Ⅳ级）、良好（Ⅴ级）。

D. 事故频率主要可以通过事故发生概率和损失程度两方面来反映，船舶过去发生过事故，则风险越高。可根据一个航运公司下属船舶发生过事故次数来评定，分为10次（Ⅰ级）、8次（Ⅱ级）、5次（Ⅲ）、2次（Ⅳ级）、0次（Ⅴ级）。

④直接经济损失。

A. 伤亡人数。

通过对历年船舶事故的统计数据，把该指标的标准定为10人（Ⅰ级）、5人（Ⅱ级）、3人（Ⅲ级）、1人（Ⅳ级）、0人（Ⅴ级）。

B. 水产损失量。船舶污染事故会造成水体污染，而这种污染最直接的损失就是对水产品造成的损失。该损失要依据水产品的损失数量和市场价格进行评价。水产损失量可以根据历年船舶污染事故统计得出，标准定为200万kg（Ⅰ级）、50万kg（Ⅱ级）、20万kg（Ⅲ级）、5万kg（Ⅳ级）、1 000kg（Ⅴ级）。

C. 水产市场价格。根据农业部公布的农产品价格行情分析，近年来我国主要淡水产品的平均价格是，鲢鱼4～14元/kg，草鱼8～15元/kg，鲫鱼8～15元/kg,鲤鱼3～13元/kg。因此把该指标定为15元/kg（Ⅰ级）、12元/kg（Ⅱ级）、10元/kg（Ⅲ级）、8元/kg（Ⅳ级）、5元/kg（Ⅴ级）。

⑤生态损失。

生态损失为间接损失，较难计算，主要为实际或行将采取恢复原状的合理措施费用，如增值放流和珍贵物种的人工繁殖费用、取水口关闭导致饮用水断供等。

参考目前长江流域鱼类人工繁殖放流平均花费，把该指标暂定为100万元（Ⅰ级）、50万元（Ⅱ级）、10万元（Ⅲ级）、5万元（Ⅳ级）、1万元（Ⅴ级）。

（5）计算评价指标权重

①使用层次分析法（AHP法）确定各主题层指标权重。

在船舶污染事故概率风险评价指标体系建立完成后，由于这些指标对于整体的重要程度不同，就要确定每个指标的权重，使用 AHP 法进行权重确定。AHP法是对定性问题进行定量分析的一种简便、灵活而又实用的多准则决策方法。它的特点是把复杂问题中的各种因素通过划分为相互联系的有序层次，使之条理化，根据对一定客观现实的主观判断结构（主要是两两比较）把专家意见和分析者的客观判断结果直接而有效地结合起来，将一层次元素两两比较的重要性进行定量描述。而后，利用数学方法计算反映每一层次元素的相对重要性次序的权值，通过所有层次之间的总排序计算所有元素的相对权重并进行排序。

首先建立层次分析结构模型，按照船舶污染事故概率风险评价指标体系确定，分为目标层、准则层、主题层和指标层4个层次，见图8-3。

由于大部分船舶污染事故概率风险评价指标属于定性指标，因此在确定评价指标权重的时候，采取专家打分的模式。收集30名相关船舶、海事、航运业及保险行业的专家对各项指标打分后，对每项取平均值，然后进行归一化处理。打分可分为5个等级，分别为5分、4分、3分、2分、1分，在打分后计算每项指标的得分平均值，通过构造两两比较判断矩阵及矩阵运算的数学方法，确定相对权值。打分与计算见表8-3。

打分与计算表 表8-3

评价指标 / 分数	风险源特点				环境因素	管理因素				直接经济损失			生态损失
	船舶总吨	运输货物种类	船舶结构	船龄	敏感资源	船舶企业分级	安全管理制度的实施	船员安全素质	事故频率	伤亡人数	水产损失量	水产市场价格	生态损失
5													
4													
3													
2													
1													

②各指标权重汇总。

上面计算得到的仅是一组元素对其上一层中某一元素的权重值，即每个主题层中各指标相对于自己主题层的权重，还要计算出船舶污染事故概率风险评价指标体系中的各个指标相对于目标层的权重，即最终是要得到各评价指标对总目标的相对重要程度，特别是要得到最低层中各方案对于目标的排序权重，因而可以使用权重汇总的公式进行计算。

$$W(C_j)=W(C_j)\times W(B(C_j))\times W(A(C_j)) \tag{8-1}$$

式中：$W(C_j)$——相对于其所对应的 B 因素而言，C_j 的权重；

$W(B(C_j))$——C_j 所属的 B 因素相对于对应 A 因素的权重；

$W(A(C_j))$——C_j 所属再上层的 A 因素相对于总体目标的权重。

根据式（8–1）和以上船舶污染事故概率风险评价指标体系主题层的各指标权重值，可以把船舶污染事故概率风险各个指标进行汇总计算，得到相对于总的目标而言各指标的权重值。

（6）内部回报率模型

由于我国船舶污染责任保险的实施还在试点阶段，现有的根据保额损失率进行保险费确定的方法并不适用。因此，可以从保险公司盈利角度确定保险费的保险定价模型，即内部回报率模型。

内部回报率也叫内部收益率，即 IRR 模型，是财务分析的一种手段，即投资人进行投资前，分析投资的收益水平，就用内部回报率进行判断。该模型认为，保险公司收取的保险费除了支付保险金和管理费用之外，还要用于投资，使保险费保值增值。所以要使得保险公司盈利，必须保证资金流入大于流出，或者从保险费投资中获利。

在进行保费确定之前，首先把环境污染责任保险保险期定为 1 年，那么，被保险人即企业就要在合约生效的当天零点开始缴纳保险费，这个费用定为 M，而该保险费是保险公司应收的费用。可以用 L 表示在发生船舶污染事故所面临的索赔额还有日常的管理支出。这时用 D 表示保险公司股东所支付的资本金。得到保费和资本金的总和为（$M+D$），这就是保险公司总的收入，把这些收入用于投资，就会产生一定的投资回报率 C_A，这部分就是金融资产。一般情况下，保险公司会把保费和其自有资产进行投资，普遍会选择政府债券，因为安全性较高。所以投资利润率 C_A 与无风险利率 C_f 是相等的，即 $C_A=C_f$。由于保险公司在经营过程中要缴纳一定的税费 T_r，当考虑到税费问题时，就要把预期赔偿额及相关支出进行折现，其折现率为 C_L。则计算公式为：

$$M=\frac{L}{1+C_L}+\frac{D\cdot C_f\cdot T_r}{(1+C_f)(1-T_r)}+\frac{(L/D)(C_f-C_L)}{(1+C_L)(1+C_f)} \tag{8-2}$$

另外，费率厘定还可参照已经实行的沿海船舶油污损害民事赔偿责任保险示范项目，将其定价机制作为基础，制定内河船舶污染责任保险费率机制，并经过长期的经营进行投保数据累积，再根据积累的历史数据，对费率进行不断进行调整，以保证费率符合内河船舶实际风险状况。

（7）保险费率计算方案

根据上述分析，基础保险费率计算方案见表 8–4。

船舶污染保险费率计算方案　　表 8–4

船舶的总吨		责任限额（万元）	每次事故免赔额（万元）	基准保险费
危化品船舶及油船	≤ 300	50	2	0.5
		100	2	0.7
	301 ～ 500	200	3	1.2
		300	3	1.3
	501 ～ 1 000	200	3	1.4
		400	4	1.8
	1 001 ～ 1 600	200	3	1.5
		500	5	2
	1 601 ～ 5 000	500	5	13
		1 000	6	16
	5 001 ～ 20 000	1 000	6	16
		2 000	10	18
其他船舶	1 001 ～ 1 600	5	0.5	0.5
	1 601 ～ 5 000	7	0.7	0.7
	5 001 ～ 20 000	9	0.9	0.9
	≥ 20 000	10	1	1.0

在基础费率上，按照船舶污染事故风险等级进行差别对待，不同的风险等级实行差别费率，即在基础费率的基础上附加一个费率 S，并确定一个浮动比例 F。这种附加费率和浮动比例就可以体现船舶污染责任保险的公平和效率。通过这种方式也可使航运企业自觉地、有效地控制和管理船舶污染事故风险。

根据船舶污染事故概率风险评价指标体系和内部回报率模型能计算出航运企业具体的风险等级。如果企业想要降低自己缴纳的保险费，就要使自己的船舶污染事故概率风险等级降低。一般而言，新成立的航运企业无过往船舶事故，但同时也缺乏相应的管理经验和运营经验，相对成熟的航运企业则风险等级偏高。而风险等级越高则附加费率越高，风险等级越低，则附加费率越低。附加费率见表 8–5。

船舶污染保险除了有附加费率外，还要建立浮动比例，可以参照汽车交强险的浮动比例来确定这个浮动比例。浮动比例可按照该航运企业上一年度发生船舶交通事故（含污染事故）的次数确定，浮动比例在 −30% ～ 30% 之间，见表 8−6。上年度发生的船舶交通事故次数越多浮动比例就越高，反之则越低。保险费浮动比例的确定能促使航运企业进行风险防范，减少各类船舶事故发生。

保险费率附加费率表 表 8−5

风 险 等 级	附 加 费 率 *S*
第Ⅰ级	2%
第Ⅱ级	1%
第Ⅲ级	0
第Ⅳ级	−1%
第Ⅴ级	−2%

保险费率浮动比例 表 8−6

浮 动 因 素		浮 动 比 例 *F*
第Ⅰ级	上一年度发生 3 次及以上船舶交通事故	30%
第Ⅱ级	上一年度发生 1 次船舶交通事故	10%
第Ⅲ级	上一年度未发生船舶交通事故	0
第Ⅳ级	上 2 个年度未发生船舶交通事故	−10%
第Ⅴ级	上 3 个年度未发生船舶交通事故	−30%

航运企业实际缴纳的船舶污染责任保险费计算模型为：

$$P=(M+M\times S)\times(1+F) \tag{8-3}$$

式中：P——船舶污染责任保险最终保险费；

M——船舶污染责任保险基础保险费；

S——附加费率；

F——浮动比例。

如果同时满足多个浮动因素，可按照向上浮动或者向下浮动比例的高者计算。

8.2.6 参保范围的设定及保险机制中损害确定方面的研究

（1）参保范围的设定

我国内河船舶种类繁多、货种范围广泛，有运输沙石、水泥、矿建材料的，有运输钢材、煤、木材等大宗货物的，也有运输油品、危险化学品的。有些船舶是由运输公司经营管理，更多的则是个体船户私人经营。因此，目前内河船舶保险的参保情况千差万别。

①危化品船舶和油船。

这类船舶绝大部分是由航运公司所有、组织运营，便于自身安全管理和海事安全监管。根据2011年新修订的《危险化学品安全管理条例》，危险化学品运输船舶及油船实行强制投保船舶污染责任保险。但由于没有出台具体细则，目前只有大型航运公司的油船、危化品船参与投保。一些个体的小型危化品船、油船出于利益考虑，不愿投保，存在违章、冒险营运的情况。

②航运公司干散货船。

这类由航运公司所有并组织运营的船舶，一般情况下都有着比较完善的安全管理体系，大部分船舶都购买了一些普通船舶保险，如全损险，但投保船舶污染责任保险的却不多。更有一些小型航运公司出于成本和利益上的考虑，没有为船舶办理任何保险，冒险营运，一旦发生重大船舶交通事故，后果不堪设想。

③个体干散货船。

从事内河航运业的个体干散货船数量占内河船舶总量的比重较大，很多是“夫妻船”“家庭船”，普遍存在船龄长、船型机型杂乱、技术落后的特点，航行安全管理水平、船员整体素质和技术能力都相对较低。这些船舶绝大部分没有购买普通船舶保险，更不必说船舶污染责任保险了。

总体而言，内河船舶特别是普通货物船舶购买一般船舶保险的比例较低，而购买船舶污染责任保险的比例则更低。但无论是危化品船、油船，还是干散货船，都存在污染风险，一旦发生船舶碰撞事故，特别是沉船、溢油事故，船舶的化学品、燃油、油污水都会形成污染源，打捞的费用、清污的费用更是个体船东甚至船公司承担不起的。

在参保范围的设定方面，参考《关于不满300总吨船舶及沿海运输、沿海作业船舶海事赔偿限额的规定》《1969年民事责任公约》及其1992年议定书和《HNS公约》的相关规定，以及结合我国内河船舶总吨、类型和内河污染事故污染原因归类的调研结果，建议我国内河船舶污染损害民事责任保险的被保险船舶为超过20总吨的在中华人民共和国合法登记注册、从事内河航行的油船和载运有毒有害物质船舶以及1 000总吨以上的其他船舶。

油船，是指载运作为货物的散装油类、油性混合物（包括持久性油类和非持久性油类）而建造或改建的任何类型的内河船舶和海上运输工具，但是一艘能够运输油类和其他货物的船舶仅在其实际载运作为货物的散装油类时，以及在进行这种运输之后航次，方能被视为一艘船舶，但能证明其上已不再装有散装油类的残余物者除外。油船投保的保险责任应该包括船舶燃油和所载油类、油类混合物污染所造成的民事赔偿责任。

载运有毒有害物质船舶，是指载运作为货物的《危险化学品名录》（2015版）中物质而建造或改建的任何类型的内河船舶和海上运输工具。载运有毒有害物质船舶投保的保险责任应该包括船舶燃油和所载有毒有害物质污染造成的民事损害赔偿责任。

1 000 总吨以上的其他船舶，是指除油船和载运有毒有害物质船舶之外的其他船舶，应该投保的保险责任包括船舶燃油造成的民事赔偿责任。

（2）损害确定方面的研究

①确定赔偿责任限额。

赔偿限额是责任保险中保险公司最高的赔偿额度，对船舶污染责任限额的确定是整个船舶污染强制责任保险的首要问题，赔偿限额越高保险公司承担的风险越大。

应当实施强制责任保险的船舶包括载运任何类型的烃类矿物油的油类货物的船舶、载运有毒有害物质的船舶以及除上述两类船舶外的吨位达 1 000 总吨以上的任何类型的船舶。而我国这三类船舶的实际情况比较复杂。首先，这三类船舶污染各有特点，船舶污染损害的大小与船舶的吨位大小和所载运的货油的多少有关，而海上运输有毒有害危险品污染损害的大小与所载运有毒有害危险品种类的联系，要大于其与船舶吨位大小及所载有毒有害危险品量的联系，船舶燃油污染损害的大小虽然与船舶携带燃油的多少有关，但是船舶总吨大小与燃油携带量并没有明显的正比关系。

另外，每类船舶按航行区域又可分为从事国际运输的船舶、沿海运输船舶和内河船，而这三个区域的船舶吨位分布又很不均衡。大体上来说，从事国际运输的船舶的平均吨位要远远高于内河船舶的平均吨位。如在长江下游从事国际运输的船舶、沿海运输船舶和内河船都有运营，而在长江中上游主要以内河船为主。因此需要结合其特点，并借鉴有关国际公约的规定，找到一个既能为各方所接受，又能发挥责任保险制度最佳效用的平衡点。

②确定投保人及保险人的承受能力。

实施船舶污染强制责任保险制度，保险人的积极配合是政策实施不得不考虑的重要因素。建立船舶污染强制责任保险制度是政府行为，但保险人承保则是市场行为。保险人承保与否，其实取决于承保后是否有利可图。因此，在制定船舶污染强制责任保险时，需要综合考虑投保人以及保险人的承受能力，制定一个合理的保费范围，这样才能保证船舶污染强制责任保险制度有效地实施，真正发挥其应有的作用。

③不应加重航运企业的负担。

自 2008 年金融危机以来，航运市场一直处于低迷状态，因此在内河强制保险定价时应当在充分计算保险风险的基础上，以不加重航运企业的负担为宜。目前，我国船舶污染清除能力不高，污染损害的索赔数额相当有限，所以需要在充分考虑国内污染赔偿水平、船东承受能力的基础上制定合适的保险费率和保险范围。高费率和大保障对于小型的油轮船东来讲可能既负担沉重又浪费。在设定内河船舶污染责任保险费率计算时，可以按照“保本微利，兼顾保险公司和船东利益”原则，由政府牵头，把广大投保人组织起来，集中投保以获得规模采购效应，使得保险人可充分利用“大数法则”，对集中投保给予优惠的费率。集中统一投保还有利于确保数据的完整有效， 作为确定保险基础费率及以后费率调整、浮动的依据。

8.3 内河船舶污染损害保险机制的建立

8.3.1 理赔服务机制

建议根据内河污染事故理赔工作的实际需要，参考沿海船舶油污责任险统保示范项目的经验，建立以担保机制、预付赔款机制、第三方纠纷调解机制组成的内河污染事故保险应急机制。

（1）担保机制

为防止污染事故发生后出险船舶或货物被扣押，建立担保机制，在保单赔偿额度内，为出险船舶进行担保申请，组织承保公司作为担保人，保证船舶的正常运营。

（2）预付赔款机制

预付赔款机制是指保险人收到被保险人或者受益人要求赔偿或者给付保险金的请求的相关证明、资料后，对其赔偿或者给付保险金的数额在短期内不能确定的，应当根据已有证明和资料可以确定的最低数额先予支付，金额以责任限额的50%为限，待保险人最终确定赔偿或者给付保险金的数额后，应当支付相应差额的制度。

我国《保险法》第二十六条规定：保险人自收到赔偿或者给付保险金的请求和有关证明、资料之日起六十日内，对其赔偿或者给付保险金的数额不能确定的，应当根据已有证明和资料可以确定的最低数额先予支付；保险人最终确定赔偿或者给付保险金的数额后，应当支付相应的差额。

鉴于内河污染事故具有污染范围迅速扩散、受害范围广等特点，污染损害程度的最终确认和损失金额的界定，均需要较长周期，建议内河船舶污染责任保险的推行过程中落实预付赔款机制，保证将赔款金额尽快落实到污染受害人手中，向受害人提供及时的补偿。

（3）第三方纠纷调解机制

国内目前还没有建立统一的科学的损害赔偿评估方法和事故责任认定机制，这给内河船舶污染事故发生后的清污等费用的结算及损害赔付的计算带来不小的困难，并且保险人与被保险人之间经常为赔偿金额的多少产生纠纷。建议引入保险公估机构、污染鉴定机构、法律顾问、海事咨询机构、科研院校等其他第三方专业机构，参与到内河船舶污染责任保险推广过程中的事故理赔服务和纠纷调解工作中，向海事主管机关和保险公司提供专业的公估和鉴定意见，探索建立以第三方调解为主的污染责任险纠纷调解机制，处理好投诉纠纷，维护投保人的利益。

8.3.2 承保模式和投保模式

（1）承保模式

船舶一旦发生污染事故经常导致巨额的索赔，给船东带来巨额财产损失，故需要以再保险和共保的方式对风险进行分散。

①共保模式。

共保模式是指对于船舶污染损害民事赔偿责任保险，指定多家保险公司组成共保体，对保险责任进行共同承保的模式。此种机制可以充分调动保险行业的力量，充分转移内河污染风险，提高保险公司经营稳定性。同时通过全国沿海责任险统保示范项目的统保试点，采用统一的共保机制有利于消除保险市场中存在的恶性价格竞争问题，维护市场的稳定；有利于保险公司节约运营成本；有利于形成我国自己的船舶污染责任险的数据管理，实现船舶污染责任险的科学定价。

②再保模式。

再保模式是指由一家保险公司对船舶污染损害民事赔偿责任保险进行承保，为提高保险公司经营的稳定性，通过签订再保合同将所承保的风险向其他多个保险人进行保险，以加强对风险的承担能力。对于污染事故可能带来的巨额赔偿，可以采用再保模式进行转移。

③共保和再保模式使用。

共同保险与再保险均具有分散风险、扩大承保能力、稳定经营成果的效果。对于内河船舶污染损害民事责任风险，建议使用共保和再保组合的模式进行保险，即先组织保险公司组成共保体，进行共保，对风险进行初次分散，再根据各公司财务状况和风险承担能力，安排再保险，将风险进行二次分散，将风险最大化分散，充分确保承保公司经营的稳定性和对风险承担的能力。

（2）投保模式

①自由投保。

自由投保模式是指船东根据自身投保需要，自行向保险公司投保污染损害民事赔偿责任保险或涵盖相同保险责任的保险产品，对污染损害赔偿责任进行保障，并在出现保险事故时自行向保险公司进行索赔的模式。

②统保模式。

A. 制定全国统保示范产品。一个完善的全国性的示范产品是全面推广内河船舶污染责任保险的基础。建议保险专家和海事专家，依据最新的政策法规和国际公约，结合保险市场现有产品和保险公司的承保能力，针对目前市场中保险条款参差不齐的问题，针对实务中经常出现的新造船舶试航、船舶交易、船舶融资、船舶改造、船舶使用性质变更、保费分期等特殊需求在统保示范产品中添加专门的条款或制定专门的附加条款更好满足船东的保险需求，制定出全国统保示范产品及其费率标准，报保监会备案。

B. 完善服务网络。可依据内河船舶分布情况，在全国五大主要内河水系及船舶分布集中的城市设立船东服务中心，为船东提供便捷的承保、理赔服务。参考我国沿海船舶油污损害民事责任保险统保示范项目的服务模式，由经纪公司和保险公司共同为当地船东提供除网络和电话服务之外的上门统保服务。

C. 统一投保服务流程。建议制定一套包含投保单填写、提交投保材料、核保、缴费、出单的完整投保内河船舶污染责任保险的流程，提供船东在服务中心现场投保、网上投保等多种投保方式，实现各流程之间的无缝衔接，提高船东投保的效率，方便海事主管机关的管理和调控。

D. 统一理赔服务流程。由于我国船舶污染责任险开展的历史较短，绝大多数保险公司缺乏处理船舶污染事故的经验，现在各保险公司的污染事故处理都受制于海外的再保人，没有形成自己的理赔流程。随着沿海船舶污染责任保险统保示范项目的运行，内河船舶污染责任保险的理赔服务流程也需要进行统一和规范。

建议海事主管部门组织保险公司分析内河污染责任保险历史赔案，分析理赔中出现的疑难问题，结合各保险公司的理赔程序和水上清污工作的实际流程，并参考全国沿海船舶油污责任险统保示范项目的理赔服务规定，制定出一个标准化的、适合内河污染责任保险特点的理赔流程，并在保险运行过程中不断完善该流程，提高我国保险业应对内河污染事故的理赔能力。

8.3.3 应急垫付机制

由于水的流动性、船舶的移动性，决定了水上船舶污染不可能局限在或固定在某一点而静止不动，一次内河污染很可能波及多个水域，随着时间的推迟，清污工作的难度逐渐加大。因此，清污资金的尽快到位以及对污染范围的迅速控制是内河污染事故发生之后的首要工作。应急救助和清污需要的应急垫付机制的运用成为推行实施内河船舶污染责任保险的过程中的一项重要工作。

应急垫付机制是以专项保证金的形式实现，根据船东需要，从保险公司收取的保费中提取一定比例，存入特定的应急垫付机制专项保证金账户。当被保险船舶发生污染事故时，为了应急救助和清污需要，被保险人可以提出使用预付应急费用的申请。用于垫付的应急费用额度经审批后，从专项保证金中支出，最高额度以专项保证金账户中当时的额度为限。

专项保证金是应急垫付机制的基础。资金额度应设有最低限额和最高限额。当专项保证金额度达到最高额度时，停止提取；当实际提取金额低于按比例计算应提取金额且累计余额不足最高额度时，应予以补足。第一年未使用完额度向下一年累计滚存。预付应急救助费用使用限额以事故发生时已累计应急基金额度为限。保险公司在对保险船舶进行赔付时，应在赔款中扣除已预付的应急救助及清污费用。

8.3.4 监督管理模式及要求

（1）完善相关法律法规建设

目前，内河船舶的污染损害民事责任赔偿制度建设滞后。虽然我国 2011 年 12 月颁布的《危险化学品安全管理条例》中明确规定，“通过内河运输危险化学品的船舶，其所有人或者经营人应当取得船舶污染损害责任保险证书或者财务担保证明”，但没有出台配套的管理规定或实施细则，在实践中缺乏可操作性。法律制度的不完善、不明确，使得海事主管部门操作难度大，执法存在顾虑。

因此,2015 年 9 月《中华人民共和国防治船舶污染内河水域环境管理规定（修订)》(征求意见稿）公布。与原规定相比，征求意见稿新增了“第七章船舶污染责任及强制保险”。征求意见稿规定，通过内河运输散装液体危险化学品的船舶，其所有人应当取得船舶污染损害民事责任保险证书或者财务保证证书。对船舶所有人投保船舶污染损害民事责任保险或者取得的财务担保的额度也做了规定。如船舶总吨位为 150 总吨以下的，不低于 50 万元，船舶总吨位为 20 001 总吨以上的，不低于 3 000 万元人民币。

通过上述条款可知，在《中华人民共和国防治船舶污染内河水域环境管理规定（修订)》正式发布后，对推广船舶防污染责任保险、进行船舶环境风险管理、突发事故处置和污染治理的积极作用是显而易见的。船舶污染责任强制保险相关法规的建立，让海事部门在落实船舶污染责任险工作中做到有章可循、有法可依。对于具有正的外部效应的责任保险而言，政府可以运用法律的强制力来提高推动效率，从源头上、根本上解决船东投保船舶污染责任保险的问题，从而解决船舶在发生污染、沉船、人员伤亡等事故时所面临的抢险救助、赔偿资金保障和事故调处等问题。

（2）完善并提升保险服务水平

一方面，保险公司要不断优化船舶污染保险方案，控制投保金额、放大责任限额、增加对船舶有利的保赔项目。例如，保赔的水域范围应该包括投保航次的航行的水域，最大程度地保障了船东的利益，保险航程全覆盖对广大船东有着现实意义，必将明显提升船舶投保率。另一方面，当船舶发生污染、沉船或人员伤亡等事故时，保险公司要第一时间介入，积极提供救助的资金保障，相关损失要得到及时赔付，让船东切实感受到船舶污染责任保险是有利的。通过典型的保险赔偿救助案例，加大宣传，扩大影响，让船舶污染责任保险深入船民心里，促进船东投保。此外，保险公司要增加海事基层站点的投保点，方便船民投保，对船舶购买年度保险的，更是要及时响应，快速办理，做到服务热情周到。

（3）加强各方的沟通协作

建议建立保险行业、船东、海事主管部门等多方参与的联席机制，搭建信息交互平台，实现保险与海事信息共享。通过船舶资讯、事故数据交互，使双方能全面掌握内河船舶的风险状况和保险情况，共同研究防范及处理污染事故的有效途径和措施；同时，建立海事主管部门和保险行业在安全检查、防灾防损等方面的协作机制，强化事前风险控制和管理。

一旦内河船舶有污染损害保险得到确立，为保证其正常、规范运行，建议建立监管机制，以行业监管部门作为监管主体，对保险开展的合法、合规以及合理运行进行监督管理。

①监管主体。

监管主体由中国海事局和中国保险业监督管理委员会共同组成。两部门分别对船舶投保和保险公司承保方面工作进行监督管理。

②监管内容。

中国海事局方面，对符合投保条件船舶是否投保污染损害民事责任保险进行监督。

中国保险业监管管理委员会方面依据《保险法》，对承保污染损害民事责任保险的承保公司条款和费率备案、偿付能力、合法合规及再保险进行监督。

③监管方式。

中国海事局依据《内河水域环境管理规定》等对内河船舶投保污染损害民事赔偿责任保险制定专项规章制度，并对投保情况进行统计，同时处罚按照规定投保的内河船舶等方式，保证符合投保要求的内河船舶投保污染损害责任保险。

中国保监会通过依据《保险法》对内河船舶污染损害民事责任保险条款和保险费率进行审核和备案管理；监控保险公司的资产质量和偿付能力；检查规范承保公司承保、出单等市场行为，查处违法违规行为，以及承办对再保险公司的监管工作。

8.3.5　信息化平台建设

内河船舶污染民事责任保险作为全新的保险，要科学合理制定保险方案需要大量风险数据的累积，故有必要搭建行业性的信息化数据平台对保险数据进行系统化的收集，以便建立详细的数据库对费率开展科学准确的厘定。

建议仿照沿海船舶油污责任保险统保示范项目的做法，通过搭建信息化平台，实现网上投保、报案和理赔进度查询，提高对船东的服务效率、保证服务质量。

通过搭建信息化平台，积累行业风险数据，实现我国内河船舶污染责任险的基础数据采集、灾害分析，为海事主管机关加强内河船舶污染风险管理和保险业科学费率厘定、成本核算、损失估算提供数据基础，并形成我国自己的内河船舶污染风险数据。

通过搭建信息化平台，实现海事主管机关对内河船舶污染责任险的精细化管理，随时掌握船东投保情况和保险公司理赔情况，提高工作效率，精简工作内容。

参考文献

[1] 交通运输部综合规划司．国家水上交通安全监管和救助系统布局规划 [Z]. 北京：交通运输部综合规划司，2007.

[2] 中华人民共和国海事局．溢油应急培训教程 [Z]. 北京：中华人民共和国海事局，2004.

[3] 陆启富．超疏水膜油水分离装置的设计与实验研究 [D]. 大连：大连理工大学，2011.

[4] 王枢．抗污染油水分离复合膜制备及分离性能研究 [D]. 成都：四川大学，2004.

[5] 交通运输部综合规划司．国家船舶溢油应急设备库设备配置管理规定 [Z]. 北京：交通运输部综合规划司，2008.

[6] 中华人民共和国海事局．内河船舶法定检验技术规则 [Z]. 北京：中华人民共和国海事局，2011.

[7] 柯广庆．浅滩船舶排放舱底水造成污染事故的现状、原因及对策 [J]. 中国水运，2012，7（7）：43-44.

[8] 陶秀，樊喆，严新平，等．船舶燃油使用状况实施远程监测系统 [J]. 船舶工程，2008，30（4）：61-62.

[9] 于敏，刁俊昭，牛文彬．欧盟最新内河航运政策及借鉴 [J]. 水运管理，2012（8）：35-38.

[10] 孙善豹，刘飞，王天禹．内河交通事故责任确认与处理法律制度研究 [C]. 中国航海学会内河海事专业委员会第七届委员会委员大会暨 2012 年学术交流会论文集，2012.

[11] 交通部海事局船舶处交通部海事局对“皖铜陵化 038”轮硫酸泄漏事故的通报 [J]. 中国海事，2006（11）：10-20.

[12] 刘鄢立．长江危险品运输事故原因分析及对策 [J]. 武汉船舶职业技术学院学报，2011（3）：15-17.

[13] 刘云飞 . 如何确定交通事故赔偿责任主体 [C]. 规划 · 规范 · 规则——第六届中国律师论坛优秀论文集，2006.

[14] 覃乐红 . 长江中小型民营船舶评价与研究 [D]. 武汉：武汉理工大学，2012.

[15] 艾万政 . 内河通航标准对内河水路运输的影响研究 [D]. 武汉：武汉理工大学，2006.

[16] 吴振会 . 论沿海内河船舶保险存在的问题与对策 [D]. 上海：上海海事大学，2006.

[17] 刘乐才 . 关于沿海内河船舶“一切险”问题的几点探讨 [D]. 北京：中国政法大学，2009.

[18] 骆云 . 上海内河船舶强制保险法律制度研究 [D]. 上海：上海交通大学，2011.

[19] 魏勇 . 建立内河船舶强制责任保险制度的思考 [A]. 2006 年度海事管理学术交流会优秀论文集 [C]. 2006.

[20] 刘晓峰，乔冰，刘春玲 . 船舶溢油应急设备库初步设计要点研究 [C]. 船舶防污染学术年会论文集，2010.

[21] 刘会清，林海源 . 湛江水上溢油应急设备库启用 [N]. 中国水运报，2006-06-26.

[22] 江苏省交通厅 . 江苏交通年鉴 [Z]. 南京：江苏省交通行业宣传教育中心，2008.

[23] 胡细莺 . 高栏港启用船舶溢油应急设备库 [N]. 珠海特区报，2009-09.

[24] 刘继平 . 关于我国水危机的成因分析与对策建议 [J]. 环境工程，2008，28（4）：97-99.

[25] 翟俊，何强，肖海文 . 三峡流域一体化水污染应急管理系统开发及应用 [J]. 土木建筑与环境工程，2010，32（4）：128-134.

[26] 陈荣昌 . 长江三峡库区突发性溢油事故环境风险及对策研究 [J]. 工程研究，2011，3（2）：149-156.

[27] 魏芳 . 围油栏在多种海况下拦油效果及形状优化的数值模拟 [D]. 大连：大连海事大学，2007.

[28] 刘献强，焦光伟，李学新，等 . 围油栏在急流溢油应用中存在的问题与应对措施研究 [J]. 污染防治技术，2011，24（3）：10-14.

[29] 李国斌 . 各式收油机技术性能特点及在溢油应急计划中的配备指南 [C]. 船舶防污染法规研讨会论文集，2000.

[30] 曲良 . 海上消油剂及其在溢油污染处置中的应用 [J]. 海洋信息，2012（2）：45-47.

[31] 代君，王当利，王祥．内河油污染防治技术分析 [J]. 船海工程，2008，4（37）：113–114.

[32] 王利强．内河绿色航运和船舶防污染 [J]. 中国水运，2011，2（11）：3–4.

[33] 詹德新．某围油栏性能实验研究 [J]. 武汉造船，2001，1（136）：16–18.

[34] 李海兴．江苏海事 40m、60m 新型趸船设计分析 [J]. 江苏船舶，2008，25（4）：23–25.

[35] 陈宇，宋威，许军辉，等．渤海冰区溢油应侧重发展机械清理技术 [J]. 中国水运，2010（12）：46.

[36] 纪玉龙，李铁骏，孙玉清，等．论我国海上污染事故应急机制改革 [J]. 世界海运，2013，36（5）：21–23.

[37] 周富春．内河船舶污染研究与防治的现状 [J]. 中国水运，2008（11）：3–4.

[38] 彭宏恺，尚悦红．内河船舶污染管理现状及对策 [J]. 中国水运，2008（6）：14–16.

[39] 曾泽民．内河船舶防污管理工作中存在的问题及对策 [J]. 航海工程，2009（2）：119–121.

[40] 曹伟，李涛，陈俊峰．浅议我国内河船舶污染损害赔偿机制的建立 [J]. 珠江水运，2013（15）.

[41] IMO. 1969 年国际油污损害民事责任公约的 1992 年议定书 [Z]. 2005.

[42] 危敬添．《HNS 公约》及其 2010 年议定书 [J]，中国远洋航务，2010，（6）：66–67.

[43] 别涛．环境污染责任保险制度的中国构想 [J]. 环境经济杂志，2006，（35）：49–55.

[44] 王康．论环境责任保险的功能与价值 [J]. 特区经济，2006（12）：303–304.

[45] 郇先江．海事赔偿责任限制制度研究 [D]. 大连：大连海事大学，2010.

[46] 李颖．深圳市政府海上应急防污设备库正式启用 [N]. 中国水运报，2004–06–14.

[47] 蒲瑞奎，王浩．探索我国水上防污企业发展之路 [J]. 中国水运，2010，10（11）：10–11.

[48] 信召举．基于 TDMA 的船舶自动识别系统（AIS）监测性能分析及研究 [D]. 天津：天津理工大学，2011.

索　引

P

S

W

Y

Z